独秀学术文库

中国现代出版评论研究

曾建辉 / 著

社会科学文献出版社
SOCIAL SCIENCES ACADEMIC PRESS (CHINA)

教育部人文社科研究青年基金项目"中国现代出版评论研究（18YJC860002）"资助成果

"广西一流学科·中国语言文学"经费资助成果

"广西高校人文社科重点研究基地·桂学研究院"经费资助成果

目 录
Contents

导　论

第一节　出版评论的概念界定与甄别

伯纳德·巴伯在其著作《科学与社会秩序》中指出："如果没有适当的概念框架，科学研究要么是盲目的，要么是毫无成效的"，在任何特定时期的理想概念框架中，"抽象的、一般的命题据以阐明的概念范畴或变量的数量是很少的"。① 这段话说明科学的理论研究是建立在概念的基础之上的，并运用概念来发现世界和阐述世界。作为研究基础的概念应该避免多元化和多样性，奠定一门学科最基本的"元概念"在数量上是极少的。所以，如何界定出版评论的概念是最基本性的工作，无论对于评论文本资料的搜集、整理，还是对评论话语实践的解读、阐释都具有非常关键的作用。

（一）概念界定：出版评论及其特征

随着出版技术的进步和出版业影响的扩大，传统书评已经不能承担介绍、阐释图书之外的出版物、出版现象、出版行为等职责，一种新的评论形式——出版评论渐渐进入人们的视野。不少研究者从不同角度和立场对出版评论进行了概念界定。

罗维扬在《出版评论与出版诊断》中认为"出版评论，是指对书籍、报纸、期刊等出版物的评论。这种评论可以包括对书、报、刊所刊载文稿的评论，更多的是把书、报、刊作为一个整体，从编辑出版的角度进行评论。也就是说，不仅把著作家的著作作为评论对象，更把编者、出版者的

① 〔美〕伯纳德·巴伯：《科学与社会秩序》，顾昕译，三联书店，1992，第 13 页。

'作品'作为评论对象；不仅评论所承载的内容，更要评论载体本身"。①

孙利军把出版评论定义为"现代出版业的一个重要组成部分，是基于出版信息，对出版业各方面各环节种种现象（包括出版物、出版业务、出版现象、出版事件、出版人物、出版政策等）进行分析、综合并加以评判的一种行为，目的在于揭示现代出版业的发展规律，指导现代出版业的实践"，② 并将其定性为一种产业评论。

范军在《试论出版评论》一文中将出版评论界定为"是以一定的出版观念、出版理论为指导，以评论家所面对的当代各种具体的出版现象（包括出版政策制定与执行、出版物的生产与消费、出版企业的经营和管理等）为主要对象的研究活动。它的目的和任务是对出版现象做出判断、评价，指出其得失和其所以得失的原因，探寻促进出版业健康发展的路径，以此来对出版管理、出版生产、出版消费等出版业的整体发展施加影响"。③

张涵、苗遂奇干脆认为出版评论是"现代"的产物，直接定义为"现代出版评论"。认为现代出版评论主要是指依据一定的哲学观和审美观对新近产生的出版现象、新近出版的出版物、新近涌现的出版人物的品评和鉴论。它们大多以评述文章的形式出现在报纸杂志上，代表一定的个人观点或组织观点。④

陈洁则是从出版评论的组成要素入手，认为出版评论即是对出版业做出的评论，评论对象包括出版物、出版人物、出版单位、出版形式、出版政策、出版业务等方面，涉及出版的每一个细枝末节。出版评论的主体既可以是专家学者、业内人士，也可以是一般读者和普通大众，只要是针对行业内的某一现象和问题所写的评论性质的文章或书籍都在其范畴之内。⑤

此外，有学者还提出了出版批评的概念。刘建明在《媒介批评通论》中认为"出版批评主要是指对出版思想、出版活动和书籍的评价，通过分

---

① 参见罗维扬《编辑大手笔》，崇文书局，2005，第307页。

② 孙利军：《出版评论教程》，中国人民大学出版社，2008，第6页。

③ 范军：《试论出版评论》，《出版科学》2008年第2期。

④ 张涵、苗遂奇：《现代出版学导论》，中国书籍出版社，2009，第254~255页。

⑤ 陈洁：《数字化时代的出版学》，北京大学出版社，2014，第205页。

析出版业存在的问题，提高出版物的精神价值和经济效益。"① 他将出版视作一个传播媒介活动，出版批评就是分析和评价这种活动的内容、渠道、效果等的行为。分析这个定义，其实和上述出版评论并无本质的区别。

综合这几位学者的定义，有几个共同点：首先，出版评论是出版现代化的产物；其次，出版评论的对象涉及现代出版活动的方方面面；最后，出版评论是一种理性的判断思维活动。

哲学家杜夫海纳在谈及现象学与文学批评的关系时指出："（批评）使命可以有三种：说明、解释与判断。"② 并且认为三者之间是逐渐提升的递进关系，这给我们界定出版评论的概念提供了一个很重要的思路。因为在中国目前的学术语境和学科建构中，评论和批评其实并无大的差别。两者都是在说明事实、理论解释的基础上进行了价值判断上的延伸。基于此，我们将出版评论定义为：评论主体按照个人的体验和理解，根据一定标准，对出版传播活动进行事实说明、分析解释、价值判断的一种研究活动，它以关注出版事实、解释出版现象为基础，重点放在出版价值、出版意义的判断与发掘上面，以期发挥监督出版运行、揭示出版规律、引导出版实践、提升出版品位和构建出版文化等评论的积极影响和效果。在文体意义上它是一种类的概念，既包括时评、短评、小言论等追求时效性、新闻性的短论类型，也包括出版思想、出版政策、出版文化等注重理论深度、逻辑论证的长篇类型。具体而言，首先，出版评论是一种主客观结合的研究活动。出版事实是出版评论的研究对象，这种事实应该是客观存在、准确无误的，具有真实性的。只有基于客观真实的出版活动、出版现象才能做出正确的说明、解释和判断。另外，出版评论的主体是个人，很难避免个人的价值取向、学术涵养、意识形态等主观因素的影响，所以在进行评论实践时往往具有主观性，甚至带有明显的个人色彩；对同一事实体现出不同的观点看法，甚至是截然相反、针锋相对的论争。"研究"则说明了出版评论分析解释材料，探求问题答案是基于学理性展开论述的特征。其次，出版评论的批评对象是出版传播活动。出版本质上就是一种信息复制和传播行为，

① 刘建明：《媒介批评通论》（第二版），中国人民大学出版社，2012，第214页。
② 〔法〕杜夫海纳：《美学与哲学》，孙非译，中国社会科学出版社，1985，第156页。

可以借用传播学的理论来审视和解读出版活动。具体到出版批评上，出版传播活动包括了出版主体（出版社、作者、出版经纪人等）、出版渠道（环节、平台等）、出版内容（图书、音像、数字出版物等）、出版受众（读者、听众等）、出版效果（发行量、码洋、奖项等），这些都是出版评论的对象。最后，出版评论既有现实的功利性色彩，又有理论的思辨性追求。出版评论作为一种实用性文体，关注出版现实、紧扣行业动态，能敏锐发现出版中的问题，迅捷地做出反应，有的放矢、解决现实问题，具有"时评"的典型特征，避免成为内容空泛、大而无当的高头讲章。同时要有意识地超越这种"应时""应景"的"策论"文体，显示评论文体的洞察力、预见力和深度性特征，避免忽视对出版现象内在蕴含的价值和意义的研究。而更重要的是后者，这是出版评论概念的最重要特征。出版评论应该超越于直观感性的事实认知，借助概念进行较高理论层次上的演绎和推论。或者，自己创造概念对当前急剧发展、不断变化的出版实践做出新的说明、解释和发展趋势的预测与导引。

（二）概念甄别：出版评论与出版理论、图书评论及其他

1. 出版评论与出版理论

理论是人们概括出来的对自然界和社会的知识集束和系统总结，它从大量的具体实践活动中抽象而来。出版理论是对出版学的根本性问题如概念、功能、性质、特征、类型等做阐释的基础知识，是基于学科角度对出版发展规律的认知，它是长期积累，不断传承的结果，具有全面、厚实、深刻、科学、规范的特征。出版评论是评论者受出版现象触发，提出观点，论证观点的活动，相较于出版理论，更加机动灵活，时效性、针对性强。在效果层面，出版理论属于专业研究成果，阐释出版学中复杂、系统的规律性、原理性知识，重在建构学科体系，确立学科范式。出版评论多属于一事一议，就某一出版问题批评、分析、解释，为读者解难解惑，具有强烈的现实性和群众性，反应及时，观点集中，形象活泼、可读性强。既诉诸感性，又不乏理性，形成舆论后能迅速地发挥监督、引导的作用。理论来源于实践，又高于实践，对实践有指导作用。出版理论是出版评论的后盾，指引着出版评论的发展方向，并在相当程度上决定着出版评论质量的

优劣和水平的高低。

现阶段，我国出版理论的研究时间并不长，远未达到成熟完善的地步，所以出版理论建设滞后导致不少出版理论文章停留在出版评论的质量水平，并未达到理论文章科学系统、全面抽象、层次逻辑的思维层次，这就产生了一种现象：本该是出版理论类的文章却和出版评论相似，两者混为一体。这就需要我们根据每一篇特定的文章从内容、形式等多方面进行区分和鉴别。一般而言，侧重当前出版现象，对当下具体出版现象做出具体评估、判定的文章属于出版评论。

2. 出版评论与图书评论

一提到出版领域的"评"，人们脑海中浮现的第一个概念常常就是书评。书评，国内较早的研究者徐召勋在其著作《书评学概论》中界定为"书评就是对图书的评论"。[①] 这个简明扼要的概念得到许多研究者的肯定，徐柏容在《现代书评学》中也认为"书评是对书籍的评论"，[②] 著名书评家伍杰的定义是"用马列主义观点，对图书进行科学的实事求是的有见地的剖析的评论"。[③]

和书评类似的图书评论，不少专家也给出了自己的解读。吴道弘认为"图书评论是以图书为对象所进行的介绍、评论和研究的一项科学认识活动"。[④] 宋应离认为图书评论是作者运用马克思主义的思想观点对图书的内容与形式做出的总体评价，即对某些图书的思想性、科学性、学术性、知识性、实用性及其审美价值进行各方面的分析、判断。[⑤] 从以上学者的研究可以看出，对于书评和图书评论的概念，学界基本上没有大的分歧，均指向以图书为对象进行的评论活动。

综合几位学者的观点，不难看出出版评论与书评、图书评论之间的区别。从逻辑学上的"种属"角度出发，出版评论应该包括书评和图书评论，因为出版物评论是出版评论的一个重要组成部分，图书又是出版物的一个

---

① 徐召勋：《书评学概论》，武汉大学出版社，1994，第1页。
② 徐柏容：《现代书评学》，苏州大学出版社，2005，第7页。
③ 伍杰：《书评理论与实践》，河南大学出版社，2006，第7页。
④ 吴道弘：《书评例话》，中国书籍出版社，1991，第33页。
⑤ 宋应离：《宋应离出版文丛》，河南大学出版社，2012，第335页。

主要组成部分，所以书评和图书评论是出版评论的一部分，属于出版评论的下属概念。从评论对象来看，出版评论在评论对象上比书评、图书评论有了较大幅度的扩充，与出版发展和社会现实贴得更近，联系也更紧密；图书评论的对象局限于传统意义上的书籍，出版评论则除书籍等传统出版物之外，还有出版事件、出版人物、出版政策、出版具体工作等，对时效性的要求更高。从内涵范畴来分析，图书评论是针对具体某部或某类书籍产品实物的评估与品鉴，专注于蕴含其中的文化信息和审美价值，而对其出版信息或传播载体特征很少涉及，多属于静态玩赏品味；出版评论则恰恰相反，特别关注的是出版物编辑、出版、发行的环节，旨在揭示、阐释出版物周边或背后潜藏的社会思潮、意识形态、文化嬗变等，即使涉及作家、作品也是着眼于出版现象、出版文化之间的关系。现代出版活动日新月异，出版市场瞬息万变，这使得出版评论富于动态性，需要用发展的眼光、方法去对出版业进行动态的考察。

3. 出版评论与其他相关概念

出版评论包括出版物评论、出版现象评论、出版文化评论等方面，必然与文学评论、艺术评论、影视评论等其他类型的评论有交叉、重合之处，所以有必要将出版评论与其他相关概念进行辨析。

首先，出版评论是媒介批评的一部分。媒介批评，顾名思义，是对媒介内容及其传播行为的批评。具体而言，是指人们以一定的价值立场和理论为依据，对渗透在传播媒介中的政治经济体制、从业者行为、媒介产品以及媒介消费者等所进行的判断、阐释与评价的活动。① 出版是一种利用媒介的传播活动，出版物是其产品，所以毫无疑问，出版评论是媒介批评的组成要素，是媒介批评的子属部分。

其次，出版评论与产业评论也有差异。现代出版业从属于文化产业，从这个角度来说，出版评论属于文化产业评论是无可争议的。但细究起来，两者存在着理念上的巨大差异。文化产业评论作为产业评论的一种，它的评论主要是围绕"产业"展开，关注的是某种同类属性的系统或集合的经

---

① 刘自雄：《为"媒介批评"正名》，董天策主编《中外媒介批评》（第2辑），暨南大学出版社，2010，第8页。

济活动，具有鲜明的"商业化"特征。出版业虽然也关注"产业"活动，但作为一种深具文化属性的机构，产业活动只是其中的一部分，文化性始终排在商业性的前面，是第一要素。所以，出版评论的第一属性应该是文化评论，而并非产业评论。而且，产业评论是狭义的"评论"，多集中于政策解读、商业促进、实践参考等方面，功利色彩浓厚。出版评论则是一种"批评"，重在"否定""批判""启蒙"等层面，兼具学理性和功用性。

最后，出版评论与文学评论、艺术评论、影视评论的差异就很明显了。如果文学评论、艺术评论、影视评论是从各自学科特质出发，重在探讨文学规律、艺术鉴赏、美学价值等内涵，那就与出版评论无关。如果它们侧重于从文学、艺术、影视等文化作品的出版与传播及其社会影响角度来展开论述，那它就属于出版评论的范畴。

第二节　中国现代出版评论研究的深度扫描

相较于编辑出版史的其他研究领域，出版评论史的研究属于刚起步的学科，少人涉足，显得冷清。① 从目前来看，出版评论史的研究相对薄弱，学术积累显得零散，缺少有分量的研究专著，在有些专题方面甚至是空白状态，与21世纪以来我国出版史研究"蓬勃喷涌之势"（肖东发语）显得很不合拍，尤其是近些年受"民国文化热"影响，在中国现代出版史研究颇受人关注的情形下，出版评论的薄弱甚至缺失不能不说是严重影响了出版史研究的均衡性，而且也限制了出版史研究所能到达的高度。丰富的出版评论文本史料与研究成果寥寥可数的巨大反差深刻地反映出中国现代出版评论的严重失衡，这也正是目前中国现代出版评论研究的最突出的特征。

（一）中国现代出版评论的多产与繁荣

在近现代中国的发展历程中，印刷出版界器物和技术层面的进步，推动了出版业的繁荣。新学、西学书籍销行各地，带来了社会思想文化的大

---

① 像在出版史学界普遍认可的日本学者弥吉光长的出版史研究的八个范畴（书志及书志性的出版史；出版社史及个人传记；出版团体史；出版司法及行政史；出版流通史；著述、编纂史；印刷、装订及纸业史；读书、藏书史）中也没有出版评论及出版评论史的存在。

冲击，影响极大。"我国人士之守旧思想，渐次为之打破，而以研究新学相激励。至是，中西文化融和之机大启，开千古未有之创局。"① 社会各界对新式出版有了更深刻的认识，那些较多接触或较早介入新式出版业的知识分子超越了"刻书修身立德"的传统观念，将出版和国家社会民族联系在一起。出版业逐渐成为国人"救亡""启蒙"所仰仗的重要的工具、载体和平台，其译印的图书、创办的报刊不断引发民众的阅读与追捧，搅动和激荡着革命潮流，推动着社会变革。在这种社会文化语境之下，出版业被放到了全社会的聚光灯下，其一举一动都受到各界的高度关注。出版评论就是社会各界对出版活动进行批评、监督、建议、规范所能仰仗的武器，它伴随着现代出版业的出现、发展而生根、发芽，渐趋繁盛。

我国出版业的发展历史可以明显地分为两个时间段：传统出版业阶段和新出版业阶段。出版评论是随着出版技术的进步和出版业态的变化而不断变化的，在传统出版业阶段，出版评论表现为以序跋、评注、杂叙、书论等文体为主，主旨多是针对文艺作品内容风格和价值取向的"诗文评"，而且中间夹杂着文献典籍的选择、整理、删改、校雠之类的内容。历史发展到晚清特别是民国时期，就进入新出版业阶段。西方科技的引进，以机械化、电气化为主要特征的先进的工艺技术代替了传统的印刷术，具有速度快、版料省、数量多、成本低、质量高等明显优势。同时官书局、教会书馆、民办印刷所等传播机构并起，特别是民营印刷企业的崛起与兴盛，互相之间为争夺市场和利润展开激烈的竞争，使出版业具有了浓重的产业化色彩。正是在这一时期，新式印刷术、造纸术、装订术得到确立和普及；产生了新式书籍制度；出现了出版立法和出版行业公会组织；作为新出版业的主体，民营出版群体开始形成、发展和壮大。② 传统序跋程式的"书评"这种单纯的对图书内容和形式的评价活动已经不能适应出版业对社会政治、经济、文化的渗透与影响日益增强的发展现实，社会各阶层尤其是脱胎于传统的新兴现代知识分子纷纷从社会学、政治学、伦理学、文艺学、经济学、教育学等角度，针对出版业出现的现象、问题、优点、缺陷、发

① 戈公振：《中国报学史》，中国文史出版社，2015，第108页。
② 王余光：《中国新图书出版业初探》，武汉大学出版社，1998，第4页。

展趋势等进行评判和议论。这些围绕出版活动展开的评论，具有问题意识，关注出版现实，视野开阔，基于出版又不止于出版，大大扩充了传统以出版物评论为主的出版评论的包容量、拓展了出版评论的覆盖面。所以，出版评论是中国传统出版发展到近现代新式出版阶段的产物，应该滥觞于晚清时期，历经民国初期的野蛮生长，至1919年新文化运动之后发展得比较成熟。

兴盛一时的中国现代出版业，不仅是出版评论富饶庞杂的资源武库，而且为出版评论话语实践和理论发展提供了一个自由广阔的平台。中国现代出版按照主流的划分计算，只有三十年的时间，可谓相当短暂。但从中国出版发展史的角度来考察，现代出版业上承手工业作坊的中国传统出版，下启机器工厂的规模化新式出版形态，它是传统出版文明走向当代出版文明的新阶段，是传统出版形态走向全新出版形态的转型期。现代出版可谓是"上承晚清新式出版之萌蘖，下启新中国出版之肇端，在中国出版史上有着独特地位与意义"。①

中国现代三十年是中国历史上的"激荡年代"，经济、政治和思想文化历经着新旧交替、急剧变革。经济上，资本主义生产经营方式得到全面发展，商业化思想渐入人心；政治上，各方势力轮番登场，政局动荡，政策多变；思想文化上，经过了"五四"新文化运动的荡涤与混染，旧式文化与新兴的商业文化、都市文化形成并存发展的局面。这是现代出版诞生、存在、发展、变化的土壤，这种环境也决定了现代出版多元与无序的外在特征和转型与过渡的内在性质。中国现代出版业呈现出"杂乱的繁荣"，一方面是现代出版格局是复杂而散漫的，大部分的出版活动操诸民营或私营出版商之手，大中小书局、书馆、书店林立，各自有其读者对象，各自有目标和信念，各有其出版方针和出版方向，"有完全以买进卖出为主要业务的木版书商碑帖商；有各家不同的版本，然而都没有著作权的石印书商；有将新的旧的图书，给它穿上西装的标点书商；有专将杂志上新闻纸上所发表的文稿编纂起来似乎有著作权而实际却没有著作权的准出版商；有纯

---

① 向敏：《心揣出版文化，笔底书业波澜：〈民国出版史〉读后》，《出版科学》2012年第4期。

粹的学校用书或侧重于教科书工具书的教科书商"，① 展开激烈的市场竞争，征逐奔竞，复杂而紊乱。新式教科书出版、杂志报纸出版、古籍丛书出版极度兴盛，童书出版、宗教出版也方兴未艾，整个出版业呈高速发展态势，出版物的种类和数量都在不断扩大。另一方面，政局不稳，战乱不断，军阀割据，出版法规朝令夕改，漏洞百出，令出版从业者无所适从；出版行业市场化、商业化不断加深，盗版、翻印、淫书泛滥等出版乱象甚嚣尘上。这种繁杂的出版现实不但为出版评论提供了言说的多样议题，而且吸引了包括官员、学者、普通读者甚至出版从业者在内社会各界人士参与到出版评论的广泛队伍中来，构建起新兴知识分子发表独立言论，探讨出版话题，表达社会关切的公共平台。

同时，报刊这一追求时效性和眼球性的现代传媒的激增，无形中加剧了稿源方面的需求和对读者市场的争夺，而出版文化活动与人们阅读生活紧密关联，又紧随时代风云而潮汐变化，自然成为报刊媒体乐于征集的常说常新的话题，所以中国现代出版评论是相当多产的。武汉大学信息管理学院吴永贵教授通过对民国报刊数据库的检索，搜罗到了1800多篇出版评论文章。这还只是当时数量庞大的出版评论整体的一部分而已，实际上的数量可能还要更多。

（二）中国现代出版评论研究的攒杂与缺失

中国是世界上最早展开出版评论的国家，伴随着原始的出版行为，出版评论就产生了。但是严格意义上来说，这种间杂着典籍图书的选择、整理、删改、校雠之类的内容的历史悠久的序跋程式的"书评"是不能算作出版评论的。到了晚清直至民国成立之后，出版进入大规模机器复制传播阶段，传统出版走向现代出版形态后，出版评论才真正诞生。但由于概念上的长期模糊、混淆以及学者遵循"约定俗成"的惯例，相当部分涉及出版评论的研究是以"书评""图书评论"命名的。

赵晓梅在 2001 年出版的《中国书评史初探》（中国工人出版社）采用传统的文献研究与具体分析相结合的方法，以历史不同阶段的出版文化特

---

① 林觉夫：《论现阶段的中国出版活动》，《新建设》1941 年第 2 卷第 3 期，第 64 页。

点为切入点，对中国书评史的发展做出研讨和探究。首先，该书第二章"中国书评的起源"中讨论分析了书评起源的六种提法，并指出"古代语录式的书评并不是真正的书评，只是含有了书评的因素"，"真正的书评是近现代才出现的。"其次，该书第三章"中国近代书评的产生（19世纪50年代至20世纪20年代）"中论述了近代书评萌生于杂志的兴起，成长于第二次国人报刊创办高潮、兴起于五四新文化运动。再次，该书第四章"中国现代书评事业的繁荣（20世纪三四十年代）"中则论述了作为评论平台的"书评传媒"，介绍了《读书月刊》《读书杂志》《读书与出版》等20世纪三四十年代创办的19种书评、读书指导性刊物的基本情况以及《文学杂志》《清华学报》等期刊中的书评栏目；同时还论述了以萧乾为代表的一些书评作者的创作及影响。

刘建明等在2011年出版的《中国媒介批评史》（福建人民出版社）中具体展现了我国媒介批评思想发展过程，其中部分章节涉及一些出版界人士对出版情况和出版工作利弊得失总结评价的评论活动。材料、观点、评价三者俱有，很有参考价值。

伍杰在2010年出版的《百年书评史散论》（河南大学出版社）按时间顺序，以书评人的活动为线索，概略性地梳理了中国近现代百年间的书评发展脉络。该书第一部分是民国时期的书评，分别介绍了民国初年、20世纪20年代、20世纪30年代、20世纪40年代的书评情况，史论结合，资料丰富。

此外孟昭晋的《书评概论》（南京大学出版社，1994）、徐召勋的《书评学概论》（武汉大学出版社，1994）《图书评论学概论》（河南大学出版社，2006），吴平的《书评理论研究》（远方出版社，1999）都在部分章节中对近现代的书评发展情况作了介绍。

另外还有部分出版评论研究成果体现为各类（包括新闻传播学、编辑出版学、历史学、文献学等）学者和出版业界人士在其专著的某个章节中涉及出版评论问题。最早涉及出版评论相关研究的是戈公振1927年在商务印书馆出版的《中国报学史》，这本书的主要内容是从古代邸报、杂报、京报至民国初期报刊的发展历史，但在第六章"报界之现状"中论及"广告""发行""销数""印刷""用人"等含有大量的评介性内容，评述出版商的各种出版活动，并对出版界过于追求商业利益的做法提出了批评。

1946 年上海永祥印书馆出版了杨寿清著的《中国出版界简史》，这本书对出版评论并无太多涉及，但其书后附录《对于中国出版界之批判与希望》是一篇颇有价值的出版评论文献。

20 世纪 50 年代，张静庐出版了《中国近代出版史料（初编）》《中国近代出版史料（二编）》《中国现代出版史料（甲编）》《中国现代出版史料（乙编）》《中国现代出版史料（丙编）》《中国出版史料补编》《中国现代出版史料（丁编）》共七部专题史料，里面搜集了大量的原始出版资料，其中就包括大量的出版评论文章，对现代出版评论的研究具有重要的价值。

吴永贵教授、李明杰教授的《中国出版史》（下册·近现代卷）（湖南大学出版社，2008）第六章"民国时期出版经营活动"中设小节"广告与书评"，简略介绍了民国时期的书评媒体和包括鲁迅在内的一些书评者。

吴永贵教授的厚重大作《民国出版史》（福建人民出版社，2011），第八章"编辑出版工作"中专设一节"书评活动"，也是较简单地介绍了民国时期包括报纸专栏、杂志专刊、著名书评人等情况。

在出版评论理论方面，孙利军的《出版评论教程》（中国人民大学出版社，2008）是国内第一部也是目前唯一一部出版评论的著作，初步搭建了我国出版评论学的学科理论框架。全书可分为两大部分：第一部分是出版评论的理论及历史，第二部分是出版评论写作。在第一部分的第一章"出版评论的定义、特点及功能"和第五章"中外出版评论概览"中，有相当多的内容涉及民国出版评论的研究。首先，对出版评论的概念作了明确的界定，认为出版评论是出版产业化的产物，是一种产业评论，具有时代性、大众性、动态性、倾向性等特征；其次，按照时间顺序梳理了中国出版评论产生、发展与变迁的大致轮廓，并对鲁迅、萧乾、李健吾等人的出版评论活动和思想做了较为详细的介绍。

张涵、苗遂奇的《现代出版学导论》（中国书籍出版社，2009）在第九章第五节中以"现代出版评论——现代出版传播的一个重要内容"为题对出版评论的概念、本质与功能、类别与内容、形式与效果做了论述，但相对比较简略，没有深入进行论述。

范军教授的《出版文化与产业专题研究》（华中师范大学出版社，2012）以专题的形式论述了"出版评论的理论与实践"，分析了出版评论的研究现状，界定了出版评论的概念，并对如何加强出版评论提出了相应的对策。

刘建明教授的《媒介批评通论》（第二版）（中国人民大学出版社，2012）第十章"媒介批评的主要领域"中设专节"出版批评及书评"，第一次提出了"出版批评"的概念，并将出版批评与书评分开，论述了出版批评的概念、特征等。此书将出版批评置于媒介批评的范畴和语境中，认为出版批评是媒介批评的一个理论和实践领域，将出版当作一种媒介传播活动，这种从传播学视角来研究出版评论无疑是一种新的尝试。

作为一项个体思维创作活动的成果，出版评论主体受到了众多研究者的关注。丁景唐主编的《中国现代著名编辑家编辑生涯》（中国展望出版社，1990）介绍了五四以来 31 位中国现代著名编辑家的编辑生涯，包括张元济、夏丏尊、叶圣陶、舒新城、邹韬奋等，重点论述其编辑活动和主要业绩，梳理其编辑思想和出版理念。

李明山的《中国近代编辑家评传》（河南大学出版社，1993）选取王韬、梁启超、严复、章太炎、王云五等近代著名的编辑家进行逐个分析和研究，里面涉及各个人物出版评论活动的论述较多，对他们的出版理念、方法、思想进行了探讨。

李频的《编辑家茅盾评传》（河南大学出版社，1995）中专设"出版评论"一章，用具体文本探讨作为编辑家的茅盾的出版评论实践，总结了茅盾的文化出版思想与出版评论的内涵、个性、方法。

宋双峰的《鲁迅：中国现代媒介批评的开拓者》（中国社会科学出版，2013）对鲁迅在报刊出版、书刊广告、书报审查制度等方面的批评实践进行了较深的挖掘，形成了较为系统的论述。

胡丹的《清末民初知识分子与媒介批评研究》（江西人民出版社，2014）研究了大众传媒初兴的清末民初这一时期的知识分子的媒介批评活动，对彭翼仲、梁启超、胡适、鲁迅、李大钊、瞿秋白、邵飘萍、于右任等人的媒介批评做了详细的个案剖析。

还有胡正强发表在各大新闻学术期刊中的关于媒介批评人物的系列学

术论文，主要包括毛泽东、李大钊、胡愈之、瞿秋白、邵力子、夏衍、邹韬奋、郑振铎、谢六逸、袁殊等，在论及他们的媒介批评实践时，对他们的出版活动、出版思想、出版评论都略有涉及。

还有不能忽视的是探讨某一人物编辑出版思想的学位论文和期刊论文。学位论文主要包括齐浩的《文化生活出版社时期巴金的编辑出版思想研究》（河南大学硕士学位论文 2005 年）、焦晗的《郑振铎编辑出版思想研究》（北京师范大学硕士学位论文 2005 年）、龙凤荷的《鲁迅的编辑出版思想》（湘潭大学硕士学位论文 2008 年）、梁雪云的《萧乾书评思想研究》（河北大学硕士学位论文 2008 年）、熊慧敏的《丁福保编辑出版思想研究》（华中师范大学硕士学位论文 2010 年）、唐兴年的《舒新城编辑出版思想研究》（湖南师范大学硕士学位论文 2011 年）、边祎明的《赵家璧出版思想研究》（河北大学硕士学位论文 2013 年）、崔珊的《王云五出版思想探析》（河北大学硕士学位论文 2013 年）、李林霞的《李公朴编辑出版思想研究》（安徽师范大学硕士学位论文 2015 年）等；期刊论文数量更多，涉及的人物主要包括：鲁迅、巴金、茅盾、叶圣陶、邹韬奋、赵家璧、张元济、陆费逵、王云五、谢六逸、蔡元培、沈从文、黄天鹏、郁达夫、陈独秀、李大钊、孙中山、周瘦鹃、柳诒徵、张静庐、陈训慈、陈景韩等。

新文化运动之后，现代出版事业作为一项文化传播活动得到了迅速的发展。这一时期，在图书期刊品种、数量大量增加的同时，一批研究如何引导、规范书刊编辑出版发行，反映出版界最新动态的编辑出版发行学书刊也应运而生。像一些著名书局自办的讨论出版、读书问题的专业期刊，包括：《出版周刊》（1924 年商务印书馆）、《读书月刊》（1931 年上海光华书局）、《中华书局图书月刊》（1931 年中华书局）、《中国出版月刊》（1932 年浙江省流通图书馆）、《现代出版界》（1932 年现代书局）、《读书与出版》（1933 年神州国光社）、《读书与出版》（1935 年生活书店）、《读书月刊》（1937 年上海杂志公司），另有一些著名的报纸也纷纷开辟了关于出版界的专栏，如《大公报·出版界》专栏、《申报·著述》专栏、《中央日报》副刊等。这些报刊或栏目以专业书评、出版评论、图书广告为主要内容，在图书宣传营销、扩大出版业影响等方面都有很好的效果。目前也出现了对这些刊物和栏目的专门研究。

苏晓珍《〈出版周刊〉研究（1924—1937）》（河南大学硕士学位论文2015年）专题探讨了商务印书馆自办自宣出版刊物《出版周刊》的成果，论述其发展概况、图书广告、出版文化传播和价值意义。在叙述出版文化传播的章节中，有相当篇幅涉及出版评论的内容，最后也论及出版评论对出版理论的建构作用。

其他的研究如姬建敏的《30年代的出版研究专业杂志——〈中国出版月刊〉简论》（《出版发行研究》2000年第12期），程彩萍、姚强的《略论〈读书生活〉的现代意义》（《徐州师范大学学报·社科版》2002年第4期），吴有定的《一九三六年的〈中国出版月刊〉》（《出版史料》2005年第2期），范军的《三十年代的〈现代出版界〉》（《现代出版》2010年第5期），张志强，肖超的《民国时期中华书局的出版类期刊研究》（《河南大学学报·社科版》2013年第5期），叶建的《通俗与学术之间：〈图书展望〉特色评述》（《出版科学》2013年第6期）以及张琳的《民国时期读书杂志概述》（《津图学刊》1996年第3期），汪琴的《民国时期书评对书业发展的贡献》（《中国图书评论》2004年第10期）等，其研究视角是期刊学，从期刊的特点和属性出发，介绍民国时期出版类期刊的办刊宗旨、市场定位、内容特色、表现形式和发行范围及影响等。无论是个案分析还是概况评述，这些研究关注期刊自身的发展和特色，具有明显的内倾的编辑出版学专业视角，外向视角指导下的对出版类期刊与当时社会、政治、文化以及出版业界互动情况的研究目前还很少见。

吴迪的《中国现代出版理论的前奏曲——民国时期出版类书刊述评》（《中国出版》1998年第9期）、李频的《〈中国出版月刊〉：开拓期刊理论研究的先锋》（《编辑之友》2002年第5期）、史枚的《记〈读书与出版〉和〈读书月报〉》（《读书》2003年第5期）、王青云的《〈出版界〉：名不见经传的珍贵史料》（《图书馆工作与研究》2012年第7期）等，这些成果主要目的是挖掘、保存当时大量的出版期刊史料，还原当时的出版界面貌，丰富、充实了民国时期出版类期刊的史料研究。

中国现代出版评论的研究呈现出明显的"实践早于理论"的特征，从晚清出版业机械化变革开始就一直都有出版评论的实践，而且1933年创刊的《读书与出版》（神州国光社版）就已经有明确命名的《出版评论》的专栏，但对它的实践总结和理论研究仍处于起步阶段，研究成果有限，研究力量也相对薄弱。综观而言，中国现代出版评论研究虽然取得了一定的成果，但仍然存在着一些不足，总的来看是处于攒杂状态，这主要体现在以下两个方面。

（1）由于出版评论是学术界新近提出的概念，对这个概念的界定还没有形成广泛一致的定论，而且这个概念长期与书评、图书评论、媒介批评甚至作品批评界限不分明、种属不明确，所以在出版评论的研究中存在着"你中有我，我中有你"的混乱状况，出版评论的研究长期"挂靠"在书评、图书评论、媒介批评的研究中，出版评论的研究边界和领域始终无法确定，大部分的研究成果都将编辑思想、出版思想、媒介思想与出版评论融为一体，缺乏出版评论自身的特色，出版评论的研究的学术特征不够突出。这种状况，虽然有利于不同学科的研究者的介入，拓展了出版评论的研究视角、领域，但是也造成了出版评论理论内核的缺失、研究专业性的缺乏和水准的降低，限制了研究成果所能达到的高度。

（2）中国现代出版评论的研究成果中，对人物和期刊的论题挖掘较深，研究方法纯熟，是一个个精致的学术个案研究，但属于散落的珍珠，研究碎片化，缺乏明确的理论线索将其串联起来，没有形成具有明晰的发展连贯性和逻辑性的现代出版评论专题成果。同时这些针对人物的个案研究，在总体上数量并不多，与当时浩繁的出版评论文本相比显得单薄。并且，研究的广度及覆盖面不够，大多数的研究侧重于鲁迅、巴金、茅盾、叶圣陶、张元济、陆费逵、邹韬奋等著名人物身上，一些不太出名或者是属于国民党系列的出版人物如叶楚伧、王云五、潘公展、陈西滢、高长虹等则被忽视。

此外，从现有出版评论的研究成果看，还有一些遗漏和缺憾。部分专题的研究并没有引起重视，如对报纸的出版专栏缺乏研究成果、对现代出版评论的载体和文体缺乏专题论述等。还有关于某些出版物评论的相关领域如童书出版评论等领域少有研究者涉足，亟待补缺。许多出版评论的作品未被挖掘及梳理出来，目前还没有学者对民国时期出版评论的话语实践作全面搜集与考证，所以已有的研究成果因为文献资料广度的不足而显得不够扎实。

　　正如文学评论和文学创作是文学研究中不可缺少的双翼一样，出版评论也是连接理论与实务的关键一环，出版评论史理应也必将成为出版史研究不容缺失的部分，它能为中国出版史研究提供新的材料、动力和视角。法国批评家蒂博代曾说批评是针对事实的一种总结，而历史同样如此，是经验、教训和借鉴，是过去的沉淀，是未来的导向。所以，中国现代出版评论的研究是批评的历史，一定程度上是总结的总结。回望过去，一方面为中国现代出版评论的多产与繁荣而兴奋欢欣；另一方面为当前学界对它的忽略与遗忘而感到可惜。本书的意义就在于此，搜集梳理中国现代出版评论的实践成果并对其发展演变、主体载体、主题内容和效果影响展开探索和思考，冀望借此研究能增强当下开展出版评论的自觉意识，规范、引领和指导出版评论活动，为新时代中国特色社会主义出版事业的健康快速发展创造良好和谐的舆论环境。

第一章　中国现代出版评论的历史演变

出版评论是出版行业的一个重要组成部分，随着以机械化为主要特征的现代新式出版业的产生而产生，随其发展而发展。这一过程肇始自晚清，随时间流逝延续承传，不断变化、革新和沉淀，直至形成今天的形态和格局。不夸张地说，现在的出版评论是历史的出版评论的一种存续、拓展与新变。结构主义者认为注重整体是研究事物本质的唯一途径，而事物的部分或因子仅是通向研究事物本质的要素。① 只有把握其整体性，所有的组成整体的"部分"的研究才有存在价值和意义旨归。因此对现代出版评论的研究首先要从整体上观照，将这一时期的出版评论当成一个拥有自己特质和发展规律的"自足场域"，站在历时性维度上宏观展现其从浅显到深刻，从表面到内在，从稚嫩到成熟，从发轫到深化的演化轨迹。通过重建历史现场的方式，描述当时的情景和状况，努力找寻"是怎样"和"为什么"的答案。依据中国现代出版评论的内在精神特质和外在具体形态，从纵向的整体观角度考察，其大致可划分为以孕育与成形、勃兴与繁盛、转折与变化、萎缩与畸变为典型特征的四个历史阶段。

第一节　中国现代出版评论的孕育与成形
（1912～1918 年）

历史是一条永在奔流的长河，所谓阶段的划分只不过是研究者依据其理论或视角所做的一种选择性割裂，行研究之方便的产物。"历史分期是一种方法，它将事件置于历时性中……标出一个时代的结束和下一个时代的

---

① 〔美〕沃野：《结构主义及其方法论》，《学术研究》1996 年第 12 期。

开端，并为它们定一个日期。"① 中国出版评论的阶段划分，起始和终点似乎都已确凿，但出版评论的发展并非是机器性的启停运转，倏忽而至，戛然即止，它是一个延续性、流动性的过程，绝不能武断地将某一年某一日定为演变的开始或完成。所以在论述现代出版评论的开端时，应先对出版评论的酝酿孕育阶段，更学术化的说法就是对现代出版评论的史前史作一番回顾和梳理，以求研究的更加完整和严谨。

1911年辛亥革命后，国民政府成立。禁锢出版的诸多政策法令被摒弃了，卸掉了桎梏的出版业很快走上正轨，呈蓬勃气象，并迎来了中国历史上的第二次办报高潮。尽管其间短暂经历了袁世凯复辟称帝，实行独裁，压制言论出版自由而导致的"癸丑报灾"，但仍不改中国出版业发展的前行势头。出版评论在此期间，伴随着出版业的现代化和众多评论主体的评论实践逐渐发育成长，并形成了自有的相对固定的内容领域和文本体例，并和当时盛行的政治评论、时事评论、文艺评论等共同推动了旧文化的转型和新文化的诞生。

一　五四运动前中国出版业的发展变革

民国成立后，国民政府即刻废除了《大清印刷物专律》、《大清报律》、《报章应守规则》和《大清律例》中关于印刷出版的条令，并在《中华民国临时约法》中明确"人民有言论、著作、刊行及集会、结社之自由"，用最高法律的形式保护人民的言论出版自由权利。新闻出版界的面目焕然改观，政府、政党、社团、个人纷纷发行报刊和印刷书籍，新生报刊数量大增。1912年2月以后，仅在北京进行登记要求的就有90余种，清末最后五年（1907~1911年）共创办报刊231种，民国最初五年（1912~1916年）共创报刊457种。民国报刊创刊数猛增近一倍。② 是时全国的报纸由十年前的100多种，陡增至近500种，总销售达4200万份。这两个数字都突破了历史的最高纪录。③ 老牌的商务印书馆书籍出版的数量也从1912年的132种，

---

① 〔法〕利奥塔：《非人：时间漫谈》，罗国祥译，商务印书馆，2000，第26页。
② 叶再生：《中国近代现代出版通史》（第二卷），华文出版社，2002，第6~7页。
③ 方汉奇：《中国新闻事业通史》（第一卷），中国人民大学出版社，1992，第1014页。

在 1916 年增长到 234 种，速度虽不迅疾，但也算平稳增长。这足以说明在民国成立之初，出版业一度出现了短暂的兴盛。但不久袁世凯当权，专于独裁，言论出版受到严厉的限禁和迫害，任意封报捕人，出版机构备受摧残，临时约法上的言论出版自由成为一纸空文，直至演出复辟帝制丑剧，遭到全国上下的愤怒声讨，忧惧身死之后，在新闻出版界人士的奋力争取下，这些反动措施才逐渐被废，出版业才得以摆脱枷锁，脱离泥淖。但在北洋军阀统治之下，笼罩在出版业上空的阴云依然存在，民初出版业的发展基本上是缓步前行的节奏。

民国创立，历史翻新，一批新的出版机构受其刺激先后创立。比较著名的有：1912 年，陆费逵、戴克敦、陈寅、沈颐、沈季方等五人创办了中华书局；1913 年，汪孟邹在上海创立亚东图书馆；1914 年，赵南公成立泰东图书局；1915 年，作家徐枕亚、徐啸天创办了上海清华书局；1916 年，吕子泉、王幼堂、沈骏声和王均卿四人合资 3 万元成立了大东书局；1917 年，沈知方创立世界书局，同年北京大学出版部成立；1918 年，刘石心、梁冰弦等创立大同书局。此外在 1918 年，柳蓉春开设了博古斋、陈立炎设立了古书流通处，专注于古书旧籍的搜集、整理和出版。民国时期著名的五大出版机构，在这一时期内就成立了三家。其中尤以中华书局影响最为深远。它的成立、成长打破了民营出版机构商务印书馆一家独大的格局，两家的激烈竞争标志着中国出版业市场化竞争机制的形成，也使得出版经营策略不断翻新，管理手段持续升级，出版物品种数量和质量都得到了提升。尽管受到政治的消极影响，但这些大大小小的书局、书馆、书店的出版活动还是让这时期的出版业拥有了些许的活力和生气。

中华书局得以迅速崛起的一个重要法宝就是教科书出版。陆费逵抓住政权更迭的时机，大胆推出事先量身编制，反映最新时代内容的《中华教科书》，一击即中，抓住商务印书馆"船大难调头"的时间差，占据了教科书市场的大半份额，从而奠定了成功的基础。"教科书是书业中最大的业务，不出教科书，就算不得是大书局。"[1] 开明书店创办人章锡琛也曾指出商务、中华成为业界翘楚的一个重要原因就是教科书出版，这两家的教科

---

[1] 朱联保：《近现代上海出版业印象记》，学林出版社，1993，第 140 页。

书发行数量是最多的，远超其他各家出版机构。1912 年 1 月，南京临时政府教育部颁布实行《普通教育暂行办法》，废止小学读经科和清学部编的教科书，要求使用合乎民国宗旨的新式教科书，民间课本删除帝制内容后可继续印行。而且在教育部审定，并由各省自行组织图书审查会辅助审核的前提下，各民间出版机构可以自由编制教科书。在教育变革、学制变更、课程变化、管理宽松的环境下，并受中华书局成功的启发，教科书出版成为这一阶段各个出版机构的必争之地。一时间命名为"新式""新制""新编""实用""共和国"之类的教科书如过江之鲫，层出不穷。其中大部分是苦心编撰、精心打磨的质量精品，但也不乏东拼西凑、抄袭急就的投机赝品，引来外界的不满和非议。作为教科书的辅助用书，新型工具书的出版也随着教科书出版的发达而渐成气候。《新字典》《中华大字典》《词源》《植物学大词典》等相继出版，在获得良好社会反响的同时也有不凡的市场表现和商业利润。

　　除了教科书和工具书出版之外，通俗读物也是这时出版界的一种重要出版类型。主要分为两种：文化娱乐性质的杂志期刊和通俗小说。"癸丑报灾"后舆论空间黑暗压抑，社会空气沉闷至极，"连那些日报上的时评也都退到纸角上去了，或者竟完全取消了"。① 此种境况下，出版业找到另一条出路和活法。1914 年推崇消闲、趣味、游戏、通俗的文化娱乐消闲类的杂志纷纷创刊，掀起了一股出版热潮。包括《文艺杂志》《游戏杂志》《礼拜六》《笑林杂志》《娱闲录》《香艳小品》《游艺周刊》《消闲钟》《滑稽时报》等，刊物内容林林总总，有图画、刺绣、烹饪、魔术、灯谜、游戏，以及日用小常识等，大受读者欢迎，风行一时。"如《礼拜六》、《白相朋友》等，销场之广，教科书而外，几乎无与比伦。迄于今日，其遗风余烈，且犹未沫。"② 当然也存在质量参差不齐的问题。一些格调低下的刊物热衷于声色犬马、品花狎妓，或揭人黑幕，或载不经之论，为害不浅。在通俗小说出版方面则延续晚清新小说余绪，以娱乐题材为主，如侦探、讽刺、言情、武侠等。《玉梨魂》《留东外史》《雪鸿泪史》《中国黑幕大观》《福

---

① 胡适：《胡适说文学变迁》，上海古籍出版社，1999，第 125 页。
② 吕思勉：《三十年来之出版界（1894—1923）》，《吕思勉自述》，安徽文艺出版社，2013，第 80 页。

尔摩斯侦探全集》等热销一时。这股热潮之所以形成，表面上看是出版机构出自对利润的追求，引导和迎合大众的阅读口味所致。更重要的是源于当时的专制政策对新闻出版界的压制，使从业人员难以发声，表达观点。偶然锋芒，立刻招致打击封闭的命运。很多编辑、出版人被迫转行或改变办报办刊思路，改弦更张，走较为稳妥安全的文化消闲路线，暂且"躲进小楼，不论春秋"，等待时机，"再作冯妇"。

在国家初立，百废待兴的背景下，大量学有专长的知识分子秉持教育救国、科学救国的信念，或依托所属大学或组织学术团体创办了一大批的科技类、教育类、医学类的专业性期刊。如著名的《科学》月刊就是任鸿隽和同学赵元任、胡明复、周仁等联合发起成立的科学社在 1915 年集资创办的。据统计，1912~1916 年，全国共创办了 440 种期刊，其中科技类 27 种、教育类 44 种、医学类 15 种，共 86 种，占 19.55%。① 这个数据还没有将当时新兴的经济类、农业类、女性类等期刊统计在内，因此专业性期刊的种数应该比统计数据更多，所占比也更高。

清廷覆灭，民国继立后，新建民主政体，开放党禁，出现了政治上的多党竞争局面。一时间党派纷生，骤然出现几百个政党和社团。国会选举大小政党之间展开激烈竞争，唇枪舌剑、争执不让，他们都通过创办新报或收买控制已有报刊的方式为自家发声，派系色彩浓厚的政党言论报刊的林立成为这一时期新闻界和出版界最突出的特征之一。政党报刊的热潮为知识分子表达政治言论提供了许多的平台，文人论政的报刊思维逐渐确立，增强了他们参政议政的意识，推动了民主、自由思想的广泛传播。而这种意识和思想的深入民心，又会促使更多的政治团体组建，相应地，报刊也自然会随之增加，更多的读书人加入新闻出版行业，推动新闻出版业的繁荣。两者互相渗透，互相促进，形成较为良好的互动关系。但需要注意的是，各个政党利用报刊等出版物的目的是攻击打压对手，是进行党争的特别手段。因此，政党的出版物以政治利益至上，罔顾道德，挟私报复，毁谤抹黑，丑态百出，毫无公信可言。"同一事件，甲乙记载，必迥然相反。

---

① 叶再生：《中国近代现代出版通史》（第二卷），华文出版社，2002，第 55 页。

故阅报，即知其属于某党，至记载之孰真孰伪，社会不辨也。"① 既败坏了新闻界和出版业的社会形象，在事实上也造成了本就有限的出版资源的巨大浪费。

二　出版评论的文体自觉与定型

文变染乎世情，兴废系乎时序。民国初年变化多端、忽起忽落、跌宕多姿的出版现实直接推动了出版评论的生成、发展和定型。作为一种评论文体，出版评论在这期间拥有了属于自己的特殊的文体样式和文体品格，和政治评论、时事评论、文艺评论等有了较为清晰的界限和区分，成为当时诸多"时代之文体"的一个重要构成部分。

朝代更迭，新国肇建，民国初年属于社会发展的一个转型期。其典型特征正如梁启超所言："人民既愤独夫民贼专制之政，而未能组织新政府以代之；士子既鄙考据词章庸恶陋劣之学，而未能开辟新学界以代之；社会既厌三纲压抑虚文缛节之俗，而未能研究新道德以代之。"② 当时出版业的状况也深刻验证了转型期的社会特征。社会性质和结构的变化和调整，思想文化的多元碰撞，导致了人们对外界信息、文化的需求日益强烈，刺激了新式出版机构的不断诞生和报刊的繁荣；政局动荡，从多党议政到军阀专制，出版业随波逐流，极不稳定，导致部分出版人和书报刊品格低下，出现形形色色的怪现象；新的职业化、商业化思想冲击着传统道德观念，新式教育的发展使教科书出版有利可图又大有可为，出版从业者的思想意识发生了变革，出现逐利性的出版行为，不同程度上影响和改变了社会大众对出版业的看法和观念。这样的出版气象，一方面为出版评论的创作提供了大量鲜活而典型的原料；另一方面，急遽变更的出版实际对关注文化，充满世道情怀的知识分子具有无法抗拒的吸引力，他们被这种情势召唤着拿起手中之笔，用睿智敏锐的目光，积极地参与对出版生态万千景象的描绘和聚焦。

一言以蔽之，民初的出版业是发展的渐进期，也是成长的多变期，尤

---

① 方汉奇：《中国近代报刊史》（修订本）（下册），山西教育出版社，2012，第625页。
② 梁启超：《过渡时代论》，《梁启超散文》，上海科学技术文献出版社，2013，第42页。

其是政局极度不稳的军阀统治时期，许多新现象、新问题、新矛盾渐次浮现，令人目不暇接，溟蒙迷惑。新旧思想价值观念的羼杂融合，使得人们对同一出版行为、现象的认知和评价不尽相同，甚至有时针锋相对。这样的时代和环境需要出版评论，也要求出版评论大有所为。

时代与环境滋生着出版评论，而出版评论则自觉迎合了社会环境和出版现实的需要，真实地记录了当时出版现实与进程。出版评论能抓住出版业的脉搏，对出版业的大事小情实现"共振"，充分显现了评论文体内在的活力。面对汹涌而至的教科书出版热潮，诸多出版评论以各自不同的立场、视角，抓住教科书出版中的亮点、热点、疑点、难点，做到与社会环境的紧密绾结和对出版实践的深度介入。《论采用教科书》认为"民国新制教科书由国家审定，不由教育部专编专卖。许民间以编辑发行之自由"，并"特许各省组织图书审查会以辅助之"是前提条件，放开教科书出版，准予民间自由编制，导致"书店于此，莫不率先恐后纷纷出版。其利有三，出版不止一二家，则有比较、有竞争。内容必日臻精美，一也。同一学校其可用之教科书不止一种，则办学者得所选择，二也。营业机关特别廉价，补担负教育费者获益于无形，三也"。[1] 在《论现行教科书制度及前清制度比较》《今之教科书问题》等评论中也指出民初的教科书审定制度"许民间自由编辑。不以国家之力，揠苗助长，政策其当"，[2] 认为良性的自由竞争对教科书出版大有裨益，"有竞争斯有进步。若举全国而仅一商务印书馆，微论其规模宏大，书籍繁博，以中国幅员之广，所供决不胜求。且一家精力有限，思想未免过狭，既无比较，绝无竞争，既无竞争，安望进步"。[3] 另外，《教科书之评说》《国文教科书之批评及其改良方法》《小学教科书的研究》《编辑小学教科书商榷书》等对教科书的编纂、运用、变更、教授等提出了具体意见。这股教科书主题的出版评论形成溢出效应，由出版界问题累积和发酵成为教育界、文化界乃至全社会关注的焦点问题，凸显了出版评论的独特价值和功能作用。

在这期间，评论主体的身份意识也渐趋清晰化和固定化。之前的关于

---

① 帅群：《论采用教科书》，《教育杂志》1913年第5卷第1期，第14页。
② 杨祥麟：《今之教科书问题》，《教育杂志》1916年第8卷第12期，第44页。
③ 孙增大：《敬告书业》，《教育周报》1913年第17期，第29页。

出版主题的言论文章大都是没有作者署名的，一些作品署名也可以看出明显是化名，如"沪江如是子""快""守阙斋主人"等。而这期间的出版评论文章基本上都有作者的独立署名。这固然有民国建立后言论出版自由得到保障的因素，但更重要的是反映出评论主体的一种创作自觉意识和作品责任意识的觉醒和明确。梁启超在办《庸言》时就曾约定"为文皆署姓名，文中辞义直接全负责任"。① 而且中国自古就有"知人论世"的作品接受论，将作品和作者及其时代联系起来才能更深刻地理解作品的内涵和意义，出版评论同样如此。读者在阅读出版评论时，如果对作者有相当的了解，自然会对评论内容有更深的体会。同时，评论署名不但可以提高作者知名度，获得"立言"的满足感，而且可以约束自己，三思而后言，减少感性的谩骂、诽谤和恶意中伤行为，致力于理性逻辑的分析阐述，以理服人，提升文章的责任感和道德度，对评论文体的定型和建设有积极的影响。

随着文体自觉的增强，出版评论在这时期实现了文体定型。在很长一段时间内，出版评论并不独立，常常和书报评论、文艺评论、政治评论等报章文体混为一体。如梁启超的关于出版主题的评论文章，往往以新闻时事评论的面目出现。这既说明出版评论文体与其他评论文体可以实现"互文兼体"，具有了创作时文体选择的丰富可能性，也说明了过去的出版评论文体缺少自身必要的"自体性"。所谓自体性，就是某种特定文体具有的区别于其他文体，使文体得以自立、自在的内在规定性，主要表现为属于文体自身特殊的形制和品格。缺乏自体性，说明出版评论尚未真正地独立成体。在民国初年，出版评论初步实现了文体定型，评论主体已经能够按照出版评论自身逻辑进行写作了。这时期的出版评论保持了过去那种关注出版活动、出版图书对社会、群众、文化的影响，对政治、道德、素质、人格、修养的用处等"文用论"传统，着眼于出版的社会功用，从道德伦理角度进行评判的特征。他们为出版界"操诸一般商贾之手，惟利是视，择机而投"，造成"非驴非马之经世文编六法全书等，充然杂出"② 的乱象痛心疾首，为新出版物"冒滥者居其强半"，"而以偏锋见长，或掇拾芜词，

---

① 梁启超：《撰述启事》，载梁启超《饮冰室合集·集外文》（中册），夏晓虹辑，北京大学出版社，2005，第586页。
② 与人：《说出版界》，《神州》1914年第1卷第2期，第4页。

只图射利者，随在皆是"① 而叹息蹙额，批评出版界"著书之轻滥草率，真是外冠万国，前无古人。像这样的'书林'，充满了'金玉其外败絮其中'的果实"，② 他们力陈"出版业者虽亦营利事业之一，然其间实含有普及教育、促进文化之二大主义"，③ "书业关系国家文化，应顾及道德，毋专为利"，④ "著作人与出版人乌可徒取快意不审度情势乎，是故移风易俗，书籍有责，积极言之"，"著作人与出版人凡所营作，一以共图利济、裨益社会为归"。⑤

更值得肯定的是，出版评论并不像以前那样对出版现实做镜子般的反映，或者简单粗暴地感性评估和价值判断，而是自觉地以自己的方式介入对出版活动的建构。这就是说，出版评论不再是隔岸观火式的外界观察和批判者，而是作为一种知识分子的写作方式，进入出版实践的前沿，以兼具批评性和建设性的作品，参与到出版活动中去，真正实现了对评论内涵的理解和实现。评论并不等同于批评、批判，更多的是一种理性的分析评判，既可以是对错误行为和不良现象的质疑、指责、抨击和否定，也可以是对某些做法、经验的肯定、褒扬、倡导和推广。出版评论有否定性、批判性、反思性，但也有肯定性、建设性、倡导性，这是一种兼而有之的辩证思维。"批判的态度不一定就是消极的态度，更不能把批判性简单地视为破坏性。在许多时候，批判正是一种进取，是一种建设，是勇敢的探求。"⑥这时期的出版评论实践就摆脱了过去那种极端思维，很多教科书的评论并非一概否定，而是全面、公正、客观地进行评价。提出的批评意见也都中肯、富有建设性。如对当时教科书囿于传统道德，缺少经济方面的内容，提出"中国古书多耻言利，此等道德不宜适用于五族生计困难时代……教科各书内兼注重经济以补古书之不备"⑦，要求与时俱进，增加现代经济学内容，养成社会生利之知识和竞争之意识。

---

① 皕海：《著作家之道德》，《进步杂志》1915 年第 9 卷第 2 期，第 63 页。
② 《致读者》，《书报介绍》1914 年第 18 期，第 1 页。
③ 味蘖：《民国七年出版界之回顾》，《出版界》1918 年第 48 期，第 1~2 页。
④ 孙增大：《敬告书业》，《教育周报》1913 年第 17 期，第 29 页。
⑤ 汪集庭：《女青年与出版物之关系》，《妇女杂志》1917 年第 3 卷第 6 期，第 12 页。
⑥ 李炳银：《生活与文学凝聚的大山》，《文学评论》1992 年第 2 期，第 23 页。
⑦ 《学界大事记》，《教育界》1912 年第 4 期，第 2 页。

"当某一新文体问世时，它仅仅在体制或风格方面与其他文体有所不同而已，并不能立即得到人们的认可……但一经众多作家的反复拟作，原作的体制特征就会获得一定程度上的规范性、稳定性和权威性，成为一种传统和惯例，进而发展为一种新的文体类型。"① 出版评论在这时期实现了文体的基本定型，具体表现在：评论是批判和建设的结合，理性的分析评判作为出版评论的一种内在的文体精神被确立下来；划定了一个内容的基本范围和领域，围绕出版领域的政策、现象、活动、产品进行评论，与文艺评论、政治评论等文体有了较为清晰的界限；树立了一个体式上的大概规范，结构上先是开头进行事实的精炼概括或铺陈描述，增加了评论的信息量，然后再展开细致论证，最后表明观点。这种文体多采取一事一议，夹叙夹议，边叙边论的形式。语言上文白夹杂，题目多文言虚词，但文中浅近的白话的运用逐渐增多，甚至掺杂口语，顺应了白话文逐步普及和使用的大势。出版评论在报章文体中孕育，逐步实现文体的自觉与定型，进而独立成为一种新的文体类型。随着社会渐趋稳定、出版事业的急速发展和新文化思潮的鼓动，出版评论的春天已经悄然降临。

第二节　中国现代出版评论的勃兴与繁盛
（1919～1936 年）

1919 年五四运动的爆发和新文化思潮的蔓延，在政治、思想、文化等方面都是一场全面的荡涤和启蒙。以《新青年》为代表的刊物吹响了新文化出版的号角，新文化与新出版相互激励，互为动力，并肩前进。1928 年国民政府的统一，开启了现代出版业"黄金十年"的历程，迎来了中国出版史上的繁华期。出版评论在此期间获得了快速的发展，评论主体也日益活跃，出版评论的数量、质量，评论主题的广度、深度都上了一个新的台阶。在这近 20 年的时间里，出版评论呈现出全面燎原的态势，繁盛蓬勃，成为当时辉煌的中国现代出版生态中耀眼的一抹亮色。

---

① 陶东风：《文体演变及其文化意味》，云南人民出版社，1994，第 100 页。

一 中国现代出版业步入黄金时代

邵飘萍分析过民初中国新闻事业不发达的原因，认为"教育不普及，交通不便利，政治不良，实业不发达"是四个主要因素。[①] 推及起来，其实出版业的发展也是受这四个要素的影响。这四个限制出版业发展的问题在20世纪30年代都得到了相当程度的缓解。政治上全国实现形式上的统一，言论出版自由有了一定的保障。工业和制造业发展快速，工业品总产值从1927年的67.01亿元增加到1936年的122.74亿元，增加了83.2%。[②] 交通运输业也得到了发展。以与图书发行密切相关的邮政业为例，1927年邮政局（所）共有12126处，邮路里程是46.22万公里，到1936年不计东北地区，邮政局（所）共有12619处，邮路里程58.48万公里。1920~1929年平均每年递送邮件5.36亿件，1930~1936年增至7.83亿件。[③] 在教育上，自1922年《学制改革案》颁布确立现代教育体制后，学校规模和学生数量逐年上升。以初等教育为例，1929年全国初等教育各类学校数21.2万所，学生数888.2万人。到1936年，学校数增至32万所，学生数为1836.5万人，分别增长了51%和107%。[④] 全国图书馆的数量也由1928年的557所增加到1936年的5196所，[⑤] 大大刺激了图书的销售和推广。在这些良好的外部环境共同助推下，中国现代出版业迎来了兴盛时代。作为现代出版业翘楚的商务印书馆在1919~1926年共出版图书2074种。在20世纪30年代尽管遭遇了"一·二八"事件的重创，但在王云五的带领下，迅速复兴，1933~1937年共出版图书3808种。[⑥] 中华书局也与时俱进，1919~1926年共出书533种，在1930~1938年日均出书两种以上，1936年的资本额比1918年增加了2.2倍。[⑦] 一些中小书局也不断涌现和壮大，开明书店、现代书局、北

---

① 邵飘萍：《中国新闻学不发达之原因及其事业之要点》，黄天鹏：《新闻学名论集》，联合书店，1930，第39~67页。
② 吴永贵：《民国出版史》，福建人民出版社，2011，第54页。
③ 许涤新、吴承明：《中国资本主义发展史》（第三卷），人民出版社，1993，第99页。
④ 石鸥、吴小鸥：《中国近现代教科书史（上）》，湖南教育出版社，2012，第376页。
⑤ 陈幼华、吴永贵：《新图书馆运动对近代出版业的影响》，《图书馆杂志》2000年第6期。
⑥ 李家驹：《商务印书馆与近代知识文化的传播》，商务印书馆，2005，第157页。
⑦ 俞筱尧：《陆费伯鸿与中华书局》，载俞筱尧、刘彦捷《陆费逵与中华书局》，中华书局，2002，第229页。

新书局、光华书店、龙门书局、真美善书店、良友图书公司、创造社出版部等都在这时期站稳脚跟，凭借自己的出版特色，引领时代思潮和文化潮流，扬名于出版界和文化界。开明的学生读物、北新的社科书籍、现代的文艺读物、良友的画报等都享誉全国。出版物的数量增长幅度也很迅猛，古籍、综合性丛书系列和各类学校教科书的出版量激增。据时任商务印书馆总经理王云五的初步统计，1927 年全国出版物种数是 1323 种，到 1936 年是 6717 种，① 增长了近六倍。

除了教科书这一主营业务以外，出版界意识到各类学术书籍是启发知识、开启民智、提高思想的重要依赖，加之图书馆运动的助推，丛书的印行成了各大出版机构建设文化、显示实力和获得利润的重要举措。从最开始的不过数十种的小部丛书，到包括学科数十种、书籍数千册的大型系列丛书，丛书出版的种类众多。商务的万有文库中的《四库丛刊》、中华书局的《四部备要》最为显著。和编印丛书相伴而来的是古籍影印的兴起，商务版的影印《百衲本二十四史》《四库全书珍本》《各省通志》，中华书局的《古今图书集成》，开明书店的《二十五史》都是酝酿多年、费尽心血的结果，对保留精粹、传播文化和便利学者研究起到了极其重要的作用。

同时，随着新文化运动的开启和深入，封建专制、旧伦理道德、尊孔复古、迷信盲从、旧文学等思想都被提倡自由民主、追求科学理性、要求平等解放的呼声和行动所荡涤，文学革命和白话文运动更是直接引起了出版业从思想到业务的大变革。出版物结构出现了大调整，宣扬民主科学的普及性、知识性的社科书籍被大量出版。以普通大众为读者对象的大众读书市场也得到了开发，自然科学应用类和各类小丛书系列出版活动最为踊跃，像商务的星期标准书、生活书店的世界知识丛书、正中书局的国民说部丛书等都大受欢迎。各类参考书、工具书的出版亦与年俱进，辞典、年鉴、年谱、索引、大事年表，济济跄跄，极一时之盛。童书出版也方兴未艾，许多出版机构都积极参与儿童书报刊的出版。1922 年，商务印书馆创办《儿童世界》和中华书局创办《小朋友》，开创了现代童书期刊发展的新起点。而后大东书局推出《儿童良友》，儿童书局出版《儿童杂志》，一些

① 王云五：《十年来中国的出版事业》，《出版周刊》1937，新 241 号，第 9~10 页。

民间书坊也相继出版儿童读物。20 世纪 30 年代儿童丛书出版渐成风潮，500 册的《小学生文库》、200 册的《幼童文库》、450 册的《小朋友文库》等相继出版。在生活书店编的《生活全国总书目》中儿童读物就有 3000 多种，参与儿童书刊出版的机构数量至少在 50 家以上。① 新文学革命带动了新文学出版，在以鸳鸯蝴蝶派为主的通俗小说依然大受欢迎的情形下，新文学也亦步亦趋，逐渐赶超。特别是文学社团与报刊出版的唇齿相依式紧密结合，更是引人注目。"有了刊物才有社，刊物是社的凝聚力所在，刊物是社的形象的体现，刊物是使社立足于文坛的唯一方式，刊物几乎就是社团的一切。"② 文学研究会和《小说月报》，创造社与《创造季刊》，中国科学社与《科学》月刊，语丝社与《语丝》，未名社与《莽原》《未名丛刊》《未名新集》《乌合丛书》，太阳社与《太阳月刊》《时代文艺》《新流月报》《拓荒者》，左联与《萌芽月刊》《巴尔底山》《世界文化》《前哨》《北斗》《十字街头》等都共同造就了文化艺术与出版的繁荣。灵活便利的白话文的推广和普及，则进一步扩张了出版的读者群体，对出版业的促进作用是再明显不过的，"学校生徒之能读书者大增，书报之销行益广，此其中固有他种原因，然文字艰深之隔阂既除，而学术之研究遂易，则事实昭然，不可掩矣"。③ 新出版物承载和传播的新文化新思潮在影响、培养大批新读者的同时，也培育了出版市场。新读者的加入又使得新出版物的需求量增加，激活了阅读市场，出版业与读者之间一定程度上建立起了良好的互动关系。

这时的出版业也成为各类知识分子的聚集地，既包括包天笑、周瘦鹃、毕倚虹、姚鹓雏、陈蝶仙等秉持旧式文学思想和创作方法的文人群体，也容纳了大量的像鲁迅、胡适、沈雁冰、陈独秀、周作人、钱玄同、李大钊、傅斯年、罗家伦等新文化运动的潮流人物，这些新旧知识分子大量著书立说，宣传各自观点和方针，形成了当时不同思想、文化多元共处的活跃情势。在印刷媒体占据绝对核心地位的媒介环境下，对出版物的掌控是最重

---

① 吴永贵：《民国出版史》，福建人民出版社，2011，第 498~499 页。

② 刘纳：《社团、势力及其他——从一个角度介入五四文学史》，《中国现代文学研究丛刊》1999 年第 3 期。

③ 吕思勉：《三十年来之出版界（1894—1923）》，《吕思勉自述》，安徽文艺出版社，2013，第 79 页。

要的传播方式，所以知识分子普遍与出版业建立了非常紧密的联系。不少文化人亲自创办书局、书店，把出版当成是实现文化理想的平台。如巴金、吴朗西的文化生活出版社，邹韬奋的生活书店，章锡琛的开明书店，李小峰的北新书局等都是文化人办出版的典型。还有更多的知识分子将出版当成了"安身寄生"之所，沈雁冰、叶圣陶、舒新城、郑振铎、夏丏尊、周全平、罗家伦、曹聚仁、陈伯吹等都在不同的出版机构担任过编辑职务。商务印书馆更因为吸纳了大量不同背景专长的知识分子而成为当时的一股文化大势力和近现代最著名的文化机构之一。

虽然这近 20 年间，出版业蓬勃前进，在印刷技术的改进，出版物数量的增加、质量的提升，出版业经营管理的改善等方面足以称述的地方很多，但与世界其他发达国家相比仍然有所不逮。1936 年全国出版的图书不到7000 种，而德国约 25000 种，日本在 1935 年是近 20000 种，[1] 在人均方面距离更远。而国民党政府在言论出版管制上日益强化，禁书事件屡有发生，阻碍了出版业持续高速的发展步伐。全面抗战的山雨欲来，也给当时繁盛期的出版业蒙上了阴云。

二　出版评论活动的繁荣兴盛

1919~1936 年，文化思想界最大的特征之一就是批判精神的标榜和弘扬。"批评"与"评论"成为一时之风气，"十几年来，各报上忽然不作长论，通行用'评'"。[2] 相当多的新办报刊都在发刊宗旨中着重评论，标举批评。像傅斯年的《新潮发刊旨趣书》、陈独秀的《本志宣言》、周恩来的《〈天津学术联合会报〉发刊旨趣》、《民国日报》的《本报特别启事》都明白直言以评论之精神，正确忠实、公允客观地表达事实和宣传观点。1920年创刊的《评论之评论》更将这种观点推到极致，"一切社会底进步，都起于思想底进步，而思想底进步，惟赖'评论'。一切过去的思想进步史，都是'评论'史。……'评论'是打破旧藩篱，创造新生命地唯一锁钥"。[3]

---

① 郁望尧、洪儋训：《一九三六年中国出版事业之回顾》，《图书展望》1937 年第 2 卷第 8 期，第 59 页。
② 丹翁：《评评》，《晶报》1919 年 8 月 15 日，第 1 页。
③ 宋介：《批评之批评》，《晨报副镌》1925 年 6 月 3 日，第 2 页。

而 20 世纪 20 年代的"科玄之争"、20 世纪 30 年代的"中国社会性质之辩"这两次大范围的文人论战，更是将评论文体和批评精神清晰地显露在国人面前。在这种氛围中，出版评论迅速地发展成熟，从柔风细雨的春天进入到发荣滋长、浓郁葱茏的盛夏，呈现出繁盛兴旺的景象。

1. 出版评论大量涌现，粲然大观

在民国初期，出版评论在报刊上时有出现，但总的数量并不多，要比政治评论、纯粹的图书评论少得多。五四新文化运动后，随着出版业进入黄金时代，出版评论也步入了发展的快车道，在书报刊中大量涌现，成为令人瞩目的文体。报刊数量的稳步增长为出版评论提供了众多的刊载平台，1919 年的报刊数量大概为 530 多种，到 1935 年则为 1600 多种，增长了 3 倍多。① 特别是一些报纸的专栏和副刊更是频繁刊登出版评论。如《申报》的"出版界"专栏，每周一期，内容以反映出版动态和出版评论为主。另外，《申报》还创办了著名的副刊《自由谈》，也有不少出版评论，如《文化落后与出版界的生产过剩》《书的普及版》《选本问题》等。比较著名的还有《大公报》的"文艺园地"专栏和"图书周刊"副刊、《中央日报》的"中央公园"副刊以及《时事新报·学灯》《民国日报·觉悟》《晨报副刊》《京报副刊》。刊登出版评论最多的当属杂志。像著名的《东方杂志》《大中华》《新青年》《新潮》等都是对出版问题比较关注的。在一些专业性的杂志上也有针对出版问题的专题讨论。像中华书局所办的《中华教育界》就有一系列的关于教育与出版的专题评论。这时期出版评论的集中园地是各大出版机构或图书馆自办的读书出版类的书业杂志，它有点类似于现在的企业内刊的性质，里面有许多出版业回顾与总结、企业经营管理经营交流、当前出版动态和现象之类的评论文章。很多特刊如商务印书馆的《出版周刊》、开明书店的《开明》、中华书局的《图书月刊》、现代书局的《现代出版界》、光华书局的《读书月刊》都有不少有影响有特色的出版评论文章。数量繁多的载体为出版评论提供了栖身之处，也激发了出版评论特色各异的表现方式。新闻体、时评体突出了评论的及时性和针对性，学理讲章式的论文体讲究逻辑和论证，提升了出版评论的学术深度；文学类的点

---

① 数据来源见叶再生《中国近代现代出版通史》（第二卷），华文出版社，2002。

评体、诗文评、序跋体则不拘一格，言简意赅。特别是杂文体，更是独具特色。鲁迅作为现代杂文大师，也留下了不少关于出版的杂文佳作。像《书的还魂和赶造》《文摊秘诀十条》《四库全书珍本》《大小骗》《大小奇迹》《商贾的批评》等，其认识的深刻、讽喻的高妙，堪称我国现代出版评论文库中的瑰宝。茅盾、邹韬奋、陈西滢、曹聚仁也都有类似的杂文体出版评论留世。

此外，这时期已经出现了出版评论的专著，以《走到出版界》最为典型。《走到出版界》本是上海《狂飙》周刊的一个专栏，由高长虹撰稿。后由泰东书局在 1928 年出版单行本，里面收录了 150 余篇文章，除掉几篇论战及游戏文字，其他部分基本上都可以算作杂感随笔体的出版评论。其中，《今昔》《科学书的贫乏》《希望科学出现于中国》探讨了中国科技出版物的问题，指摘当时所谓科学出版物多为新闻记载，并非真的科学著作，造成了科学文化的难以普及；《书的销路与读书》《艺术界》《张竞生可以休矣》《没有几种好的定期刊物》揭露了当时杂志出版中存在的"性泛滥"等低俗化现象，谴责书商为了利润过度迎合读者；《小书局》《北新书局的好消息还不是最好消息》《咄！商务印书馆乃敢威吓言论界吗？》对出版机构的一些所作所为进行了批评；还有《〈向导〉与〈醒狮〉》《写给〈彷徨〉》《与春台讲讲〈语丝〉》《1926 北京出版界形势指掌图》等则对当时的一些言论杂志的创办、发展的情况进行介绍和阐述。尽管书中若干评论的观点不乏偏颇、偏激、偏执、偏袒之处，更因作者高长虹对鲁迅的攻击而被世人长期误读或忽视，但作为一种新式评论文体的创作尝试，《走到出版界》作为第一部系统性的出版评论合集，在现代出版评论的发展史上还是应占据一个重要位置的。

2. 出版评论主体的成形与成熟

新式出版业的勃兴，书报刊的销行流向社会各个层面，影响日益深入，出版评论由此获得了发展的坚实基础和不竭动力。不同阶层、不同领域、不同身份的人，站在各自的立场和角度，对出版活动品头论足，对各类出版物说长道短，进而对出版机构进行臧否褒贬，进行评价判断。特别是报刊上读者通讯栏的普遍开设，更是为各界人士发表出版评论提供了平台保障，促进了现代出版评论创作队伍的成形与成熟。纵观这一时期出版评论的作者群体，可以发现它的创作阵营是相当强大的。创作并发表了出版评论的作者数量众多，不可胜数。既包括鲁迅、茅盾、胡适、陈独秀、罗家伦等大名鼎鼎的文化领袖，也包括王云五、陆费逵、叶圣陶、邹韬奋、舒新城等业界精英，当然还有许多化名为瘦影、非性、清道夫、可怜不死、C·F·T等的普通读者。出版评论主体按照来源来划分，大致可以分为普通读者、从业者、专家学者和官方管理者四大类，囊括了当时社会领域的方方面面，而其中尤以知识分子组成的从业者和专家学者的出版评论数量为多、质量较高，有些作者还初步形成了自己的创作风格。鲁迅的出版评论冷隽峭拔，反讽谐趣，有着杂文的犀利；王云五多利用统计数据，内容浅显朴实，以理服人；杨寿清擅长"鸟瞰"巡礼式的宏观叙事，多结合时代、文化大环境进行论证和分析；罗家伦、周全平则充满青年文人的激情和气势，情感充沛，旗帜鲜明。出版评论作者群体的个性化，标志着出版评论文体实现了充分自立。

以知识分子为骨干的出版评论主体的浮出地表，与当时的社会思潮是分不开的。"每个时代都有它自己中心的一环，都有这种为时代所规定的特色所在。"① 新文化运动后，以前的社会焦点问题政治斗争逐渐消退，文化问题成为知识分子关注的中心。"（1918年7月）学生救国会出版了一份定期刊物，取名叫做《国民》杂志……它只注意反军阀、抗日政治活动，没有尽力白话文的宣传，所以在当时新文化运动的狂潮中不为人注意。"② 这个例子充分说明了时代主潮已经转移到文化领域了。以陈独秀、鲁迅、胡适为代表的这一代知识分子已不同于康有为、梁启超等文人群体，批评时政不是重点，学而优则仕也不是他们的目标，文化的启蒙与改造成了他们的关注点。出版正是文化的最为便捷和普及的传播媒介，出版业自然就变成了知识分子的聚焦点和依托处。而西方现代文化的大量翻译和引进，极大地补充了长期闭关锁国后产生的科学意识的欠缺和现代文化的滋养。其时达尔文的进化论，赫胥黎的遗传学，罗素、柏格森、尼采等的哲学思想，弗洛伊德的心理分析原理，杜威的教育学观点，克鲁泡特金、巴枯宁的无

---

① 李泽厚：《中国现代思想史论》，三联书店，2008，第2~3页。
② 许德珩：《五四运动在北京》，载中国社会科学院近代史研究所《近代史资料》编译室主编《五四运动回忆录》，中国社会科学出版社，1979，第211页。

政府主义，马克思、列宁的共产主义理论，莫泊桑、屠格涅夫、易卜生、泰戈尔的文学作品及文艺理论等都被译介进来，并被不同的知识分子接受和传播。对于出版评论主体而言，学理色彩的凸显、批判意识的强化、创造技巧的嬗变、语言文字的运用都或多或少地受到了外来思潮的影响。《我们需要的儿童读物》《为儿童读物谨告全国出版界》《儿童读物的使命》等评论中渗透着杜威等西方教育学者的儿童教育观。在《现代之出版自由》《出版法与言论自由》《论出版警察》等文字中则明显地凸显出西方政治、法律思想在中国传播的印迹。

　　此外，出版评论的主题随着出版业的繁荣也在不断地拓展。新出现的一些出版动向成为评论的新领域。如儿童读物的出版就是一时热点，不少出版评论都予以了关注。茅盾的《论儿童读物》、张若英的《谈儿童读物》、张匡的《儿童读物的探讨》《谈儿童读物》等对儿童读物的性质、特征、编辑出版的相关问题进行了探讨。尤其是《中国出版月刊》在1933年出版了一期"童书专号"，设置的"儿童读物论坛"总共刊登了六篇儿童读物出版评论，论题涉及儿童读物出版的各个方面，具体而集中，论证全面而深入，有批评有建议，体现了学理性与现实性、批判性与指导性的结合。其他诸如读书会活动、书价与纸荒问题、出版愆期现象、出版与广告、书店经营与管理等主题也都在评论中有所体现。特别值得一提的是，此间聚焦讨论的一些问题，基本纵贯整个20世纪。如对出版自由和出版法规的关系、出版工作的总结与检讨、出版的商业性与文化性的结合等总是出版评论的重点，几乎在每个时期都会因为时势格局和出版发展的变化而被拿出来进行重新商酌、磋议。主题的拓展和延续直接体现了发展期出版评论的进步，出版评论显得更加系统化、思辨化。从外在视角来看，出版评论的效果和影响将大大增强；从内倾视角来看，出版评论作为一种文体已经发展成熟。

第三节　中国现代出版评论的转折与变化
（1937～1945年）

　　1937年卢沟桥事变，吹响了中华民族全面抗战的集结号，中国各界精诚团结、共御外敌、挽救民族危亡。这既是出版业遭遇战争浩劫、正常态势被打破、进入"非常态"的发展阶段，也是出版评论适应战时状况，向"救亡"的民族意识、国家需要和抗战服务靠拢的转折期。

一 全面抗战时期出版业的艰难前行

残酷惨烈的战争重创了中国出版业，郁勃焕发的发展势头被彻底反转，从此由盛转衰，走入下降通道。日军通过焚烧、炸毁、劫掠、逮捕、关押、暗杀等手段对中国各地大大小小的出版机构、出版人展开疯狂的破坏和迫害。商务印书馆被日军查封、焚毁、轰炸的分馆和工厂达 34 处，机器仅上海、香港就损失 365 台，① 被查抄、没收、损毁的书籍更是不计其数。世界书局总厂的库存书籍被日军焚毁了 1000 多万册，厂前空地积灰达到了一尺多厚。开明书店在日军进攻上海的第二天，总管理处、编译所及其所属的美成印刷所便为炮火所毁，损失达 80% 以上。② 广益书局更是因为所有书籍原料被全部炸毁而就此歇业。长沙焦土抗战的"文夕大火"使长沙的书局悉数灰烬，桂林文化城中的书籍在撤退中遭遇柳州大火和金城江爆炸等灾难，也损失了至少 1/3。据统计，全面抗战爆发后的 1937 年 7 月到 1939 年全国共出版书刊 10014 种，而战前的 1936 年全国光新书的出版数量就达 9438 种。1941 年全国出书数量是 1890 种，跌到了谷底。③

沦陷区的出版机构命运更加悲惨，停业、歇业的占绝大部分，剩下的也是惨淡经营、极度萧条。当时有报纸报道上海沦陷后书业的惨状，"强夺各书店，并劫掠大书籍……没收商务印书馆，在该馆各部摄影后，将全体职工赶至一室，登载姓名，随即驱赶出铺。同时各堆栈所发行所，亦全部被占"。④ 有记者面对书业惨状，发出椎心泣血的悲叹，"我巡视了各书局归来，痛切地感到：上海是要暂时的成为文化死城了！"⑤ 商务印书馆多个身处沦陷区的分馆也损失惨重，沦陷后的商务印书馆北平分馆 1938 年 1、2 月

① 汪家熔：《抗日战争时期的商务印书馆》，载汪家熔《商务印书馆史及其他：汪家熔出版史研究文集》，中国书籍出版社，1998，第 147 页。
② 章士敫：《章锡琛与开明书店》，《出版史料》2003 年第 3 期。
③ 吴永贵：《民国出版史》，福建人民出版社，2011，第 65~66 页。
④ 《日寇暴行录》，《复苏》1942 年第 1 卷第 1 期，第 17 页。
⑤ 一山：《在暴敌压迫下的上海出版界》，《中国青年》1938 年第 2 卷第 1 期，第 18 页。

的营业额计 7950 元，仅及战前同期的 16%，减少了 41855 元；天津分馆，1938 年 1、2 月份的营业额计 694 元，仅及战前的 1.47%，减少了 42056 元；而保定分馆，则是几无营业可言。①

战争迫使出版业向中国内地迁徙，使原来的出版格局发生了变化。在战前，上海凭借其优越的交通、经济、商业和文化环境成为全国的出版中心，出版业将近 90% 集中上海。② 战争爆发使上海硝烟弥漫，出版家只得携带机器向大后方内迁。战争伊始，武汉成为出版业大规模内迁的第一个落脚地，在不到一年的时间里出版机构云集，出版业很快繁荣起来。后因战事持续恶化，这种繁荣快速凋零磨灭。随着日本侵略魔爪深入腹地，中国被分割为西北、西南、东南三大区域，出版业也就由战前的上海"一个中心"变化为"双峰并峙、多个据点"的格局，重庆和桂林成为当时最重要的出版中心。1942 年两地出版的图书数量占全国的 59%，杂志占 40% 左右，③ 这个统计足以说明这一点。

陪都重庆是当时的政治、文化中心，大量外迁进入的出版机构如商务印书馆、正中书局、生活书店、新知书店、上海杂志公司等遂让其也成为抗战时期西南最大最重要的出版中心。以 1943 年为例，重庆有印刷厂 225 家，占全国总数的 31.7%；书店 149 家，占全国总数的 23.7%；图书数量 1642 种，占全国总数的 37.3%，期刊 250 种，占全国总数的 31.8%。④

广西桂林居于西北与东南交通之要冲，与香港交通便利，太平洋战争爆发后大批文化人如茅盾、巴金、夏衍、邵荃麟等和出版人如胡愈之、宋云彬、华应申、赵晓恩等先后疏散到此，这些文化人和出版人的到来，加之桂林挨近产纸的广东、湖南，容易运输印刷上所需要的材料，而且当时李宗仁、白崇禧等新桂系也实施相对宽松的治理政策，这都让桂林成为重要的出版业中心。除了内迁的生活书店、新知书店等一些出版机构外，还新创了文化供应社、国防书店、科学书店、大公书店、供应书店、青年书

---

① 汪家熔：《抗日战争时期的商务印书馆》，载汪家熔《商务印书馆史及其他：汪家熔出版史研究文集》，中国书籍出版社，1998，第 153 页。
② 据王云五在《十年来的中国出版事业》中的统计，商务、中华、世界三大出版机构在 1936 年出版物数量占全国出版物的 71%，加之上海其他书局、书店的出版物，应在 90% 左右。
③ 印维廉：《最近一年的出版动态》，《国际编译》1943 年第 1 卷第 1 期，第 56 页。
④ 苏朝纲：《抗战时期陪都重庆出版业的发展变化及其特点》，《出版史料》2004 年第 2 期。

店、前导书店、生路书店等。全面抗战时期的桂林有大小出版社、书店 220 多家，有大小印刷厂（社）100 多家，共出版图书 2000 多种，出版期刊近 300 种，出版报纸 15 种。"从三十年到三十二年的桂林城是被称为自由中国的'文化城'的……它有近百家的书店和出版社。抗战期间自由中国的精神食粮——书，有百分之八十是由它出产供给的。"①

其他各省小出版单位，都各按特殊情形，遵照疏散的原则，在一些内陆的中小城市设立据点。如浙江金华有国民出版社，福建永安有改进出版社。还有湖北恩施、江西上饶、湖南邵阳等地也是各省出版的聚集地。

在全面抗战的战略防御阶段，中国军队在天津、上海、南京、广州、武汉等大城市展开多次大规模的会战，以空间换时间，粉碎了日本速亡中国的野心。在战事紧张激烈的环境下，出版机构积极面对，对出书结构进行了大幅调整，图书类型也相应地发生了变化，"在战争时期对'及时性主题'的图书包括纯科学和应用科学类的图书给予了极大的关注"②。学术性书籍几乎停止出版，政治性、军事性的书籍出版量大增。如商务印书馆在战前所出版书籍以工具书、学术性书、技术性书为主，此时所出新书，除重版书外，战时读物及政治性书占据 43% 强。③ 其余如中华、世界、生活、上海杂志公司及新起之出版社，均有战时丛书出版，篇幅不大，出版迅速，适应战时要求。而战时刊物于各地如雨后春笋，内容注重时事问题，专门学术性的杂志多改出战时刊，减少篇幅，缩短出版时间，以三日刊、周刊为多。在全面抗战的战略相持阶段，战争消耗极大，经济极度困难，由于内地物资技术条件的限制，出版数量直线减少，书籍纸张印刷趋劣，内容以抗战问题为主的通俗读物为主，出版界一度展开通俗化运动。桂林文化供应社文化室图书的编辑、通俗读物社通俗文艺的出版，都是出版通俗化的成功典型。因为交通运输的困难，书籍的发行网络受到压制，有些地方开始出现精神食粮的恐慌。在刊物方面，不少采取停刊、合并、减少页数、

① 赵家璧：《忆桂林——战时的"出版城"》，《大公报（上海）》1947 年 5 月 18 日。
② 〔美〕约翰·亨奇：《作为武器的图书：二战时期以全球市场为目标的宣传、出版与较量》，蓝胤淇译，商务印书馆，2016，第 53 页。
③ 麦青：《抗战五年来之教育与文化》，《建设研究》1942 年第 7 卷第（5、6）合期，第 111~112 页。

缩减字号等手段应对困难，综合性刊物渐少，专门性刊物增多，出版时间多由三日刊、周刊转变为半月刊或月刊。在全面抗战的战略反攻阶段，出版业有复苏迹象，关张的一些报刊和出版单位开始重整旗鼓，出现了大量国际问题、文艺类、科学技术类的新书。由于战争造成的纸荒和书荒，战前学术书、文学名著之翻版重印极为盛行，书价涨幅惊人，有的甚至超战前数十倍。地方刊物数量减少、愆期、脱期成为常态，定期刊物的特征丧失殆尽。

与沦陷区和国统区出版业的严重萎缩和勉力支撑形成鲜明对比的是中国共产党领导下的延安根据地出版业的兴起、发展。全面抗战前期，作为大后方的延安相对安定，中国共产党在抗日民族统一战线的旗帜下，持开放宽松自由的文化政策，尊重、团结全国各界知识分子，号召和吸收文化界人士到延安及边区根据地工作。当时的延安成为知识分子的汇集地，"据有关人士估算，抗战时期延安（含陕甘宁边区）共有各类知识分子约4万人，其中受过高等教育的近万人，人文社会科学知识分子百余人"。① 这些知识分子中的很多人在中国共产党的领导和安排下，以建设新文化为目标，创立出版机构，积极从事创作、翻译、编辑工作，印刷出版发行图书、教材、报纸、杂志、宣传小册子等，短时间内就形成了出版的繁荣局面。据粗略的统计，当时新创的出版机构共有14家，共出版报刊54种，图书800多种。② 出版物的类型以马列主义、毛泽东思想、政治、历史等社科类图书为主，罕见自然科学、医药卫生、农业生产的书籍。在抗战后期，受延安整风和文艺座谈会的影响，出版结构有所调整，党政文献图书、文学作品、通俗普及类读物有所增加，国际知识和西方理论书籍的比例大幅下降。在发行量方面，受当时纸张、印刷能力的限制，每种书籍一般印2000册左

---

① 朱鸿召：《延安文人》，广东人民出版社，2001，第5页。
② 数据统计根据中国人民大学图书馆编《解放区根据地图书目录》，中国人民大学出版社，1989；叶再生：《中国近代现代出版通史》（第三卷），华文出版社，2002；赵晓恩：《延安出版的光辉》，中国书籍出版社，2002；刘苏华：《延安时期中国共产党出版史研究（1937—1947）》，湖南师范大学出版社，2012，因统计方法的不同，数据可能与其他资料有所出入。

右。① 虽然册数不算多，但在抗战时期经济相对困难、纸张供应极其短缺的情况下，能达到这种数量已经是难能可贵了。

二　全面抗战时期出版评论的"非常态"发展

不同的媒介生存环境生成不同的媒介生态，媒介环境的改变导致媒介生态的动荡与重组。身处媒介生态圈的各种因素都将受到影响，有的兴起并强化，有的弱化被遮蔽，有的被淘汰。全面抗战改变了中国的出版格局，也直接导致了出版评论的"非常态"发展特征。

这种"非常态"发展特征首先表现在出版评论的区域化。1937 年前国家相对统一，出版业集中于上海、北京、南京等大都市中，出版评论的地域特色和环境特征并不明显。然而在全面抗战时期出版评论可以划分为国统区的出版评论、延安根据地的出版评论和沦陷区的出版评论三大区域。这三大区域内的出版评论因政治、法律、文化等环境的不同，在任务、标准、主题、形态等多方面都存在巨大的差异。沦陷区的出版业在太平洋战争爆发前，尚能在"孤岛"式的租界区内维持。这时的出版评论数量有所微减，但整体上变化不大，只是增加了许多出版界人士抗战言论和反映出版业服务坚持战斗的内容。覆巢之下，焉有完卵，随着战事的深入，租界区很快被日寇占领，出版界从业者纷纷撤退和逃离。出版评论因为主体和载体的缺乏而变得数量稀少，逐渐凋零，影响力相当有限。在零星的出版评论中，为了避免侵略者的审查和追惩，内容都避开了与时局相关的出版主题，以书业史和旧书业为主体的评论最为集中。如《闲话上海旧书肆》《五十年前之海上出版界》《上海的旧书业》《北平的古书业》《记武昌的旧书店》《上海的旧书买卖》《苏州的旧书店》等都刊载于不同沦陷区的杂志上，情形类似"内廷唱戏，无论何种剧本都会触犯忌讳，只得专搬演些'封神'、'西游'之类，和现在社会情状丝毫无关，不至闹乱子"。② 这类出版评论虽然主观上是评论主体惧于"文网过密，文章招祸"而采取的权

---

① 曹国辉：《延安时期的出版工作概述》，载宋原放主编《中国出版史料·现代部分》（第 2 卷），山东教育出版社、湖北教育出版社，2001，第 304 页。

② 梁启超：《中国近三百年学术史》，天津古籍出版社，2003，第 24 页。

且之策，但客观上却有意外的收获和贡献，保留了不少珍贵的关于书史和旧书业的相关资料，也开拓了出版评论的一个新领域。

延安根据地的出版评论主要指中国共产党领导或创办的报刊上开展的出版评论活动。全面抗战时期，延安根据地（包括陕甘宁边区）因其自由宽松的文化政策和对知识分子的重视与厚待，成为全国文化人士和追求进步的青年向往的地方，大批知识分子的涌入让出版业的发展拥有了厚实的基础，创办了不少报刊，出版了大量书籍，出版评论在报刊上也时有出现。延安根据地的出版评论活动是中国共产党出版事业的一个组成部分，担负着党的宣传的责任。因此它有着特殊的内涵，遵循党性原则，有着鲜明的意识形态话语色彩。相当一部分出版评论是以社论的形式出现的，如《解放》周刊中关于全面抗战时期出版自由问题发表的社论，集中反映并表达了中国共产党反对查禁抗日书报，对民众的出版自由应予以充分的保障的合法诉求。在《前线》《中国青年》《西北》等杂志上也有关于言论出版自由、战时读物编辑出版、出版事业工作检讨和各地出版情况的调查与总结的文章。全面抗战进入相持阶段后，受日寇、伪军和国民党反动派的三重挤压，根据地遭遇严重困难，物资奇缺，纸张供应渠道被完全切断，只能用土纸进行印刷，且只能保证部分重要书籍和宣传品的出版，不少报刊歇业停刊。从 1941 年末到 1945 年，延安根据地的出版评论活动基本停止，在重庆的《新华日报》还可见零星的出版评论文章。总体而言，延安根据地的出版评论数量有限，多为宏大主题，有浓厚的政治宣教色彩，对于中国共产党的政策宣传和舆论引导有重要的作用。

客观而言，相对于沦陷区和延安根据地的出版评论活动，身处抗战大后方的国统区的出版评论显得更加主体和主动。所谓更加主体是指在数量方面，国统区刊载的出版评论的数量要远远多过其他两个区域，是出版评论的主导。更加主动是指质量方面，相对于沦陷区评论的"受限太多，动辄得咎"、无处伸展和延安根据地评论的重在议论和宣教，国统区的出版评论文体更多元、主题更开放、形式更活泼、风格更多样。特别是共产党人和爱国进步人士获得了合法地位，评论主体进一步扩大，能够从不同立场和角度对出版问题进行探讨。王云五、邹韬奋、老舍、茅盾等文化出版知识界人士的积极参与，使出版评论学理性、逻辑性、艺术性等方面都获得了提升。而且随着出版机构的流离迁徙,深入内陆,知识阶层的文化人和出版人亲身体会到最基层的社会现实和普通读者,让他们对出版担负的重大责任有了更清晰的认知,有了更明确的出版方向和服务对象,纷纷拿起手中之笔,利用出版评论展开抗敌救亡活动,推动战时出版文化事业的建设和发展。他们在评论中揭露并鞭挞日寇破坏出版的恶行,商讨经济困难下出版的应对之策,检讨出版工作中的不足和缺陷,对促进出版文化界统一认识、形成共识、联合抗日有着积极的影响。但国统区政治环境复杂,不少出版评论被反共顽固分子操纵和利用,变成了政治斗争的工具,对出版界、文化界中坚持抗日的中国共产党人和爱国人士展开恶毒的攻击。

媒介环境不仅是容器,而且是使内容完全改变的过程。① 全面抗战时期的出版评论在内容上也经历了转型,过往的散乱无序、自由开放的评论主题进行了调整、转向和整合,被纳入"抗战救亡"的国家政权需要的现实主义评论体系当中来。正如《大公报》的张季鸾所言,"为着一种任务而存在,而努力,这就是为抗战建国而宣传"。② 出版评论在现实政治和时代主潮的裹挟下,由传统的伦理教化道德评论转向了社会功用的社会—历史评论,由无限制的自由色彩的私人言论转变为受政府统制的公共宣传。全面抗战时期,出版界与当时国难紧密地联系起来,于是鼓动出版唤起民族精神、提高民族文化的书籍,集中出版界的一切力量于救亡抗战的工作成为出版评论率先关注的话题。有的评论认为"书刊出版是一国文化的命脉,不论平时或战时,不应中辍间断",③ 告诫出版商不要因为一时困难,盈利难着而盲目关停书报刊,鼓励他们为着民族大义和抗战大局坚持下去。有的评论明确指出了抗战时期出版界担负的任务,"它要利用各种可能,改良出版品的质量,增加出版品的数量;使合于一般战时民众的实际需要,发扬民族神圣抗战的精神,推进民族抗战的伟大威力","出版界的书,应该和前线士兵们的子弹一样,每一颗都打在敌人的胸膛,击中敌人的要害"。④

---

① 〔加〕埃里克·麦克卢汉、弗兰克·秦格龙:《麦克卢汉精粹》,何道宽译,南京大学出版社,2000,第343页。
② 张季鸾:《抗战与报人》,王芝琛编《季鸾文存》(第二册),大公报馆,1946,第150页。
③ 贡:《鼓励战时书刊出版》,《今日评论》1939年第1卷第21期,第3页。
④ 张健甫:《抗战中出版界的任务》,《文化战线》1937年第2期,第7页。

随着抗战的持续，出版业重新洗牌和布局，在撤退内迁过程中，出版机构深入到内陆的中小城市和乡镇村头，知识分子也真正进入了农村，但其时所出的书籍与普通民众和抗战需要相脱节，与最广大的劳苦民众仍有相当的隔膜，这引发了众多有识之士的忧虑和思考，纷纷在出版评论中检讨出版工作中的失误，商讨战时出版业应如何主动与民众结合，服务抗战建国大局。"近半世纪来的中国出版物，差不多总是停滞在知识阶层，不特一般劳苦的农民工人和书籍不发生缘分，就是一般小市民也很少和新兴的出版物相接触"，[①]"农民一向是站在文化生活的园外的，自然没有机会接近什么读物"，[②] 而且"自从抗战以来，书店里已经出版了很多的救亡书籍了。厚的，薄的，定期的，单行的，真是多如山积。但那只是知识分子自己看的书，对于劳苦大众，那些都不对胃口，不是份量太厚，就是内容太深，定价又太高，真是风马牛不相及"。[③] 在读者的范围已经扩大，对象也大有不同，知识的层次也不一样的情境下，出版业必须顺应读者需求和时局需要，调整出版物结构，大力出版战时读物和民众读物如通俗杂志、小册子等，传播和发动民众参与到抗战中来。"文章下乡与入伍，是时代的需要……文章下乡的意义在今日实不轻于军队上前线。我们之需要民众读物与需要飞机、坦克车一样。"[④] 民众读物、士兵读物、战争小册子这类出版品是动员民众的利器，能够让每一个国人意识到抗战的意义，知晓个人与国家、民族的关系，全体国民的抗日情绪及爱国思想就容易被激发出来，抗日的力量就大为增强了。所以在这时期，关于民众读物、通俗读物、士兵读物之类的出版评论数量很多，主题涉及作用和影响、编辑和出版、创作和接受等方面。《教育通讯》在 1938 年第三十九期专门推出"民众读物"出版评论专号，里面包括张道藩、老舍等人的《说说通俗民众读物》《编写民众读物的困难》《怎样推行民众读物》《民众读物的用字问题》《充实民众读物的内容》等 12 篇评论文章，集中对这个问题进行了探讨，在编写的原则、体裁的选择、读物的定价等方面形成了比较一致的意见和看法，总结起来就是形式

① 宗钰：《论目前出版界底新趋势》，《国闻周报》1937 年第 14 卷第 29 期，第 38 页。
② 一青：《关于农民读物问题》，《抗战农村》1938 年第 1 卷第 2 期，第 9 页。
③ 谭达之：《请给大众以文化食粮》，《狂潮旬刊》1938 年第 1 卷第 4 期，第 73 页。
④ 老向：《论民众读物》，《教育通讯》1938 年第 39 期，第 4 页。

贴近民间，文字浅白直露，故事通俗易懂，情节生动有趣，价格经济低廉。此外，《妇女大众读物问题》《大众理想的读物》《关于士兵读物》《儿童读物问题之研究》《战时经济读物》等则注意到出版物结构失衡问题，发现全面抗战时期妇女、士兵、儿童读物和自然科学、社会科学理论书籍出版严重缺乏，提醒出版界采取针对性措施予以改变。

第四节　中国现代出版评论的萎缩与畸变
（1946～1949 年）

历经困苦，抗日战争取得了胜利，这是中国自近代以来第一次对外敌作战取得完全彻底的胜利。出版界备受鼓舞，欢欣踊跃地重建或回迁，书报刊的出版获得了一定程度上的复苏。

一　出版业的复苏、磨难与孳新

抗战胜利结束，长期处于风雨飘摇，深受迁徙之苦的出版业浴火重生，纷纷复业和重建。被战争打破的出版格局逐渐恢复，战前的出版中心上海、北平、武汉、南京等地枯木逢春，再现繁荣盛况。特别是上海，更是处于核心地位。在 1946 年上海一地出版图书 846 种，占当年全国出版图书种类的 58%。[①] 属于大后方的重庆、桂林、成都的出版业发展乏力，渐趋平淡。内陆中小城市如金华、赣州、邵阳等地则日趋萧条，重归沉寂。全国的出版重心再度东下，回到作为政治、经济中心的大城市，重归战前的格局。特别是国民政府附属和国民党附属出版机构在回迁、复建过程中得到诸多优待，发展尤快，实力得以迅速壮大，形成了以《中央日报》《中央周刊》为中心的报刊网和以正中书局、拔提书局、中国文化服务社为主力的出版布局，成为当时国内新闻舆论和文化传播事业的重要组成部分。

受战后和平建国的稳定政治环境、废除出版检查制度的宽松管理制度和对出版前景美好憧憬的利好刺激，出版业快速复苏，出现了一个复兴书

---

① 数据来源：黄嘉德《一年来的上海出版界》，《读书通讯》1946 年第 116 期，第 13 页。

报刊的小高潮。截至 1947 年初，全国各省市登记的报刊总数是 2838 种，[①]
已经超过了战前 1935 年的 2735 种，比 1943 年的 574 种[②]增长了五倍有余。
其中一种方形周刊的盛行更引人注目，在最多的时候有三四十种，它介于
报纸和杂志之间，每三日出版，内容和过去小报类似，颇受民众欢迎。一
般的杂志能够销五六千份已经算是在水准以上，而它们的销路竟每一种差
不多都在一万至二万之间。相较于报刊，图书市场则略显疲软。1946 年全
国出版图书 1461 种，1947 年出版图书 1569 种，这个数字甚至不及 1942 年
的 3879 种、1943 年的 4408 种的一半，[③] 离 1937 年前的高峰更是相距甚远。

其实在解放战争初期，出版业就已经是危机四伏了，出版的正常运营
蒙受诸多磨难。物价飞涨，通货膨胀大大增加了出版成本，各大出版机构
普遍面临"缺钱"的窘境，资金流的捉襟见肘导致图书出版的萎缩和低迷。
在 1945 年末，出版印刷业所必需的原料白报纸的价格是四五千元一令，到
1947 年初已经涨到了十二三万元一令，涨幅惊人；排字工的价格到 1947 年
底从每千字 300 多元，涨到了近 9 万元，增加了 290 多倍，印刷工的薪水从
900 元增加到 21 万元，增加了 230 倍。总起来算，出版的成本增加了 206
倍。[④] 但是在同时期，书价却并没有照着这比例跟着上涨。抗战胜利后各书
局对书籍的定价大都采取基本定价制，按倍数计算。但是各书局所定的倍
数并不一致。以商务、中华等的倍数为例：在 1946 年初两机构锁定的倍数
是 120 倍，至 1947 年底，这个倍数已变为 9000 倍。可知在这二年间，书价
仅上涨了不到 70 倍，这与成本的上涨比较起来，就是小巫见大巫了。物价
的上涨吞噬了出版图书的利润。为了生存，出版商只能不断地上调书价。
书价上调是一把双刃剑，固然能够获得一定的利润，但书价高，已经不是
一般的薪水阶层所能负担，书店里仅是挤满人，而实际买书的却寥寥无几。
读者的购买力低，图书的销路必然受影响。书籍的销路少，出版业就更难

---

① 数据来源：王钟琴《现阶段我国新闻纸及杂志出版概况》，《中央周刊》1947 年第 9 卷第
　　32 期，第 13 页。
② 数据来源：叶再生《中国近代现代出版通史》（第四卷），华文出版社，2002，第 154 ～
　　156 页。
③ 吴永贵：《民国出版史》，福建人民出版社，2011，第 72 页。
④ 陈东林：《战后两年来的中国出版界》，《中华教育界》1948 年第 2 期，第 4 页。

维持了。有价值的书籍就更不易出版，而读者也就更没有好书可读了。诚如时任商务总经理朱经农所言："近来百物昂贵，一切支出多以生活指数为标准，而书籍之售价则无法依生活指数增加。盖书价过昂，一般读者将无力购书，而有力购买者，也未必有暇读书。故出版业在目前为最难经营之事业。"① 出版机构由于资金缺乏和价格因素，对系列性的大部头图书出版是避而远之的。对于新书出版是慎之又慎，重点考虑其销路的多寡，注重"短、平、快"能快速回款的图书出版，有一本，出一本，全无以往严谨高远的出版计划和出版方针。杂乱、零落、贫乏、迷茫笼罩着当时的出版界。另外还有极重要的一点，以前的印刷费、纸张费等可以用"期票"的形式赊欠，过了一定的时间再付款，这就使资金有了周转的余地，但在战后完全不复存在了，一切都得付现钱，甚至有的还须先付订金。这就迫使出版商不断地向银行借贷，以维持机构的运转和经营。就连昔日以资金雄厚冠绝出版界的商务印书馆也概莫能外，王云五曾大发感慨："商务印书馆即使是在抗战的艰困年代，也没有向银行借过钱，现在却要经常借债度日了。"② 商务印书馆尚且如此，其他的书局、书店的情况也就不言而喻了。

更雪上加霜的是，教科书出版因为较为庞大的发行量和较为稳定的利润保障，成了各出版商的生命线。抗战胜利后，原先垄断教科书市场的"七联处"移至上海，同时中国文化服务社、胜利出版公司、独立出版社、儿童书局这四家也加入了教科书市场。经过重新分配后，原来的七家出版机构除了正中书局比例有所增加外，其他的都相应减少，尤以大东书局为甚，减少了3%的比例。而且国民党所属出版机构在教科书市场分配比例增加，原来"七联处"时期只有正中书局一家，所占比例是22%，后来又加入三家中国文化服务社、独立出版社、胜利出版公司，各占2%，加上正中书局重新分配后的占比23%，教科书市场近1/3被国民党所属出版机构占据。这直接摊薄了各大民营出版机构的利润收益，加剧了它们的资金紧张状况。为缓解这种资金短缺的压力，不少出版机构热衷于风险较低，又有出路的古书翻印业务。出版家不能拿出足够的稿酬来买现代人的作品，只

---

① 汪家熔：《黎明前后的商务印书馆》，《编辑学刊》1997年第3期，第64页。
② 王明通：《中国的出版事业与新闻事业》，《正气月刊》1947年第2卷第2期，第28页。

好找出些《论语》《庄子》之类的旧书来，没有版税，定很高的价，用低折扣出卖，也可得点微利。更有甚者，一些投机书商和"野鸡"出版社为了图书销路，片面迎合读者的低级趣味，囤积纸张专印色情小说之类的黄色读物，书名被冠之以夫人、姑娘、爱情之类以掩人耳目，但内容与性书无异。"这一年来，上海出版的黄色刊物和色情书籍，如洪水之泛滥，几乎每一角落都被波及。《大观园》、《大沪》及《亭子间嫂嫂》、《红裤子》一类的书刊，装潢在上海的街头巷尾不必说了，就像重庆这一个古朴的山城吧，据说这种书刊也在不断的翻印，不断的畅销，跟着再不断的翻印，不断的畅销。"① 黄色低俗书籍的出版与流布，给当时的出版界留下了一个极大的污点。

文化事业的发展需要和平稳定的环境，作为文化事业重要组成部分的出版业也是如此。战争烽烟再起，社会动荡加剧了出版业的危机。战争造成的运输困难对图书发行和销售造成了直接的不利影响。当时主要的运输线路津浦线、陇海线、平汉线等时告断绝，本来由铁路运输、数日间即可寄达的邮件，改由海路后至少需要半个月，有时受天气影响甚至要一个月以上的时间。1947 年后战火蔓延各地，图书包裹的邮递已经相当困难，不少地方已经邮路不通。书籍流通速度的窒碍引起资金流转的困难，出版商受到营业上的损失，发行网越加狭窄，成本高，运输又困难，出版家在这夹缝中被挤得喘不过气来，不少书局只能紧缩再紧缩，做着最后的挣扎。而许多小型的出版社则只能调整歇业，乃至彻底停业。

相比于国民党统治下的出版业惨淡景象，共产党领导的出版业却呈欣欣向荣的上升势头。在国统区，利用国共合作尚未破裂的有利条件，迅速地恢复在上海、南京、重庆、北平等地的相关出版机构，公开合法地开展出版活动。国共关系破裂后，中共领导的出版事业采用改头换面的方法，利用国外机构或深厚背景人物当作发行人，或者与其他合法的民主党派合作，创办了一些副牌书店出版进步书刊。另外一些出版机构则转入地下，秘密出版。面对国民党的围剿和摧残，国统区的中共出版人在险境中继续坚持着出版活动，并利用将《资本论》的图书广告做到国民党的喉舌《中

---

① 蓬子：《我看上海出版界》，《大公报》1947 年 3 月 16 日，第 10 页。

央日报》报头上面的行动，宣告自己的存在，极大地打击了国民党反动气焰。在解放区，出版事业获得恢复和发展。随着解放战争的节节胜利，解放区范围不断扩大，各个省区的新华书店纷纷合并，成为大区域的新华书店，1947 年成立华东新华书店，1948 年成立华北新华书店和中原新华书店，1949 年东北全区 200 多个书店统一为东北新华书店。新旧解放区在新华书店的统筹指导和安排下，书报刊出版事业都得到了加强和进步。如华中解放区的苏皖边区，从 1945 年冬至 1946 年底就出版图书 167 种 648500 册。东北解放区在 1947 年到 1948 年的两年间就出版书刊 592 种，发行量达到 1400 万册。①

1948 年，解放战争取得了决定性的胜利，全国解放已成定局。为了更好地实现新旧出版业的交替衔接和平稳过渡，中共中央相继颁布了《关于新解放城市中外报刊通讯社处理方法的指示》《对新区出版事业的政策的暂行规定》《关于当前出版工作几个问题的决定》等政策法规，确立了没收、接管、改造国民党时期出版业的基本原则和具体方法。随后建立了以周扬、黄洛峰、王子野等为委员的全国出版委员会，统一集中领导全国出版事业。1949 年 10 月，新中国成立，确立了以新华书店为基础的国营出版体制，实现了出版、印刷、发行的专业化分工机制，出版的规章与制度、图书的定价也摆脱了各自为政的混乱局面，实现了全国统一，完全改变了中国现代出版业民营为主，官营、私营为辅的格局，中国的出版业蜕故孳新，走向了一个新时代。

二 走向异化的出版评论

国共谈判失败后，国民党政府公布了《出版法修正草案》，明确出版物违法将按照《刑法》规定进行惩处，同时还颁布了《白报纸配给标准》《特种营业管制方法》等法令，将印刷业列入特种行业，在报纸供应、印刷许可等方面严加控制。这时期的出版评论受到了政治势力和意识形态的强力介入，特别是国民党操纵和控制下的报刊上的出版评论，明目张胆地制造和传播谣诼，完全异化为歹意攻击和打压共产党的工具。

---

① 谢灼华：《中国图书和图书馆史》，武汉大学出版社，1987，第 341~343 页。

国民党凭借着在政治、经济、社会的统治者身份获得了在当时的媒介话语生态环境中的强势地位，掌握了大量的媒介话语资源，在报刊上对中国共产党的出版事业大肆攻击，强词夺理，混淆是非。国民党宣传部所办的《中央周刊》在 1947 年第 32 期上发表《现阶段我国新闻纸及杂志出版概况》一文指出"现今的出版和文化事业的凋零与萧条是政治不安定和经济闹恐慌造成的"，这是客观事实。但紧接着就信口雌黄，认为这一切的根源是共产党造成的，颠倒黑白，"共产党公然背叛政府，称兵作乱；攻城略地，血殷千里"。① 有的出版评论对共产党的出版活动和政策极尽诬蔑之能事，"共匪所经营的出版业，还不在于赚钱，主旨在于宣传……他们在出版方面不惜费了纸张人工油墨印行了许多许多同样内容类似性质的出版物，他们的目的很显明，宣传的对象不妨广大，出版物的数量不妨多"，甚至不惜美化日本侵略者，说他们是武力侵略，容易提防，而共产党是文化侵略，是"潜化的工夫暗而难防"。② 罔顾国民党统治集团实行党化统制宣传政策，任意压制异见的事实。对这一点，出版界自然是心知肚明，"蒋介石跟着学校党化，报纸一元化政策实施后，近来正着手进行出版界的大扫荡和收买工作"，"对文化出版事业，对书局本身，这都是一个悲剧"。③

在出版评论政治异化的主潮之下，这一时期仍然存在着一些学理性、专业化的出版评论。但由于顾忌甚多，这类的出版评论往往从理论到理论，类似于学术性讨论。一些偏实践性的评论则沦为"工作汇编"，专注于出版交流和经验总结。这两类出版评论刻意远离政治，却也陷入了"自有的狭小天地"，不啻另一种异化。

前一类的出版评论主要以马星野主编的《报学杂志》为平台。《报学杂志》是 1948 年马星野、孙如陵、余利民等主办的旨在促进中国新闻出版事业发展的期刊，标榜"超政争、超党派、超阶级及超出一切地域以至于国界"，"这是一个学术性的刊物，应该不受任何政治偏见及门户之见的限

① 王钟琴：《现阶段我国新闻纸及杂志出版概况》，《中央周刊》1947 年第 9 卷第 32 期，第 13 页。
② 韦晓萍：《从出版界情形看文化总动员》，《文化先锋》1947 年第 7 卷第 910 期，第 4～5 页。
③ 《出版界的悲剧》，《北方杂志》1947 年第 2 卷第（1，2）合期，第 32 页。

制"。① 许多著名的新闻出版界人士如胡道静、张季鸾、顾执中、郭步陶等都曾在上面发表文章，理论化、专业化、学术化色彩浓厚。设有"报坛清议""座谈会"等评论栏目，其中很多文章属于出版评论的范畴。特别是对出版自由问题，许多评论文章倾注了很大的热情。如专题评论《出版法与出版自由》对"是否需要单行出版法""出版法草案的得失""如何修改出版法"三个问题进行了探讨；《出版之有法与无法》认为现在政府和民众过于关注出版法的有无问题，而忽略了法律的遵守与执行，出版法的有无并非是关键的核心问题；《自由而负责任的出版界》介绍了西方的新闻出版法律法规，主张向美国学习，既要赋予出版界充分的自由权利，又要实行有效的管制；《出版法修正草案意见书》则从出版专业角度分析了现行出版法中的一些条款的不足，认为应仿效西方成例，保障出版自由。

这一时期以出版业务为主题的评论数量也为数不少，涉及不少出版具体流程中的工作，拓宽了出版评论的论域。过去的出版评论多侧重于书籍的内容，这时期对图书的形式也给予了关注。《读物形式与阅读效率研究总结》系统分析了影响阅读效率的字体、字形、标点、插图、用纸、颜色等十个形式因素，详尽而充实；《封面和封里》《谈封面画》集中论述了书籍封面的发展历程和审美特征，主张根据图书内容，适当借鉴国外的经验，走民族化的道路；《书的好形式》《书的装订》侧重于图书的装订工作，一本好书除了好的内容外，还需要美丽的封面和精致的书脊，行列也应布置得从容不迫，留出读者咀嚼和思考的空白。并呼吁出版人对于厚书应分册订售，避免胶连和线连这两种装订形式无法负荷书页分量的现象。此外，各类教科书或课外读物也一直是这时期出版评论的重要主题，《改造我们的教材》《从国定本教科书说起》《国定教科书之供应问题》《儿童读物的编著与供应》《教科书的阅读与印刷》《中小学国定教科书编纂之经过及其现状》《民生本位教材的编辑》《我国小学课本的变迁》等对教科书的编写和供应进行了现状分析和出路探讨，一些很具见地和价值的意见，对现今的教科书出版仍有相当的启发意义。

综论之，这时期的出版评论出现了异化和畸变。一方面其与政治联系

---

① 同人：《创刊献词》，《报学杂志》1948 年第 1 期，第 2 页。

紧密，与制度高度挂钩，成为斗争手段和工具，政治宣传代替客观评价，这对出版评论的独立性无疑是一种戕害；另一方面，出版评论故意疏远、脱离政治，单纯强调聚焦、恢复到出版活动，只讲出版，无涉其他，将政治、社会性内容拒之于出版评论之外，走向另一个极端，本身就是违背出版评论的特征和发展规律的，无异于揪着自家头发跳离地球的荒谬之举。

第二章　中国现代出版评论的主体与载体

在上一章中，出版评论被当作一个"历时性结构系统"，考察的是它在中国现代社会环境下特殊的政治、经济、文化、媒介交相呼应、共同作用的状况下历经演变、不断发展的历史性过程，以动态视角和纵向维度展示了出版评论逐步发展、成熟的历程。与之对应，出版评论也可以被当成一个"共时性结构系统"，拥有自己的主体、客体与载体等基本要素，它们之间相互依赖、相互作用、相互影响、相互建构，结合成具有诠释、判断、评价功能的有机整体。本章力图用静态视角和横向维度考察在 1919～1949 年这一特定时期出版评论的主体和载体的组成，以及主体与载体之间的对应联系与互动影响。

需要指出的是，出版评论客体作为出版评论的对象，包括出版理念、出版制度、出版政策、出版现象、出版事件、出版人物、出版物等类型，这与下面章节的主题和内容有相当多的重合之处。为避免重复论述，所以本章将主体与载体作为一对概念展开论述，而将客体当成评论的主题与内容的重要组成部分暂且放在后面。

简言之，中国现代出版评论的主体和载体分别包括哪些类型，它们各自的特征是什么，对出版评论产生了什么影响，这些是本章需要解决的问题。

第一节　中国现代出版评论的主体

出版评论的主体，通俗地说就是指评论文本的创作者和评论活动的发起者和行动者，即由谁来进行评论。评论作为一种主体发挥自我能动性的思维活动，具有主动性和创造性，与其地位、立场、能力、修养等息息相关，所以出版评论主体具有复杂性和多元性，每一个社会个体都具有成为出版评论主体的潜在可能。加之出版评论的客体具多样性，受此制约，出版评论的主体也必须是多层次和多样化的。这些决定了中国现代出版评论的主体必然多元纷杂。从现代出版评论的发展来看，确实如此。涉足这一领域的人可谓是灿若繁星，数不胜数。

英国著名传播学者丹尼斯·麦奎尔认为大众传播的效果和影响主要有三种理论：常识理论，主要是指普通公众接触媒介后形成的观点与看法；现场理论，主要是指媒介内部工作人员所持的观点；社会科学理论，主要是指媒介专家对传媒活动的看法。[1] 归结到出版评论活动上来，各个不同群体根据其不同的认知和理解模式，在某些方面会有所侧重或凸显，在某些方面又会遮蔽或忽略，造成不同的传播效果。基于此，出版评论作为一种主体利用评论手段力图对出版行为和读者受众产生影响和效果的大众传播活动，其主体可以分为作为消费者的普通读者、作为生产者的出版从业者、作为研究者的文人学者三大类。同时鉴于这一时期政府部门对出版事业的强力介入和管理的历史现实，增加官方背景管理者这一类别。通过对这四大类主体人群的分析与论述，笔者力图展现不同主体间评论目的、主题、标准、方式的差异，最大限度地勾勒出当时社会各个层面与出版业之间的对立、碰撞、联系、依存的全景画面。

一　普通读者评论主体

作为受众的普通读者是出版评论活动中最活跃、最积极的因素。在新式出版业已经发展相对成熟的时候，民营、私营的各类出版机构深具商业化、市场化、规模化、产业化的现代企业制度特征，文化产品源源不断地流向社会各个层面，民众较容易就能接触期刊、图书等出版物。自然而然，他们会以自己的方式对各类出版物进行反馈与评价，进而对出版机构臧否褒贬。除了是否购买书籍、中断或持续订阅报刊等实际行动和口头议论评判的表现方式以外，读者们还积极主动以写信、投稿、广告等形诸笔墨的媒体方式表达感受、意见和建议。"近年来社会上对于出版界渐取了批评的态度了。月报、周刊上常见有人发表文字，攻击出版家行为的卑鄙，或指

---

[1]　郭庆光：《传播学教程》（第二版），中国人民大学出版社，2011，第175页。

正编译的乖谬。出版家亦或因此稍有顾忌，这未始不是近年的好现象。"①
尽管初始仅是零星的督责，但星火已成燎原之势，作为受众的普通读者通
过出版评论的方式进入现代出版的生态圈，干预并影响着出版业的发展。

  同时，随着新式教育的推广、深入，普通民众文化程度的提高，再加上
报纸、期刊、广播等大众传播媒介的日渐普及，普通读者对出版业发出自己
的"声音"并不鲜见，向报纸、期刊投稿、写信成为他们最主要的评论途径。
报刊也顺应潮流，发扬《时报》创立的"时评"风格，设立评论栏目，征求
简短隽利的时事评论文章。1912 年，章世钊在《民立报》始设不固定的"投
函"专栏，与读者互动的"通信"专栏开始在各大报刊流行。许多报刊冠名
为"闲谈""通评""时评""杂俎""赘语""言论""感言""杂纂""论
说""杂感""小言"的栏目不断涌现，"我国近年来，许多杂志上、新闻纸
上渐渐的有读者'批评'的专栏了。有时且把'批评'的结果，宣布出来，
再求'批评'之'批评'"②，这些读者批评的文章里面就有大量的涉及出
版主题的评论文字。一些报刊还专门设立报刊批评栏目，作为普通读者来
信、来稿的发表园地。有读者还写信建议杂志增设栏目登载对出版界进行
批评和监督的文字，"出版家出品的好坏，天经地义是感受监督批评的，固
不在话下。出版事业而至于不顾道德，袭取下流市侩之冒牌偷窥等行为，
那也天经地义应予以口诛笔伐的。以上两点，贵刊尚遗忘未及，鄙人多事，
敢代表群众对贵刊提出这要求，望有以教之！"③ 这说明当时普通市民群众
已经开始有意识地对出版业活动进行剖析与评判。读者受众作为出版评论
范围最广、人数最多的首要评论主体的地位，正在开始得到实践，也使得
报刊"媒体平台"的功能得以充分发挥。《读书》杂志在 1937 年开展了一
次主题为"对于目前出版界的意见"的征文活动，短短时间"所得到各方
的来稿不下数百件"，"尤其是几位读者道出了他们的要求和希望，并指出
出版界应该努力的方向，这对于出版界是一个极大的贡献"④。这次大规模
的征求、发表的读者出版评论，内容涉及图书种类、出版经营、纸张供应、

---

  ① 壮学：《出版界的根本问题》，《现代评论》1925 年第 2 卷第 41 期，第 14 页。
  ② 剑青：《"出版物"与"批评"》，《南开周刊》1922 年第 35 期，第 1~2 页。
  ③ 樊畸：《出版界之监督与批评》，《晦鸣周刊》1930 年第 1 卷第 7 期，第 13 页。
  ④ 《编辑部的话》，《读书》1937 年第 1 卷第 2 期，第 13 页。

读者接受等方面，既有对出版界进步现象的褒扬之声，也有严厉的、充满锋芒的批评意见，视角独特，言语犀利，直指当时出版业的弊端与痼疾，在出版界、文化界乃至全社会都产生了较大的影响。

必须承认的是，尽管普通读者发表的出版评论数量众多，其中也不乏真知灼见，但这一群体对出版业缺乏深度认知，主要是通过日常阅读等直接体验而形成一些观点和看法，整体上看显得感性、朴素、直观、自发、随意和零碎，水平不高，深度不够。很多评论仅仅停留在就事论事的"体味"阶段，重在情感倾向的简单的肯定与否定，对较深层次的问题看不清、说不透。特别是某些偏激的"门外汉"式批评性评论，缺乏公允的分析，任性猜测出版现象背后的各种力量，轻易做出褒贬，戾气浮露，充斥着"黑幕""病态""衰颓""罪恶""投机""唯利是图"等字词。以其爱恨鲜明的态度、畅快淋漓的文笔、横肆泼辣的风格和愤激怨讟式的情绪化表达很容易激起群众的共鸣，引导社会舆论。这些出版评论打击面过大，"误伤"正当书商和出版机构的情况多有发生。出版界对此也颇有怨言，"假使我们提起出版赚钱的话，大家是摇头不愿承认的，好像出版者若一赚钱，就不是为文化工作"。① 陆费逵作为行业中人公开回应过读者的指责，"现在一般舆论，总怪无好书出版，但是在现在教育状况、经济状况之下，要出好书，实在不容易"，"（读者）或以为薄待著作者，一定肥了发行者，但是发行者得利之书很少，蚀本者很多。……试问此种情形，资本家和实业家谁肯来经营这种事业呢？"② 道出了出版业的艰辛。此种情形，再加上普通读者较之出版从业者、学者文人、管理者等评论主体，其撰写的出版评论发表的渠道和机会也少得多，所以，普通读者的出版评论在很多情况下被忽视了。这些现实致使本应是出版评论主导群体的普通读者的主体地位渐趋边缘化，发出的声音也逐渐远离主导话语体系，所起到的影响和效果也大打折扣。

二　出版从业者评论主体

出版从业者作为评论主体的出版评论，主要是指以出版为职业的编辑

---

① 保澄：《出版者应该要赚钱》，《图书印刷月报》1943 年第 1 卷第 2 期，第 21 页。
② 陆费逵：《中国出版印刷业六十年》，《申报月刊》1932 年第 1 卷第 1 期，第 17 页。

者、印刷者和发行者以及各类书商对自身行为和思想所作出的一种评论，更多的表现出总结评判和反思性质的自律性特征，是出版从业者对所从事的出版行业或自身岗位、职业行为的总体性评价。这一类的出版评论数量众多，几乎在每一年、每一个地方都会有由出版从业者发表的名为"回顾""巡视""观察""检讨""鸟瞰""一瞥"的综论性文章。著名的如中华书局陆费逵所写的《六十年来中国之出版业与印刷业》，将 1872 年到 1932 年间中国出版业的发展情况分为"萌芽期"和"苞胎期"两个三十年进行了广泛的论述，其中涵盖了出版史实、技术沿革、发展数据、中外比较、未来展望等方方面面的内容，最后得出结论"我国的印刷出版业，现在确实太幼稚了！……前途还有一千倍以上的发展。我们要努力！"[1] 商务印书馆总经理王云五撰写的《十年来的中国出版事业》则主要从图书出版数量和类别两方面对 1926 年到 1936 年的十年间中国出版业的情况进行了详尽的分析，数据齐全，分类细致，简洁明了，让读者对十年间中国出版业飞速发展的状况一目了然。这两篇由中国现代两大出版机构负责人撰写的出版评论连接起来可谓是一部高度浓缩的中国近现代出版史。此外，舒新城、沈骏声、章锡琛、张静庐、蒋维乔、郑振铎、夏丏尊、孙伏园、李伯嘉、陶亢德、徐调孚、汪太玄、吴铁声、印维廉、黄庆云等都写过类似的总结性评论文字，对某个特定时期或特定地域内的出版业的发展做出分析和评价，对取得的成绩进行褒扬，对潜藏的不良倾向进行暴露和批评。因为他们都是出版业的行家里手，熟稔内情，对出版业现状和走向有全局性认知，善于抓住主要问题，所以这些出版评论大都高屋建瓴，概括力强，内容充实，真实可信，分析问题深刻透彻，洞隐烛微，有很强的专业化色彩。

与上述这些出版评论宏观性的纵横捭阖不同，另一些担任普通编辑、印刷工人、书店职员等的出版从业者所撰写的出版评论，则微观而具体，多是针对编辑、销售中的某些具体问题进行总结或论证，紧密结合实践，颇具建设性特征。如商务印书馆的编辑吴研因就针对小学教科书的编辑问题发表过多篇评论文章，魏冰心、赵恩源、黄警顽等人就国定教科书的编辑、供应、民众反应等问题也撰写过系列的评论文字。还有一些最基层的

---

[1] 陆费逵：《六十年来中国之出版业与印刷业》，《申报月刊》1932 年第 1 卷第 1 期，第 13~22 页。

工作人员，对书店宣传、书籍布置、服务态度等问题也有评论发表。

出版业自诞生之日起就和文化紧密关联，担负着传承光大之重任。"出版界是文化的先锋"①，"今夫文野程度，全视印刷物之多寡以为衡……未有印刷物不发达，而文明程度可以增进者"。② 当时大部分出版从业人员都具有清晰的职业认知、较强的职业自豪感和社会责任感，这从发表的很多出版评论可以很明显地看出来。他们多次在出版评论中强调图书、报刊的出版对国家教育和文化建设的重要性，"一国文化的盛衰与出版图书的多寡成正比例。我们只要看出书的数量，就可以知道那一国的文化程度。而担任出版图书这个重要任务的，就是出版业"。③ "文字是传达意识的媒介，而书籍尤为宣扬文化的必需品。出版事业是宣扬现代文化极重要的一种工作，所以我们要负我们应尽的责任"④，"（书业商）出一部有价值的书籍供献于社会，则社会上的人们，读了此书之后，在无形中所获的利益定非浅鲜；反是，如以诲淫诲盗的书籍供献于世，则其比提刀杀人还要厉害。盖杀人不过杀一人，恶书之害甚于洪水猛兽，不知害多少人"。⑤ 所以，作为出版活动的直接参与者，出版从业者对于出版活动规律和管理经营手段有着比一般人更深刻的认识，而对于书籍出版中出现的乱象更加痛心疾首，深恶痛绝。但值得玩味的是面对业内的这些缺陷和不足，出版从业者却绝少出现利用出版评论进行指责、批评的现象。究其原因无外乎出版业薄弱可怜，生存不易，加之批评同行易引发打压、不当竞争之嫌和相互掐架、抹黑之麻烦，长此以往，形成了不指责批评出版同行的"潜规则"。尽管如此，出版从业者自身检讨、自我反思式的出版评论，还是具有纠正偏差、匡正方向的积极影响，对从业人员也有一定的约束力。

三　文人学者评论主体

繁荣的出版业不仅是众多知识分子安身立命的职业选择，而且是民智

---

① 《新年献辞》，《出版消息》1933 年第 3 期，第 3 页。
② 孤愤：《论印刷物可觇文明程度之高下》，《时报》1911 年 3 月 9 日，第 1 页。
③ 李泽彰：《三十五年来中国之出版业（1897~1931）》，载北京大学图书馆学系目录学教研室《中国书史参考文选》，北京大学图书馆学系目录学教研室，1980，第 226 页。
④ 《近代出版社之发起》，《互助月刊》1932 年第 4 期，第 26 页。
⑤ 陆费逵：《书业商之修养》，《中华书局月报》1923 年第 7 期，第 1 页。

开发、思想启蒙的重要传播渠道，是文化改造、社会改良的重要文化机构。文人学者评论主体的共同特征是具备深厚知识文化底蕴或精通某一学科技艺，而且承继了传统儒家文化中"天下兴亡，匹夫有责"的社会责任感，秉持着"文人论政"的报刊思维，以批判的立场观察周围，扮演着社会现实评价者、先进思想引导者的社会角色。他们之所以聚焦出版领域，关注出版活动，是因为这类文人学者虽多在大中学校担任教职，但与出版界保持着密切的联系，有的出版机构为扩大影响还主动邀请知识分子与之合作。更重要的是近代以来，中国知识分子群体在救亡图存，追求现代化的道路上不断摸索、探寻，最终归结于思想文化的层面。正如梁启超在《五十年中国进化概论》中指出的那样，"第一期，先从器物上感觉不足；第二期，是从制度上感觉不足；第三期，便是从文化根本上感觉不足"，[①] 改良中国文化成为了文人学者的一个重要目标。而出版无疑是承载这一功能的重要平台，担负着重要的文化责任。知识分子群体自然将关注的眼光投向了这个领域。因此，出版评论成了文人学者群体彰显文化才能和知识优势、参与政治、干预现实、建设文化、引导舆论的首选场域。

在富饶庞杂的现代出版评论当中，文人学者们的论著在数量上占据着绝对的优势地位。鲁迅、茅盾、叶圣陶、陈独秀、陶行知、周全平、罗家伦、曹聚仁、高长虹、张资平、陈西滢、胡风、戈宝权、顾颉刚、吕思勉、俞颂华、张友渔、蒋天佑、王平陵、陈伯吹、樊仲云、赵幼龙、曾建屏、艾寒松、赵南柔等都对出版问题发表过真知灼见。俄国著名批评家别林斯基曾经指出"评论才能是一种稀有的才能"，它"用思辨来检定事实"，是"严格的多方面的研究，才智的客观性，不受外界诱引的本领"。[②] 这正好契合了文人学者作为出版评论主体的主要特征。第一，理性的思辨性。文人学者一般都具有较为广博的知识基础和人文修养，他们的出版评论不同于一般的"骂评"和"俗评"，长于摆事实、说道理，层层深入，体现出对问题的精微洞察和深度思考。像鲁迅的一些出版评论就体现了这一特点。如《书的还魂和赶造》《四库全书珍本》等都是先从历史上相关的案例说起，

---

① 参见梁启超《中国人的启蒙》，中国工人出版社，2013，第 96 页。

② 《别林斯基选集》（第一卷），满涛译，上海译文出版社，1979，第 324~325 页。

将各类事实充分展现，然后以古论今，提出自己的观点。既有充分事实，又有观点解析，使评论充满了宏观、严谨、理智的文人风格。第二，客观公正的评论品格。当普通读者评论因个人见识所限陷入情绪化"棒杀"时，当业界人士因太过熟悉而容易陷入无原则的"捧杀"时，文人学者承担起了保持评论客观公正、保证评论公信力和权威性的重任。很多文人学者的出版评论具有不偏不倚、坚守立场和操守的高尚的评论品格，做到"能识同体之善而不忘异量之美"。茅盾就曾在反驳时人对文艺刊物过多、缺乏质量的批评时指出"批评家自然不能仅仅替天才作赞，抨击也是他的任务"。①第三，评论的言说方式更为多样、活泼。首先在文体方面。出版评论虽然是一种说理性的议论文章，但除了严肃正经的时评论著式写作，很多学者文人用其他不同的格式和体制来表现，如散文随笔式、主客答问式、往来书信式，甚至还有戏仿式的游戏文字等。在语言方面，有的追求语言的学术性和精确性，接近科学著作的语言，略显晦涩生僻；有的则通俗明白，富于变化，朴实简约，常用比喻、排比等修辞手法。最后在风格方面，一些著名的学者文人在写作方面形成了自己独特的风格，这也体现在出版评论上面。如鲁迅的出版评论笔锋犀利，冷隽峭拔，反讽谐趣；叶圣陶平实亲切，条理分明，娓娓而谈；茅盾朴实敏锐，时效性、针对性强；罗家伦简洁深刻，情感充沛，雄健激越；陈西滢闲淡明畅，小言詹詹，文气十足。尽管还没有形成真正意义上的职业化的评论群体，但他们对出版业长期持续的关注，利用其严谨的理论知识和娴熟的方法技巧，创造了许多出版评论的典范之作，如《书的还魂和赶造》《今日之杂志界》《漆黑一团的出版界》《出版界的根本问题》《为出版业进一言》等不仅在出版界、文化界引发反响，而且对评论类文体的创作、创新和发展成熟起了推动作用。

四　官方背景管理者的评论主体

相较于前面三类评论主体，具有官方背景的管理者是特殊的一类人群。剥离掉私人身份，他们的身上还带着党政机关、宣传机构官员的职业标签，

---

①　茅盾：《杂感七》，《时事新报》1923 年 7 月 12 日，《文学旬刊》第 79 期。（《文物刊》为《时事新报》的副刊）

担负着对出版业的监管职能。这种复合身份使得他们的出版评论有意无意地沾染上官方色彩，具有了相当程度上的权威性和制约力，成为行政直接干预之外的辅助管理手段。久而久之，官方管理者的评论主体将出版评论当成了一种间接履行政府管理职能的工具，是隐蔽的"权力治理手段"，用"看不见的手"来调节规范和柔性控制出版业的发展。

发轫于晚清的新式出版，经过几十年的发展已经成为重要的经济和文化部门，政府对出版的管理也日渐重视。从民国初创到北洋军阀统治再到南京国民政府，出版业经历了一个"文网渐紧"的过程，特别是国民党统治时期，通过注册登记、制定法律、事先审查、事后追惩等统制政策和手段强化对新闻出版行业的管控。另外，在"黑云压城"式紧密的直接硬性管理之外，为疏解舆论压力和消解抵制对抗，出版评论这种引导式的"软性"的间接管理手法被引进来，构成了政府强制力和民众接受度之间的一个弹性空间，出版评论变成了"中介"，承担着"政策下达、民意上传"的功能。这时候的评论主体也就会刻意地隐藏或遮蔽自己的"官方身份"，以达到潜移默化的管理效果。而当情况发生变化，统治面临危机的时候，评论主体作为官方管理者的角色就会凸显和强化，撕破伪装，利用出版评论攻击异见，压制言论，甚至直接出面进行管制。很多国民党政府官员如程沧波、马星野、陈立夫、叶楚伧、潘公展、王世杰、叶公超、陈布雷、王平陵、甘乃光等撰写和发表的出版评论，都体现了这些特征。其中潘公展的出版评论实践尤能说明这一点。

潘公展，浙江湖州人，报人出身，担任过《商报》《申报》的编辑，后从政，先后任国民党上海特别市党部常务委员、国民政府军事委员会参事室参事、国民党中央宣传部副部长、军事委员会战时新闻检查局副局长、中央图书杂志审查委员会副主任委员、中央图书杂志审查委员会主任委员等职。1930年，时任上海特别市政府农工商局长的潘公展发表了《对于争自由的认识》一文，尚能平心静气地讨论包括言论出版自由在内的各项问题，在批评以胡适为代表的新月派和以郁达夫为代表的大同盟派的自由观点时，做到摆事实，讲道理，以溯本求源的理论剖析方式分析他们的言论出版自由理论，最后提出"应遵循孙中山先生的国家自由高于个人自由"的观点。文中并无太多官派口吻，只见引导，而不见指令。而在全面抗战期间，潘公展的出版评论发生了明显的变化。在《出版趋向的过去与将来》中，他分析了过去一年出版界的情况后认为"此种出版趋向的消长情形，实暗示问题之严重"，鼓吹"出版品的内容方面，当然要切合抗战国策的要求，就是要切合实用。十一中全会，总裁所指示的实现工业化和实施宪政的两大目标……出版界在这方面尤其应当特别加重出版分量"，指出"思想不统一，文化失调，往往是致乱之因。出版家和著作家如果意识到在意志统一上所负责任的重大，便会感到有加倍努力的必要了"①，显露了明显的官方指导工作的口吻。在《总动员之后的出版界》一文中，这种评论主体的官员身份则原形毕露。1942 年 7 月，国民党发布了《国家总动员法》，里面有许多针对出版业的限制性规定，遭到出版界人士的抗议与反对。潘公展在《总动员之后的出版界》中，竭力为"总动员"辩护。开篇就是"命令式"口吻为新成立的出版管理机构壮势，指出"这两机构（指国家总动员会的文化组和中央党部的中央出版事业委员会）的成立与出版界有相当关系"，"指导那些原来的负有执行管理印刷出版业务的主管机关，行使它们的职责，使今后的出版界确实配合国家战时的需要，达成它所应负的任务"，结尾则充满了当权者的威胁，"出版界如能自动自发的对着这个'坚强之战斗体系'的方向努力赶上去，则国家总动员法的第二十二条、二十三条，政府自无强制执行的必要；反之，如果出版界在总动员法实施以后，还梦想着享受无政府下的自由，则终将有一天证明此种玄想实为错觉"。② 类似的还有《抗战七年来之出版事业》《国府新颁出版品审查法规实施之初》《新审查法规实施三月来之检讨》等文，充斥着"提醒、告诫、警示、注意、规定、呈准"等字词。此等情形之下，出版评论几乎异化为政府公文与行政命令，沦为政府压制舆论、实施言禁的工具。

质言之，尽管出版评论的主体来源呈现多元化，但不可否认的是这四大主体几乎都可以归结为一类：知识分子群体或知识精英阶层。所以，评估和总结中国出版评论主体的显著特征，必然离不开对当时知识分子群体的分析，这种群体的特征很大程度上就是出版评论主体的特征。出版评论

---

① 潘公展：《出版趋向的过去与将来》，《出版界（重庆）》1943 年第 1 期，第 2~3 页。

② 潘公展：《总动员之后的出版界》，《新新新闻每旬增刊》1942 年第 4 卷第 30 期，第 40~41 页。

主体的评论行为体现出的主体自觉性，是知识分子群体对出版这种文化活动有目的的规范、监督、建设和引导。在这一情形之下，出版评论已经不再是没有价值倾向和文化导向的个人化纯文艺审美行为，更多的演绎为一种充满价值判断、意义阐释的多元立场、身份、阶层、观点斗争的场域，当中反映出不少"教育救国""出版兴国""文化强国"的主题。由此可以看出，当时的知识分子将出版评论不仅仅看作对出版活动的反馈，更重要的是通过出版评论表达出在改造文化和改良社会中充分发挥自己作用的强烈愿望。正如余英时所指出的那样"（中国知识分子）除献身于专业工作外，还对国家、社会乃至人类事业表现出一种最深切的关怀"。① 在这种共同认知的驱动之下，知识分子很容易在心理上产生趋同感，形成群体认同，从而集合起来形成文化联系紧密的群体。像贯穿几十年的对出版法的讨论，20 世纪 40 年代对作家保障问题、版税问题的关注等，都体现了这一群体利用出版评论向当局发出争取各项权利的声音。这种群体认同最明显的表现就是围绕着大大小小的出版机构和报刊形成了各式各样的目标不一、心态各异的文人群体，"新刊物是定期出版的，所以形成了时间的持续感。作者与读者之间形成了一种超越亲缘、地缘的联络网与对话关系，而且形成一种声气相通的拟似社团"②。最典型的就是以各类同人刊物为依托，形成了如文学研究会、创造社、语丝社、新月社、现代评论派等许多文学团体和派别。按照茅盾的说法，从民国 11 年（1922）到 14 年（1925），先后成立的文学团体及刊物不下一百余种。③ 还有就是产生了不少文化人办的出版机构，如叶圣陶、夏丏尊主持的开明书店，李小峰的北新书局，巴金的文化生活出版社等。总之，中国现代出版评论的主体多以文化群体的形态出现，其主体性特征通过形成群体认同的某一刊物和出版机构来显现，刊物和出版机构的特色和理念往往集中体现了这类文化群体在政治、经济、思想、文化等方面的主体性特征。

---

① 余英时：《士与中国文化》，上海人民出版社，1987，第 2 页。
② 王汎森：《中国近代思想文化史研究的若干思考》，康乐、彭明辉主编《史学方法与历史解释》，中国大百科全书出版社，2005，第 83~84 页。
③ 茅盾：《中国新文学大系·小说一集·导言》，《茅盾选集·第 5 卷·文论》，四川文艺出版社，1985，第 222 页。

中国现代出版评论主体的构成主要是四大群体：普通读者、出版从业者、文人学者和官方背景管理者。但现实是，任何一篇出版评论的作者其角色不可能是单一的，他必然是双重甚至多重角色。像很多作家曾经开办书局经营出版业务，学者加出版商的组合是司空见惯的现象。典型者如邵洵美与金屋书局、张竞生与美的书店、张资平的乐群书店、曾朴父子的真美善书局等。鲁迅是作家，同时他还担任过很多出版机构的编辑，并创办过多种刊物，开办了三闲书屋。王世杰是位杰出的法律学者，对出版自由有独到的看法，但他同时又是政府官员，负担有管理职能。最特殊的莫过于樊仲云，他当过商务印书馆编辑、新生命书局总编辑，主编过《社会与教育》《文化建设》，还是复旦大学、中国公学教授，是当时著名的翻译家。全面抗战时又担任伪政府教育部政务次长。不夸张地说，中国现代文学史上一大批的作家、批评家、思想家，他们的创造生涯是和编辑身份紧密结合在一起的。特定的身份意味着特定的叙事方式和话语策略，所以这种多重角色的身份印记必然会在其出版评论中有所反映。这样，身份间性就成为中国现代出版评论主体的另一个显著特征。所谓间性，原指某些雌雄异体生物兼有两性特征的现象，后来被学者借用来指"你中有我，我中有你"的多元互联的主体共在状态。① 简单来说，就是一个主体同时具有多重身份。这种身份间性现象在中国现代出版评论主体中是相当普遍的，作为当时社会的知识阶层，他们中很多人都或多或少地参与出版活动，茅盾、郑振铎都曾为编辑，老舍还办过出版社，孙毓修、陈伯吹都是商务印书馆的编辑，但同时也进行文学创作，是著名的儿童文学作家。沈玄庐、陈布雷、叶楚伧等人就是报人出身，后从政。别尔嘉耶夫曾对人的复杂性感叹不已，"人的社会化过程和人的个性化过程同时发生，换言之，个体的属于种族的、社会的或国家的那部分特性虽然可能导致与其他个体之间的共性的产生，但这种共性本身与个性并不矛盾，就产生的外在条件来讲，它们是一致的，都源自于个体或团体对于社会或国家的政治环境、文化环境的某种顺应或对抗。"② 出版学者李频在论述茅盾时也指出"他集政治家、作家、

① 黄鸣奋：《网络间性：蕴含创新契机的学术范畴》，《福建论坛》（人文社科版）2004 年第4 期。
② 〔俄〕别尔嘉耶夫：《论人的使命》，张百春译，学林出版社，2000，第 77~78 页。

编辑家于一身。文学家茅盾是他的上身，这是为社会和世人最注目的……编辑家是茅盾的双腿。正如身躯之上是头脑，双腿支撑了一切，编辑工作和实践是茅盾的生命依托。借此，政治家的沈雁冰获得了立足之地，文学家的茅盾谋求了个人文化生命的拓展"。① 从这两段论述可以看出，评论主体对自身不同身份的解释和阐发对其评论活动有着极大的影响。中国现代知识分子一方面为谋生去办报刊，从事出版和其他行业，同时又承担着社会责任，去批判社会和文化，体现出一种批评意识。因此，在大量的现代出版评论文本上可以透出读者/商人、文人/商人、学者/官员等身份模糊和身份冲突的影子。身份间性的主体特征一方面使得出版评论的内容更加丰富多彩，不拘一格；另一方面也使得评论活动更加盘根错节，繁杂纷乱，对出版评论的评价也更加复杂纠结。

第二节　中国现代出版评论的载体

出版评论的载体指的是出版评论作为物质性的文本在传播到受众过程中所需要的一定的承载形式和传播渠道。中国现代出版评论一般都是以文字文本的形式呈现的，那么这些文字文本的传播平台和渠道就构成了出版评论的主要载体。对现代出版评论的载体作全面深入的研究，能为我们提供一个观察中国现代出版评论的发展状况的窗口，对于现代出版评论乃至整个出版业的全面客观的了解和把握也大有裨益。

一　多元与集中：中国现代出版评论载体的类型特征

当时广播事业虽已得到大幅度的发展，但由于技术、设备、资金等多方面的限制，并没有成为社会最普及的传播媒介。出版评论的主要载体还是印刷媒体，即报纸和杂志。由于印刷业相对发达，报刊出版非常容易，"一、不须登记；二、纸张印刷价廉；三、邮递利便，全国畅通；四、征稿不难，酬报菲薄；真可以说是出版界之黄金时代"。② 所以"自从国变以来，

---

① 李频：《编辑家茅盾评传》，河南大学出版社，1995，第 2 页。
② 秋翁（平襟亚）：《三十年前之期刊》，载宋原放主编《中国出版史料·现代部分（上）》，山东教育出版社，2000，第 401 页。

凡百姓生涯皆形落莫，惟有发行日报这一种营业，转因此异常发达"。① 期刊的情况也如出一辙，各种杂志的出现如雨后春笋，喷薄涌现，"书局、书店每家必有一种以上的杂志，东西好坏无定，出版是极随便的"。② 这一时期报刊的数量在稳定增长，种类也日渐繁多。从出版类型上分主要有商业报刊、政党报刊、官方报刊、专业报刊、宗教报刊等，从出版机构上分主要有政府机关报刊、研究机构报刊、大中学校报刊、学会团体报刊、行业机关报刊、民营出版机构报刊等，从出版时间上分主要有日报、三日报、周报、旬刊、半月刊、月刊、双月刊、季刊、年刊等。但是因为当时报刊的界定模糊，经常报刊不分，而且对于报刊的出版统计工作很不重视，政府没有官方注册的数据发表，出版机构也缺乏记录，只有一些图书馆在勉力搜集，所以造成报刊统计缺乏完备的资料。一些机构或个人做出的数量评估，也多因口径标准的不一、收集的渠道不同等因素造成数据的差异较大。现将当时部分年份的报纸、杂志的数量呈现如表1。

表1　1911~1947年报纸、杂志数量统计

年份	报纸数量	杂志数量	备注
1911	500	203	
1913	139	不足100家	癸丑报灾
1916	289	116	
1919	400	139	学生报刊增长最多
1921	1134	173	陈平原统计为548种期刊
1924	628	243	
1928	1439	近300种	
1934	1008	450	叶再生统计为1628种期刊
1935	2056	1565	叶再生统计为1620种期刊
1942	1311	776	

① 李涵秋：《民国通俗小说典藏文库·还娇记》，中国文史出版社，2016，第7页。
② 毕树棠：《中国的杂志界》，《独立评论》1933年第64期，第12页。

年份	报纸数量	杂志数量	备注
1943	709	786	
1947	1781	813	

数据来源：综合自王云五《一九三五年之出版界》、陆费逵《六十年来中国之出版业与印刷业》、舒新城《两年来之出版界》、杨寿清《对于中国出版界之批判与希望》、潘公展《抗战七年来之出版事业》、张友梅《中国出版事业之统计的观察》、杨寿清《大破坏之后的出版界》、印维廉《四年来之出版界》等报刊文章和戈公振《中国报学史》（三联书店，2011）、方汉奇《中国近代报刊史》（山西人民出版社，2012）、叶再生《中国近代现代出版通史》（华文出版社，2002）、吴永贵《民国出版史》（福建人民出版社，2011）、陈平原《中国现代小说的起点》（北京大学出版社，2005）、吴廷俊《中国新闻史新修》（复旦大学出版社，2008）、王润泽《北洋政府时期的新闻业及其现代化（1916-1928）》（中国人民大学出版社，2010）等专著。

需要指出的是，这些统计数据不包括那些寿命很短，出不到两三期就消失不见的和暗中发行，出没无定的报刊，还有因立场观点不同被政府禁绝的报刊等，因此肯定会有所遗漏。从中国国家图书馆收藏的情况来看，从1919年到1949年报纸的种类超过3000种，而刊物则达到1万种[1]，真正是浩如烟海，蔚为大观。综上可见，作为中国现代出版评论载体的报纸和杂志数量众多，分布广泛多元，为出版评论的发表和传播提供了广阔的平台和渠道。

这些数量众多，种类多元的报刊只是为出版评论的存在与拓展提供了巨大的想象空间，真正刊登过和持续刊载出版评论的刊物肯定是大大少于统计数量的。经过分析可以发现，现代出版评论的载体在多元化存在的同时，又呈现出相对集中的分布特征。这体现在：在报纸方面，相对集中于报纸专栏和副刊；在杂志方面，相对集中于各大出版机构自己编辑出版的出版专业类期刊；而在报纸和杂志之间，相对集中于杂志。

专栏是指报刊上专门刊登某些特定内容稿件的版面，有着相对固定的名称和位置。最开始的时候，中国的报纸是没有"栏"的概念的，后来《申报》首先进行分栏，将横长形的报纸分为两栏。民国初年，报纸的形状为直长型，版式也逐渐多样化，从六栏、八栏直至十二栏，报纸的编排因此大有余地而变得丰富多彩了。后来由于按内容进行排版的分版编辑法的

---

[1] 李金铨主编《文人论政：知识分子与报刊》，广西师范大学出版社，2008，第1页。

盛行，专栏就出现了。随着出版业对社会、教育、文化各方面影响的加深，报纸上也出现了命名为"出版界""著述""出版界消息"等专栏。这些专栏也是出版评论的集中园地。

副刊，亦称为专刊、增刊，指结合报纸定期出版，主要刊登文艺色彩浓厚、反映社会面貌的文章的固定版面，具有大众性、文化性、综合性、趣味性、互动性等特征。特别是新文化运动后，过去被谑称为"报屁股"的报纸副刊得到了更多的重视，原先掌握副刊的旧式文人遭遇挑战，被逐渐边缘化，新文化启蒙者将报纸副刊变成了宣传社会文化、引领社会风尚、批评社会时弊、提供社会服务的新阵地。当时有名的学者、作家都参与其中，有的成为副刊的编辑或主编，有的积极投稿，开设专栏，这都使副刊产生了极大的社会影响，特别是在知识分子和学生中间，同时也提高了报纸的销售量，扩大了受众群体，促进了报纸本身的改革与发展。出版评论作为一种文化评论，兼具时效性、知识性、民间性，形式灵活、文字生动，是最适合于报纸副刊的体裁之一。所以，在林林总总、形形色色的报纸副刊上总能发现出版评论。

当时拥有专栏和副刊，刊登出版评论较多、影响较大的报纸主要有三种。

1. 《申报》

《申报》是中国近现代最有影响的报纸，由美商美查在1872年4月在上海创办。《申报》从一开始就秉持商业化办报和企业化经营策略，重视消息和评论。叶圣陶（署名秉）、章锡琛都在《申报》上发表过对出版业现状、书价问题、儿童读物出版的时评。《申报》在发展新闻、言论主业的同时，对专栏和副刊也非常重视，经常增加报纸的版面和内容篇幅来开辟新的栏目和专刊，最多时《申报》的专栏、副刊达到46种。1935年4月13日，《申报》设立了"出版界"专栏，其目的在于"负起辅导和协助中国出版界的责任"①。专栏由中国文化建设协会出版事业委员会主办，主编是周寒梅。每周一期，最初是在星期六出版，1936年后改在星期四出版。内容主要包括出版问题讨论、书报批评、出版业调查报告、每周新书介绍等。

---

① 周寒梅：《今后的〈出版界〉》，《申报》1936年3月5日，第18页。

在首期刊登的 6 篇文章中，就包括叶青的一篇出版评论《出版界的检阅和期望》，精当地分析了当时出版界的优缺点和未来发展走向。由于全面抗战爆发，战事吃紧，"出版界"专栏在 1937 年 8 月 12 日停刊，共出版了 121期。在这个专栏发表过较多出版评论的作者包括樊仲云、叶青、张素民、曾建屏、冷峰等。1945 年 12 月恢复《出版界》副刊，由傅统生教授主编。另外，《申报》还创办了著名的副刊《自由谈》。它最初以游戏文字、奇闻逸事为主。1932 年由黎烈文主编，改为登载活泼生动、有的放矢的杂感文为主。当时文坛老将和新星如鲁迅、茅盾、巴金、沈从文、陈望道、老舍、姚雪垠、刘白羽等都在《自由谈》发表过文字。《自由谈》上面也有不少出版评论。如解释出版现象、批评出版乱象的《文化落后与出版界的生产过剩》《杂志盛行与单行本衰落》《书的普及版》《旧书年》等。在出版界、文化界颇具影响的关于"选本"问题的舌战，《自由谈》也是主要阵地之一。

2.《大公报》

《大公报》创办于 1902 年 6 月，是中国历史最悠久的报纸之一。以"忘己之为大，无私之为公"为宗旨，遵循"不党、不卖、不私、不盲"的社训，具有强烈的社会责任感和较高品位、质量，曾获得美国密苏里新闻学院授予的"最佳新闻事业服务奖"。《大公报》在 1928 年创立了副刊《小公园》，以刊登小品文为主。后萧乾接任主编之职，大力改革，重点发展了书报简评、文艺通讯等专栏，出版评论开始出现在《大公报》副刊之上。后《小公园》合并《文艺副刊》成为综合性的《文艺》副刊，在每个星期日开设出版专刊。除此之外，《大公报》在 1933 年 9 月还开设了《图书周刊》副刊，由著名图书馆学家和目录学家袁同礼主持，主要内容是书评，兼有学术界和出版界的最新消息。一些著名的书评作者如刘西渭、冯亦代、唐湜、王辛笛都在上面发表过书评。这份副刊持续时间较长，共出版了 78期，于 1948 年 12 月底停刊。《大公报》上海版 30 年代在《大公园》副刊开设了"书话"专栏。尤为值得一提的是，该报在 1946 年 10 月开设了一个较为固定的"出版界"专栏，由潘际炯担任负责编辑。每周一期，星期四出版，最初是在副刊的第三版，后改在第二版。稿件要求短小精悍，不超过三千字。除了出版界的动态消息和新书介绍之外，出版评论是最主要的内容，还会不定期地推出征文特辑。如 1948 年 7 月 22 日、29 日推出的关于中国目前出版现状的主题征文专辑，登出了不少读者的相关评论。

3. 《中央日报》

《中央日报》是国民党机关报。1928 年 2 月在上海创刊，1929 年迁往南京。全面抗战期间在重庆出版，抗战胜利后又迁回南京。其副刊主要包括《摩登》《红与黑》《青白》《大道》《中央公园》《平明》《中央副刊》《图书评论周刊》《书林评话》等，田汉、王平陵、储安平、梁实秋、孙伏园等都担任过《中央日报》的副刊编辑。《中央日报》副刊上刊载的出版评论是在 20 世纪 30 年代即王平陵主持期间，主要集中于《中央公园》和《中央副刊》，主题涉及出版自由、黄色书籍、稿费、编辑工作、出版界的景气和出路问题等。《中央日报》副刊登载的出版评论最大的特色就是多用连载的方式，像署名寿祺的《文苑野闻》连载了十二期，对上海、北京等地的一些书局、书店和著名出版人进行了介绍，并有自己的看法和评价，有叙有评，堪为当时中国出版界的"指掌图"。还有当时影响较大的评论《谈出版界》，分为书店老板、作家、抄袭、画报等主题，连载六期。批评不良书商、揭露当时出版黑幕的《故都书贾现形记》，连载八期，也有较大反响。后期由于全面抗战的爆发、党治的强化以及办报方向的变化，出版评论几乎没有再出现。

当时，还有其他一些刊登过出版评论、有一定影响的报纸副刊，大略见表 2。

表 2　其他报纸情况

名称	创办时间	停办时间	主编	备注
《时事新报·学灯》	1918.3	1929.3	张东荪、俞颂华、李石岑、郑振铎、宗白华等	《介绍新刊》栏目中刊登新刊目录、发刊词、书籍介绍等。另《本阜附刊》中有"出版界"专栏，重在发布出版消息，也有若干评论文章
《民国日报·觉悟》	1919.6	1931.12	邵力子	"杂感"栏常见出版评论，如出版法问题、出版愆期问题、读书会问题的讨论等

续表

名称	创办时间	停办时间	主编	备注
《晨报副刊》	1919.2	1928.6	李大钊、孙伏园、徐志摩	"文学旬刊"作为"刊中刊",有多篇出版评论发表
《京报副刊》	1924.12	1926.4	孙伏园	鲁迅、孙伏园等有出版评论发表
《益世报·文学周刊》	1932.11 1946.8	1933.12 1948.11	前期主编为梁实秋,后期主编沈从文	对出版界的翻译问题、副刊的作用问题等有多篇评论
《立报·言林》	1935.9	1937.11	谢六逸	多有涉及编辑、出版的短论
《经世日报·读书周刊》	1946.8	1948.4	郑天挺	主要是读书札记或摘要,出版评论出现次数不多

其他的一些短暂存在的涉及出版评论的报纸副刊还有《新闻夜报·读书专刊》(1935.3~1935.7)《大美晚报·出版界周刊》(1939.2~1939.4)、《前线日报·书报评论》(1945.2~1948.12)、《益世报·读书周刊》(1946.8.3~1946.12.27)、《华商报·读书生活》(1947.12~1948.6)、《南侨日报·出版周刊》(1947.4~1948.6)、《星岛日报·读书与出版》(1948.7~1948.11)等。相较于报纸,出版评论出现在杂志上要更加频繁和集中,除了出版方便容易这一共同因素之外,还基于其他三个因素。第一,出版评论作为一种说理性文字,尤其某些学理性较强的文章,拥有较长的篇幅,需要较大的承载空间。这和报纸追求短小精悍的宗旨相背离。杂志能够容纳长文,提供足够的空间来展开学理探讨。第二,1919年之后报纸发展已经相当成熟,逐渐摆脱了"宣传"的窠臼,成为以提供信息为主的新闻纸。书籍的学理性太深,且多来自国外,与中国社会的联系不强,缺乏接近性。杂志则兼具时效性、现实性,不但提供信息,而且是生产意见、提供观点、造成舆论的主要渠道。对出版评论来说,杂志作为载体能够对出版现实反映得更为系统、更为全面、更为深刻。第三,当时的出版机构在专营图书主业的同时,往往也从事杂志的编辑与出版。像商务、中华、大东、世界这类规模较大、实力较强的出版机构很多时候都经营数十种杂志,这种集约化经营手段造成杂志的价格比较便宜,在内容含量上比报纸

有更高的性价比优势，有些成功的杂志发行量和影响力甚至超过了报纸。依此看，出版评论的最适宜载体当是杂志。

就作为出版评论的载体而言，杂志大致可分为综合性、专业性两种。综合性的杂志稿源广泛，内容涉及政治、经济、文化、法律、教育、文艺等方面，题材多样，风格各异，无所不包。像著名的《东方杂志》《大中华》《新青年》《新潮》等都是典型的综合性杂志。在综合性杂志中，《现代评论》是对出版问题比较关注的，登载过许多有关出版界建设和发展的评论文章。像傅斯年的《出版界评》、赵幼龙的《对于现代出版界之批评》从宏观上对当时出版界进行了全面的分析和评价；李民治的《出版界的怪事》，西滢的《闲话·版权论》、《闲话·剽窃与抄袭》，陆海防的《"先救自己出来"》、裴复恒的《著述的稀少》尖锐地批评了图书出版中的剽窃、跟风、质量不高等不良现象和风气；壮学的《出版界的根本问题》、谢承平的《怎样解决我们的读书问题》、顾昂若的《"给我点新鲜空气"》、裴复恒的《结社出书与书报评论》则从不同角度探讨了规范和繁荣出版事业的路径。专业性的杂志，顾名思义，是刊载某一专门领域的深度讨论为主要内容，具有一定专业性、学科性的杂志。中华书局所办的《中华教育界》在专业类杂志中对于出版业予以特别的关注，形成了一系列的关于教育与出版的专题评论。像早期的对课外读物的定位、编辑、出版问题的探讨；贯穿于办刊始终的关于小、中、大学的教科书编辑出版问题；复刊后对于教科书严重缺乏的出版应对的讨论都唤起了人们对于教育出版问题的关注。

除了常见的综合性和专业性两种杂志之外，出版评论还存在着一种"特殊类"的杂志载体，即各大出版机构或图书馆自办读书出版类的书业杂志，它有点类似于现在的企业内刊的性质，一般不单独发售，随着本社图书或杂志赠送给读者阅读。内容包括机构动态、出版目录、新书介绍、书刊广告等，大量的出版评论就栖身于此，《中国出版月刊》就在发刊词中将"公正的批评"当作其办刊的五大目标之一。据笔者不完全统计，当时各个出版机构所出版的这类杂志总数不少于70种，从数量上看，这种"特殊类"杂志是当时出版评论的主要发表园地。表3是对一些刊登过出版评论文章的重要的读书出版类杂志的情况简介。

表3　主要读书出版类杂志情况①

刊物名称	创刊时间	停刊时间	编辑出版单位	备注
出版界	1914.3	1930.10	出版界社编辑，商务印书馆印刷发行	设有"杂纂""问题商榷"栏目，里面有大量出版时评的文章
出版周刊	1924.1	1937.10	商务印书馆出版，李伯嘉主编	在读书指导、印刷常识、读者通讯、读书札记、选登序跋及其他等栏目中常见出版评论
开明	1928.7	1929.5 1947.7—1947.9（新一、二号）	开明书店编译所编辑，开明书店出版，索非主编	有"出版批评"专栏，出版过"童书论坛"专号
读书月刊	1930.11	1933.10	上海光华书局，顾凤城主编	重在指导读书，以书评、出版消息和评论为辅
中国新书月报	1930.12	1933.3	上海华通书局，余甦生主编	有新书批评、著作界消息、出版评论、政策解读、读者服务等。广告篇幅占40%左右
书报评论	1931.1	1931.7	书报评论社出版，新书函授社发行	有论文专栏刊登出版评论
图书月刊	1931.8	1932.12	中华书局	每期在20页左右，篇幅有限，但每期都有出版评论文章，且不乏长篇评论
现代出版界	1932.6	1935.5	《现代出版界》编辑部编辑、现代书局出版发行。最初主编为宋易，1935年后由屠仰慈、华狷公主编	除新书及出版界方面之消息外，每期更载有系统的对于新出版物与一般出版界之批评文章
中国出版月刊	1932.10	1936.9	浙江流通图书馆编辑，中国出版月刊社出版发行	书报评介、出版界评论、教育消息等
出版消息（半月刊）	1932.12	1934.12	乐华图书公司出版发行，顾瑞民主编	以出版动态消息为主，有专门的出版批评、文坛时评栏目
同行月刊	1933.1	1937.6	商务印书馆上海发行所发行	有对书价、书店经营管理的评论

① 此外，还有《批评与介绍》《读书界》《书报介绍》《书报春秋》《读书周刊》《出版会报》等刊物，因出版期数过少、存在时间太短，在出版评论上几乎没有什么影响力，所以没有列入表中。

续表

刊物名称	创刊时间	停刊时间	编辑出版单位	备注
读书与出版	1933.3	1933.5	神州国光社读书会编辑，神州国光社出版，徐翔穆主编	重视批评，有命名为"出版评论"的栏目，仅出3期
读书与出版	1935.3（1937年6月因抗战停刊）	1946年4月复刊至1948年9月	生活书店编，徐伯昕任发行人，林伯渠曾任编辑	有以出版巡礼、出版现象为主题的出版评论
书报展望	1935.11	1936.7	上海书报展望社发行，主编杨志粹	介绍新书刊为主，有关于出版现状、出版物品种、出版人物的评论
书人月刊	1937.1	1937.3	书人社编辑发行主编蒋弗华	设有书评、消息、通信、评论、统计、论文等栏目，内容广泛、作者多元
出版月刊	1937.4	1937.8	中华书局，许达年主编	在读书乐、大众讲座、论著等专栏中有多篇出版评论
出版通讯	1942.1	1943.6	国民党中央宣传部出版事务处编印，徐义衡主编	具国民党官方色彩，以宣传出版政策、探讨出版业务为主。有关于出版自由、出版纸张供应等讨论
出版界	1943.12	1945.3	重庆出版界月刊社	以出版界消息和出版评论为主
读书月刊	1946.10	1947.1	上海名山书局读书会编辑，名山书局发行，发行人黄大白	仅出3期，有针对稿费、作家、校对、版权的评论文章

二 规制与催化：载体对出版评论的影响分析

出版评论是一种传播活动，总要附着在一定的载体之上并通过大众传播媒介到达读者。在这个过程中，载体必然对出版评论或多或少的会产生影响。前文已经论及中国现代出版评论的载体主要是报刊，所以这里讨论的载体对出版评论的影响，也就是现代报刊与出版评论之间的互动关系。作为评论的外在物质形式，载体对出版评论的作用是辅助性的，但也存在特殊的情况，在各条件因素一致推动下，有时候载体对出版评论会起到决定性的作用。总的来看，载体对出版评论的影响应该是两方面，正向的和反向的，即规制和催化。规制是载体对出版评论的干预、制约和限制，使其遵循一定的规则，在设置的"场域"中活动和发展。催化是指由于载体的介入促使出版评论改变原来的发展态势，起到加速发展或演变的作用。规制和催化是一枚硬币的两面，不可截然分开。在规制的同时可能正在催化出版评论的稳定与成熟，而催化的最终目的也许就是达到一种规制的高级状态。两者不是你死我亡的斗争关系，而是相互依存，载体对出版评论的规制和催化的影响，最终的目的是达到"动态的平衡"，在解构—重构中不断的循环往复。

1. 载体的媒介特性对出版评论文体的影响

载体并不是一种单纯、消极的物质工具，"载体也许是最不起眼但却最重要的东西……载体并不代表生产力，也不代表能源，而是原材料"，[①] 本身就是如煤炭、木材一样的自然资源或物质产品。"每一种媒介都有自身的优势或劣势，它也会将这些强加在所携带的信息上。"[②] 作为出版评论媒介载体的报纸和杂志，它们各自相异的媒体特性对出版评论产生不同的影响，两种载体上的出版评论呈现不同的内容倾向和文体选择。表 4 将报纸和杂志的不同媒介特性直观表现如下。

表 4　报纸杂志特征情况

	内容特质	外观呈现	传播特征
报纸	新闻类文体为主，附带评论；时效性较强	折叠状开、八开双面印刷等纸页式样。黑白色为主，版面有限	价格便宜；接受度高，受众范围广
杂志	政治时事文章、专业论文、各类知识等；时效性较弱	装订如书本形式，间有彩印，版面容量大	价格介于报纸、书籍之间；针对性强，在知识阶层传阅度高

报纸倾向于新闻性，着重刊登时效性强的动态消息，"总是沿着不断适应报纸本身的一些特点向前发展，诸如不断加强新闻性、时事性，不断加

---

① 〔法〕雷吉斯·德布雷：《普通媒介学教程》，陈卫星、王杨译，清华大学出版社，2014，第 223 页。

② 〔美〕杰克·富勒：《信息时代的新闻价值观》，展江译，新华出版社，1999，第 57 页。

强与现实生活的联系，新闻重在报道事实而与文学逐渐分离等等"。① 报纸的这种媒介特性对出版评论文体的影响是明显的。登载在报纸上的出版评论多是新闻文体，以短论、随感居多，篇幅短小，重在传播新近发生的出版事实。像《警厅取缔印刷所》《上海书店大涨价：报纸涨至五百倍》《核减小学教科书的售价问题》《南京出版界热闹的很》这类重在披露事实，杂以零散评论的文字在这一时期的报纸上比比皆是，长篇评论则极其罕见。

相对于报纸，杂志虽然时效性较弱，但版面容量更大，专业度高，且文章风格声情激越，易引发共鸣，在一定的阶层中传阅性更高。对于出版评论来说，杂志是更适合的载体。"著书之言论太谨严，日报之言论太漫漶。其收效也，著书期以百年，而日报之生命，则限于一日。迟迅坚脆之异，未免趋于极端。惟杂志位乎其中，与时为变，而亦不失之飘忽。"② 当时一些影响力较大的出版评论如《今日中国之杂志界》《出版界的混乱与澄清》《新文化运动与出版界》《中国出版界到何处去》《十年来的中国出版事业》都是在杂志上发表的。其原因无外乎杂志的版面容量大，能够容纳篇幅较长、学理性较强的论著型评论。此外，杂志出版周期长，更利于编辑进行深度策划，集纳文章，形成特定专题的期刊专号，更容易形成声势，造成舆论，引起聚焦效应，扩大传播影响。《中国出版月刊》1933 年第二期就做成"童书专号"，里面的栏目"儿童读物论坛"刊登了六篇儿童读物出版评论，从不同角度对童书出版的发展轨迹、出版实绩、装帧设计、内容类型等有较为集中的探讨，对童书出版物的质量低劣、童书出版机构的唯利是图、奸商盗版翻印的投机行为等进行猛烈的批评。

20 世纪 30 年代，随着报纸副刊热的兴起，名目繁多的专栏、增刊、专刊不断涌现，对文体的革新与建构有推动作用，"鲁迅的短篇杂文，即为适应副刊需要而写成"。③ 栏目的增多甚至出现了"报纸杂志化"现象，杂志媒介主要承担的理论文章、文学作品、调查报告、各种专论等内容类型在

---

① 宁树藩：《中国近代报刊业务变革初探》，《宁树藩文集》，汕头大学出版社，2003，第 73 页。

② 鹏广：《湖南教育杂志序例》，载黄林编《近代湖南出版史料·乙编（一）》，湖南教育出版社，2012，第 469 页。

③ 陈平原：《文学的周边》，新世界出版社，2004，第 129 页。

报纸副刊上面也都出现了。报纸副刊成了一个崭新天地，《申报》副刊、《大公报》副刊、《中央日报》副刊等提供了出版评论的园地。就出版评论而言，报刊重新"合流"，有利于它内容类型的丰富，有利于评论主体表现自己思考的独特性和深刻性，促进出版评论摆脱直露浅显，体现专业深度，逐渐走向成熟。

2. 载体的生存态势对出版评论主体的影响

作为出版评论主要载体的现代报刊其生存态势是非常规"动态化"的，更新速率快，变化幅度大。有人统计过当时数量最大的文学期刊的生存情况，发现在民国时期全部 4194 种期刊中，维持不到一年的有 2876 种，占 69%，维持一年的有 393 种，占 9%。① 从中可以看出当时杂志期刊存活时间普遍较短，速生速灭，此伏彼起，正如戈公振所言"至已发行之诸杂志，所惜创始易，继续难"②。沈从文发现上海的刊物虽多，但能办得下去的，维持一年以上的寥寥无几，"许多刊物皆随起随灭，有的被查禁，停了；有些支持不下去，三二月又自行歇手了"③。排除政治、战争等因素，造成这种情况的主要因素还在于大部分的报刊是由书店、报馆、团体、学校和个人经营的，基于共同信仰或共同兴趣而创办的同人报刊数量为数不少。很多报刊的出版背后缺乏有力、稳定、持续的财政支撑。现代出版传媒业的出现是在经济、科技发展的基础上出现的，报刊的出版必须要有强大的经济实力作为保障。从晚清开始的中国出版业现代化转型，古代的私刻之所以被官办书局、民营书局所取代，主要就在于在财力上无法与之相抗衡。很多报刊缺乏明确而强大的财力支持，主要依靠社团及个人的热心资助，仅能勉力维持，在内容创新、发行推广、吸引读者方面都受到限制。在报刊激烈的市场竞争中，稍有差池，就会被淘汰。这种急剧动荡、旋起旋扑的生存态势对出版评论主体在心理和行为上都造成了很大的冲击。

这种冲击首先表现在出版从业人员的评论主体上。报刊是许多编辑、

---

① 邓集田：《中国现代文学出版平台：晚清民国时期文学出版情况统计与分析（1902-1949）》，上海文艺出版社，2012，第 95 页。

② 戈公振：《中国报学史》，上海古籍出版社，2003，第 218 页。

③ 沈从文：《谈谈上海的刊物》，载《沈从文文集》（第 12 卷），湖南人民出版社，2013，第 176 页。

印刷和发行的工作人员的安身立命之所，在报刊能够正常持续出版的时候，还能利用获得的薪酬维持生计。但真正"和平"的时间很短，军阀独裁、战争频仍、政局动荡、经济凋敝造成交通落后、教育贫窭和人民贫困，加之文化统制的新闻出版法规的查禁，致使报刊出版极度不稳定，不是常规的新陈代谢式的进入、退出机制，而是极不正常的快速交替。很多报刊刚开始能正常出版，紧接着出现愆期现象，最后竟然不知所终，甚至有些报刊只出版了一期就疾如旋踵般消失。出版从业人员在这种状况下，心里充满恐慌与不安，容易产生悲观、颓丧情绪，对出版行业产生厌倦、愤懑和不满。出版评论就成了其宣泄的一个窗口，"怨做编辑""店员之苦""黑心书商"言论此起彼伏。此外，工作的不稳定，朝不保夕的境况使得部分报刊编辑对出版工作没有认同感，对待报刊工作缺乏崇高感、责任感和畏惧心。这导致部分出版评论对出版业、出版物、出版人抱有不正确的态度，极端随意和片面，抓住一点不足，尽情诘难、鞭挞、戏谑、嬉戏、讽刺，感性多理性少，评判性强建设性弱，缺乏全面分析。不仅影响了出版业的整体形象，而且与评论文体倡导的准确、全面、公正的精神相背离。

正是因为报刊的变化无常，出版评论的作者们为获得稳定的发表空间和稿酬，将稿件纷纷投向商务、中华等大出版机构或政府所办的报刊，这就造成了出版评论的作者集中化现象。大报大刊掌握了大量的作者资源和稿件资源，然而版面空间有限，只能进行筛选过滤，择优发表。这种选择性机制造成出版评论主体中的"学院派"（学者文人）和"业界派"（出版从业者）占据了出版评论中的绝对多数机会，成为出版评论主体中的"主体"。这一方面提升了出版评论的科学性和理论深度，但另一方面也使得出版评论"不接地气"，脱离基层受众，与出版评论发展最为丰饶的土壤隔离开来，成为无根的浮萍，限制了出版评论作为外在的"他律"力量对中国现代出版业监督和规范功能的发挥。

3. 载体的编辑方针对出版评论内容的影响

任何报刊都有自己的编辑方针，这一方针是根据其定位和发展战略所做出的发展决策，由许多具体的编辑工作准则组成。编辑方针是一家报刊贯彻办报（刊）宗旨、立场和原则的分工与细化，将这些基本工作纲领具体落实到实际编辑工作中，进一步对编辑工作的目标责任、操作水平、传播内容、内容质量等进行了规定，设立了规则。内容的选择是编辑方针的核心，因为根据报刊内容才能展开编辑方针的其他工作，如稿件的范围、选题、篇幅、内容选择、写作水平、标题措辞、副刊的内容以及标题形式与版面风格、内容特色等。所以，报刊的编辑方针对现代出版评论的内容有着极大的影响。储安平在主持《中央日报》副刊《中央公园》时就感觉到了编辑方针对内容选择的影响，"中央公园者，中央日报之副刊也。我们在选择撰稿时，不得不考虑报纸自身的立场，这样一来，稿件之来源便大受限制"①，有些涉及敏感或危险字词的评论就不能刊登。

现代报刊在创办之初或改版首期通常会公开宣告办报（刊）宗旨和编辑方针，表达方式不一，有详有略，而且宗旨和编辑方针并不严格区分，经常混为一谈。《新青年》（原《青年杂志》）1915 年 9 月 15 日在上海创刊时，在其《社告》中提出"本志以平易之文，说高尚之理。……本志之作，盖欲与青年诸君商榷将来所以修身治国之道"。② 既表明了办刊宗旨，又圈定了传播内容和风格特色，即作为一份为青年人所办的刊物，不自拘限，摒弃陈旧、高深的说理，发扬青年志趣，鼓动青年精神。《新潮》杂志也是如此，"批评的精神、科学的主义、革新的文词"③ 是它的宗旨，也涵盖了其编辑方针。也有一些报刊在办报（刊）的宗旨下，更详细地阐述编辑方针。如《中国青年》杂志的创刊词中就有非常详尽的编辑方针表述，强调"我们必须为青年们这种需要，供给他们一种忠实的、友谊的刊物"，第一，"要引导一般青年到活动的路上，要介绍一些活动的方法，亦要陈述一些由活动所得的教训"；第二，"要引导一般青年到强健的路上，要介绍一些强健伟人的事绩与言论，亦要用种种可以警惕青年的材料"；第三，"要引导一般青年到切实的路上，要介绍一些切实可供研究的参考材料，要帮助青年去得一些切近合用，然而在学校中不易得到的知识"。④ 这样的编辑方针对《中国青年》的内容选择、风格确立具有指导意义。

---

① 储安平：《编辑罪言》，《中央日报》1934 年 4 月 2 日。

② 《〈青年杂志〉社告》，载宋原放主编《中国出版史料·现代部分·补卷》，山东教育出版社，湖北教育出版社，2006，第 3 页。

③ 傅斯年：《新潮之回顾与前瞻》，《新潮》1919 年第 2 卷第 1 期，第 211 页。

④ 《〈中国青年〉发刊词》，载宋原放主编《中国出版史料·现代部分·补卷》，山东教育出版社，湖北教育出版社，2006，第 42~43 页。

1920 年，《民国日报》副刊《觉悟》公开刊登了读者朱瘦桐的来信，信中建议增设"书报批评"专栏，认为"现在无赖文人在那里冒挂着新文化的招牌，出那不伦不类的丛书，想借此作投机的营业，为数也不少"。[①] 因此，需要"专立一《书报批评》栏，专批评现近出版的书报及讨伐那些冒牌的东西"。主编邵力子立刻予以回应支持，"现在风起云涌的出版界，关于各种学问的书，几乎都有，我自问实在不能胜'批评'之任。若果延聘通家专门担任，或特约海内学者分科认定，就种种关系上面——本报的经济，学者的时间——都有困难。现在只能希望同志诸君随时投稿，本栏本取公开态度，只要确有见地，无不随时登载"。[②] 在这种编辑方针的引领下，《民国日报·觉悟》刊发了很多对出版现实问题的评论，如读书会问题、刊物的愆期问题、图书内容的质量问题等。并且形成了自己的特色——在刊登一些专业人士的出版评论以外，还大量登载读者以随感式的短论形式为主的批评文字，一两百字，揭露奸商嘴脸，批判出版黑幕，言简有力，像一把把短小锋利的匕首投向品格败坏、金钱至上的出版机构。在邵力子离开主编位置之后，《觉悟》逐渐丧失了其批评的锐气和动力，出版评论的文字基本没有再出现了。无独有偶，《新潮》杂志也有着类似的经历。《新潮》诞生伊始，就宣称"以批评为精神"，"特辟'出版界评'、'故书新评'两栏，商榷读书之谊"。[③] 刊发了《今日中国之新闻界》《今日中国之杂志界》等极具反响的评论文字，挑战以《东方杂志》为首的老牌刊物，堪称新锐之出版评论。可惜昙花一现，在傅斯年赴英留学后，罗家伦接任主任编辑之职不到一年，就远渡重洋，到美国求学，将《新潮》编辑工作交给周作人负责，编辑方针实行了大转向。自此之后，《新潮》的批评光芒开始黯淡下来。这都证明了报刊的编辑方针对出版评论具有巨大的影响，这种影响就是前文提及的"规制与催化"。开明进步、开放平等的编辑方针就像是"催化剂"，促进出版评论向广度、深度前进；封闭落后、专制单一的编辑方针就像是"紧箍咒"，规制和延缓出版评论前行的步伐。

---

① 朱瘦桐、力子：《通讯：专设"书报批评栏"的要求》，《民国日报》1920-7-14：3。
② 同上。
③ 傅斯年：《〈新潮〉发刊旨趣书》，《新潮》1919 年第 1 卷第 1 期，第 3 页。

第三节　中国现代出版评论的文体：
作为一种特殊载体形式的分析

　　文体，《辞海》：一是指文章的体裁，也指使用的语体。二是指文章的风格。① 简单地说就是一种文字文本的形式存在，由众多的语言符号和一定的话语秩序融合组成的固定文本体式，分为体裁、语体和风格三个不同层次。文体作为文本的言说方式，属于形式范畴，和文本载体一样承担着文本内容的表达、呈现、传播的功能。从这个意义层面上说，文体也是载体，是一种特殊形式的载体，由外在的文体样式、语言表现、风格类型共同建构而成。文体是人类长期艺术实践的产物，随着社会生活和艺术实践的发展而不断丰富、发展的。由于在反映社会生活、表达思想感情方面各具特点和不同的效能，形成了各式各样的文体。出版评论作为一种评论文体，其构成也不外乎体裁、语体和风格三块，在面对不同的评论对象时，评论主体可以有充分的能动性，对体裁、语体和风格进行自由取舍，选择最佳的表现评论内容，获得最大评论效果的外在形式。所以，出版评论主体在体验发现、酝酿构思、表现传达的时候，全程都需要考虑到文体这个要素，形式在一定程度上决定着内容。

　　古人对文体问题相当重视，认为"文章以体制为先"，强调"凡文章体制，不解清浊规矩，造次不得制作。制作不依此法，纵令合理，所作千篇，不堪施用"。② 在遵照文体规范的同时，也不死板绝对，认为"定体则无，大体则有"，"设文之体有常，变文之数无方"，③ 允许根据内容对文体进行改造和创新。出版评论在保持求真务实、逻辑思辨、规范与个性和谐统一的评论文体特征的前提下，也会因评论主体的不同立场、评论对象的巨大差异而衍变出色彩纷繁的文本风貌，或材料实证，或理论演绎，或情感张扬，或不露声色，或博引旁征，或隐喻阐释，即便是对同一出版现象的评

---

① 夏征农、陈至立主编《辞海》，上海辞书出版社，2009，第 2883 页。
② 〔日〕遍照金刚著、王利器校注《文镜秘府论校注》，中国社会科学出版社，1983，第 310 页。
③ （南朝梁）刘勰著、陈志平译注《文心雕龙》，北京联合出版公司，2015，第 185 页。

论，不同的评论文本之间的文体差别不啻天渊。

在出版评论的长期实践中，人们创造了出版评论文体的多种体裁，如论文体、随笔体、对话体、新闻体、书信体、文学体、序跋体等。多元丰富的体裁样式为出版评论的绚丽多彩提供了可能性，不同文体根据这些体裁特征选择适宜的语体、语势，如论文体的严谨细密，随笔体的雅正平和，新闻体的简洁通俗，文学体的浏亮多变。体裁和语体的相对固定与成熟则促成了风格的形成，风格类型是文体的最高范畴，也往往标志着评论文体的成熟与高峰。在出版评论文体中，体裁、语体和风格是相互联系、相互影响、环环相扣的。体裁制约着语体，语体适应并强化体裁，同时语体发展到高级阶段沉淀固化为一定的风格。这三者的相易演变构成了文体的整体特征，便于普通读者去具体的感受、研读和理解文体，从而深刻体验文体里层蕴藏的时代风格、作家精神、阶级传统等结构要素。

时运交移，质文代变，文章体制，与时因革。中国现代出版评论历经萌芽、发展、成熟、深化和演变，文体也随之变化。点评体、诗文评、序跋体逐渐地丧失了主导地位，新闻体、论文体、杂感体逐渐占据中心。出版评论在文体上的存续和新变，适应了时代环境和出版事业的发展变革，比中国古代通行的"诗文评""评点评"在体裁、语体和风格上都要多元丰富，呈现出百卉千葩、异彩纷呈的繁盛面貌。

一　新闻体

20世纪20年代，新闻界和出版界的分野并未像现在这般明确而真切，出版机构兼办报纸，报社兼办图书，书籍、报纸和杂志的编辑、发行往往是在同一个出版机构里进行的，是再平常不过的事情。所以作为出版从业者的出版评论主体在运思创作时往往近水楼台，自觉或不自觉地运用新闻消息文体来进行出版评论活动。这时，标榜客观中立的新闻消息就演变成了具备明显观点倾向和浓厚感情色彩的评论文章了。

传播学理论认为新闻信息并不是镜子式的对社会环境的客观反映，而是对所谓真实的建构过程，个人和组织通过"选择、强调、排除和精心处理等方式来重组事件的意义"①，并借此影响到受众对问题的认知、判断、态度和行为反应。新闻消息体的出版评论就是借助这种新闻表述方式来影响读者，从而达到评论目的，实现评论效果。

蜂书盗版甚盛

　　本市消息：迩来我国养蜂事业日渐发展，研究养蜂人士日多。各书店销售养蜂书籍一项，莫不利市三倍。因此少数投机份子，乃大盗各种蜂书版权，欲藉以获厚利。尤有奇者，即取各种蜂书，东抄西录，改头换面，冠养蜂家姓名，定价极廉，以广招睐。但出版编辑者之名义，均系不负责任之机关，甚望购者勿为其蒙蔽也云。②

　　这是一篇典型的新闻消息，标题直接明了，说明事件，一个"甚"字就将事态的严重性跃然纸上，也间接表现了作者的担忧之情。然后在主体中循序展开"五W"③的描述，使用了"投机份子""东抄西录""不负责任"等许多充满贬斥色彩的语词，传达了对这类图书盗版行为的强烈愤慨。最后提醒读者切勿上当受骗，表明了新闻消息追求传播效果的实用性的服务目的。新闻消息体的出版评论虽然没有直接的评价内容，但在字里行间、用词遣句间或多或少地表示出感情的倾向。而且新闻消息语言通俗易懂，形象生动，使得一般读者在阅读时都能很容易体会到的其中的评判意味。有些新闻消息体的出版评论单看标题就能对事实"一目了然"，将观点清晰传神地表达出来。诸如《灾洋钱，殃钞票的出版物》《出版界之黑幕》《书业广告之东洋化》《吹嘘淫业的出版界》《教科书的洪水》《万般苦闷的沪江出版界》《文化前途障害无穷：北平翻版书之繁昌》《瘟神书店》《翻版书层出不穷》《恭喜，恭喜，日出新书一种》《咄咄怪事！教科书普遍发现黑市》《读书人今日读书难，书商售书论页索价》《书商大发武侠言情说部财》《某书店战后告鸿运》

①　〔美〕沃纳·塞弗林、小詹姆斯·坦卡德：《传播理论：起源、方法与应用》，郭镇之译，华夏出版社，2000，第312页。
②　本报记者：《养业消息：蜂书盗版甚盛》，《养蜂月报》1930，1（9）：20。
③　"五W"指新闻的五要素，即一条清晰完整的消息必须具备何时、何地、何人、何事、何故五个方面，简称"五W"（When、Where、Who、What、Why）。

等，标题中就有指摘针砭的意味。

新闻消息体出版评论最大的特征就是假借新闻报道之名，行散播意见观点之实。在中国报刊事业发展的早期即言论重于新闻或言论与新闻并重的时代，这种做法属于行业标准的一部分，用具有一定客观性和较高可信度的事实包装观点，进行评价，容易获得较大的社会反响。但随着新闻界和出版界分化不断加剧，更重要的是新闻事业商业化、专业化、职业化程度的加快、加深，新闻和评论渐趋分离，有了明显的区分，报纸以刊登新闻消息报道为主，登载评论、阐发意见、表达观点则成了很多杂志的第一选择。所以，因其"跨界"的模糊身份，在报纸和杂志上都缺乏优势，新闻消息体的出版评论在后来的报刊上较为少见。这种情况的出现，虽说裁减了出版评论活动一定的区域和空间，但从一个侧面也折射出中国新闻事业的进步。

二　论文体

论文体的出版评论是以学术论文的形式对出版领域内具有学术价值和理论意义的问题进行专门而深入的研究和探讨，追求严密的逻辑性，意图能有所创见，有新的理解和认识。出版界一些严肃而重要的问题，通常会采用这类文体进行探讨和阐释。这类出版评论重在学理讨论和学术思辨，对现实的或理论上的出版问题展开探索与研究，在某种意义上近似于一种特定的科学研究活动，具有创新性、理论性、科学性特征。正因如此，论文体出版评论对评论主体提出了高要求，评论主体应当具备丰厚的学识底蕴、坚实的学术素养和较高的理论水平和写作能力，只有这样才能使出版评论的观点见解新颖独到，论证充分完备，在体现文章学术价值的同时，做到令人信服。

这一时期，学术专著性的出版评论没有出现，大多数是以单篇学术论文式的面目存在于综合性杂志和出版专业性刊物中，前者如《现代评论》《文学周报》《新潮》等，后者如《出版周刊》《现代出版界》《读书与出版》《出版界》等。总体上，论文体的出版评论并不鲜见，主要是因为不少著名学者或某学科领域的专家经常通过各种途径直接、间接参与到编辑出版活动中来，与出版业、出版人有了近距离接触，然后以自己的专长领域为视角进行观察和思考，发表其洞悉之见。如著名的法律学者王世杰《现代之出版自由》的评论①，全文共 26000 多字，分为出版的手续问题、出版物的范围问题、出版物的处分问题、非常时代之出版自由四个部分，有普遍原理的叙述，也有特殊案例的解析，条分缕析，有理有据。还有宗教专家李镜池教授撰写过《三十年来中国基督教著作界述略》的长篇评论②，全文回顾了中国基督教出版的历史，统计了基督教出版报刊和图书的数量和种类，介绍了多家基督教出版机构，最后对中国基督教出版的情况进行了总结和评价。层次清楚，结构严谨，定性与定量相结合，不仅具有较高的学术价值，而且文中关于中国现代基督教出版事业的统计数据，为进一步深入研究其问题提供了翔实可信的资料。

论文体的出版评论通常是由论点、论据和论证三部分组成，如果说论点是灵魂，论据是血肉，那么论证就是骨骼，是立文之本。按照论证方式的不同，论文体的出版评论可分为演绎型、总龟型、隐喻型三大类。下面分别叙述之。

演绎型就是指评论文本先有论点或主题，然后用这些论点或主题去统率材料，按照理论逻辑进行推演和分析，最后阐明文本所持的观点或意见。剑农的《宪法上的言论出版自由权》就是按照这样的模型建构评论文本的。首先开门见山"言论自由、出版自由是约法所保障的"，接下来逐条解析约法的各项相关条款，并将这些法律法规与美国、英国、日本、普鲁士等国的宪法进行比较，结尾呼应开头的论点，指出"人民言论出版之自由不得制定何种法律以侵减之"。③ 评论文本经过了完整的提出观点—理论简约—材料解析—理论提升—证明观点的演绎过程，论证规范而标准，作者的观点不但得到了证明，而且获得了衍化和延伸。

总龟型与演绎型恰恰相反，先是列举尽可能多的材料，然后对这些材料进行分类与总结，归纳出论点或原理。总龟是中国古代文人对众多原始材料进行搜集、整理、概括时常用的指称，以形容典籍内容之博大。这也是很多出版评论遵循的一般阐述路径，由感性材料出发，描述经验事实，

① 王世杰：《现代之出版自由》，《东方杂志》1924 年第 21 卷第 1 期，第 21~34 页。
② 李镜池：《三十年来中国基督教著作界述略》，《新坛》1948 年第 6、7 合期，第 23~28 页。
③ 剑农：《宪法上的言论出版自由权》，《太平洋》1919 年第 2 卷第 1 期，第 1~12 页。

将其进行有目的、有方向的类比、贯通、概括与总合，最后阐发观点和意见。罗家伦著名的出版评论《今日中国之杂志界》[1] 就是采用的总龟型论证方式，在文中罗列了当时的四类杂志类型，"官僚派、课艺派、杂乱派、学理派"，每派当中又分出许多小类，小类当中又分出"种属"，如学理派中分出脑筋浑沌的和脑筋清楚的两类，脑筋浑沌的又分出市侩和守旧两个"种属"。在洋洋洒洒的铺陈之后，作者提出了概括结论：办好杂志的六个方法。古烨锋、华狷公在一篇出版评论中，先枚举出版界投机、剥削、欺骗、质量低劣、同行倾轧、跟风出版的种种弊端，得出当时的出版界面临着先天不足、后天失调的困境，亟须"自寻出路，对症下药"。[2]

隐喻型是一种特殊的论证方式，它不像演绎型和总龟型以理性的分析、逻辑的推理为主，而是诉诸直觉和情感，不追求完整严密的论证过程，追求的是畅快淋漓、不吐不快的情绪表达，擅长运用生动和极富意义联想的语词进行写作，是一种深具浪漫气质的论文体评论写作方式。鲁迅的《二丑艺术》就是典型。用旧戏班的"二花脸"来比喻某些刊物受权势者操控，立场摇摆不定，毫无原则的丑陋嘴脸。茅盾写于1923年的关于文艺刊物出版问题的《杂感》（七）也运用了隐喻型论证手法，他在欣喜于文艺刊物增多的同时，对一些攻击言论进行了反驳，运用的一些语词如"沙漠""种子""绿油油的嫩芽""黄渗渗的泥土""百卉发芽""异花挺秀""举斧斫芽"等都能达意且传情，读者可以凭自己的直观经验和印象去体会和感受。言之无文，行而不远。隐喻型的论证方式消除了论文体出版评论中的严肃艰深、单一枯燥的气氛，使文本更加生动活泼，并给读者留下了想象的空间和回味的余地。隐喻型的论文体出版评论对评论主体的综合素质要求甚高，故而这一类别的出版评论数量很少。

三　杂感体

杂感体是当时最为常见的评论文体形式，能迅捷反映出版现实，发现问题，揭露弊端，总结经验。它兼具散文与议论文的特点，叙事与议论结

---

① 罗家伦：《今日中国之杂志界》，《新潮》1919年第1卷第4期，第72~81页。
② 古烨锋、华狷公：《先天不足、后天失调的现代出版界》，《中国新书月报》1931年第6、7合期，第1~5页。

合，不时夹以情绪的抒发。灵活多变而又锐利精干，委婉绵长而又明晰简短，自由挥洒而又章法严谨，包括杂谈、漫谈、随笔、随感、短评、小品、杂文等多种形式。这类文体的产生与兴盛是因为它顺应了当时的时代思潮和媒介环境。晚清至辛亥革命再到民国时期，知识分子开办报刊的主要目的并非赚钱谋生，而是开民智，强国家。知识分子的报国情怀、报刊的繁荣加之对中国古代诗话、诗品文体笔调的承继，三者的结合都刺激了杂感文体的诞生与发展。从王韬的政论文体，到梁启超的时务文体，到《新青年》肇始的随感文体，到《语丝》树立的语丝文体，再到鲁迅笔下成熟的杂文文体，很多知识分子留下了杂感文体的耕耘痕迹。杂感文体是"现代作家（知识分子）通过现代传播媒介与他所处的时代、中国（以及世界）的社会、思想、文化现实发生有机联系的一个重要、有效的方式"。① 正因如此，杂感体成了出版评论优先选择的文体，这也就不难理解杂感体的出版评论为何数量最多了。

杂感体出版评论最大的优势就是它有着敏锐的感应神经，对出版界所发生的一切不良现象能够进行即时反应，展开及时互动，进行有针对性的揭露和批评。出版评论就像是出版业的小小显微镜，其作用是"也照污水，也看脓汁，有时研究淋菌，有时解剖苍蝇"②，正如鲁迅所言"作者的任务，是在对于有害的事物，立刻给予反响和抗争"。③

书坊的黑幕

鄙人某日乘暇逛游至四马路一带，步行至石路相近，举首站足闲眺，无意间看见数家书坊门口置有黑板一块，走近视之，板上所写着各种重要书目，此时我就走入一家书坊内（该坊招牌遗忘）作参观客。只见触目琳琅的书籍，且备有少数零落的书籍。纵横杂摊，任人取阅，移时有该坊中职员，前来假诚的殷殷招待，对我道，先生欲购任何佳书，敝坊都有，我即说道，请取康熙字典一部如何，该职员惟命是从的慌忙取出，果属一部装潢完美的字典，一望无疑，待购回家中，正

---

① 钱理群、温儒敏、吴福辉：《中国现代文学三十年》，北京大学出版社，1998，第375页。
② 鲁迅：《做"杂文"也不易》，《鲁迅全集》（第八卷），人民文学出版社，1981，第376页。
③ 鲁迅：《且介亭杂文·序言》，《鲁迅全集》（第六卷），人民文学出版社，1981，第3页。

在翻检之际，偶见内容页边上，所标书目为中华字典，况且非正式的中华字典，内容的注解多有错乱，更且十分卑陋，逆料彼坊的书籍，完全系残版所订成者，至此方知受愚，此等商店，不啻陷人之阱，愚弄青年学生，只顾自利，罔顾大局，我想受过彼等愚弄的朋友，何止千百，否则将如何维持其开销呢，呜呼，世风日非，人心险恶，社会上黑幕重重，令人寒慄，请诸君以后采购书籍，千万加以谨慎，否则难免蹈鄙人的覆辙呢。①

这是一个普通读者在购书后发出的慨叹之文，作者现身说法，细致地描绘了书店售卖劣质盗版字典，假意殷勤欺骗读者的手法。字典作为工具书，本是指导学习的有利助手，结果是残版所印，注解错乱且卑陋，严重损害了读者的利益。作者最后告诫"请诸君以后采购书籍，千万加以谨慎"，表达了自己无奈、愤恨的心情。

除了匕首投枪式的战斗文字，杂感体的出版评论也有和风细雨，朴实恬淡的随笔小品式文章。如阿英的《杂谈翻印古书》，茅盾的《雨天杂写》、《谈出版文化》，包天笑的《我与杂志界》，还有受陈西滢的《闲话》影响而产生的"闲话体"，包括《闲话古书出版》《闲话书籍》《闲话出版界》《闲话书业》等，还有重在回顾出版历史的《文苑野闻》系列、《故都书贾现形记》系列等，而像《书肆即景》《漫谈出版自由》《出版人杂感一章》《买书随感录》《书店街杂感》《出版界一瞥》的随感式短评也不少。这类评论类似古代笔记式写法，以札记形式记录见闻杂感，着笔于业界事件人物、逸闻琐事、世故人情。叙中夹评，文风质朴、文字明快，多用白描手法刻画形象。

杂感体的出版评论由于诸多文人学者的参与，增加了其文学性特征，特别是鲁迅、茅盾、叶圣陶等大家的全心投入和积极实践，有效提升了出版评论的文艺色彩和理论深度，扩大了出版评论的传播范围，成为现代报章"新"文体的一个重要组成部分。

① 顾锡棋：《书坊的黑幕》，《大常识三日刊》1930 年 9 月 19 日，第 2 页。

四 文艺体

20 世纪二三十年代，中国进入一个文体大变革时期，古典诗文走下神坛，新兴的时评、杂文、白话小说、通讯等登上文坛，新闻、政论、杂文、小品、随笔等混合在一起，形成了许多特异的过渡式文体。用不同文体来反映社会，表达观点显得通俗、有趣、新潮，并且暗合了文人学者们"炫技"的潜在心理，一时渐成潮流。文艺体的出版评论在这种语境下应时而生，出现了不少以文学艺术的方式对出版事件、出版人物、出版工作表达看法的文章。

1. 陶行知的歌词《一个地方印刷工人的生活》

陶行知先生是著名的教育家，但他也从事过编辑出版工作，担任过《新教育》杂志的编辑，主持过《金陵光》《新教育学刊》《生活教育》等刊物，主编过改进社丛书、儿童科学丛书、平民识字课本等，对出版界是相当熟悉的。1936 年，为支援劳工运动，他写下了反映印刷工人生活现实的歌词《一个地方印刷工人的生活》：

一　个人生活

做了八点钟，再做八点钟。还有八点钟，吃饭，睡觉，拉尿，出恭。

二　家庭生活

一家肚子饿通，没有棉衣过冬，破室呼呼西北风，妈妈病得要死，不能送终！

三　精神刺激

机器咚咚咚，耳朵嗡嗡嗡，脑壳轰轰轰，"再拿稿子来，操他的祖宗！"

四　出路

骂他他不痛，怨天也无用，也不可做梦，拳头联起来，碰！碰！碰！①

---

① 陶行知、冼星海：《一个地方印刷工人的生活》，《少年知识》1936 年第 2 期，第 61 ~ 64 页。

这首歌词分为四段，模拟印刷工人的口吻，全篇大白话而不失真实，忧伤而不沉沦，富有战斗精神。正因如此，它在香港报纸刊登时被新闻检查处抽去，不予发表。这首歌词经由著名作曲家冼星海谱曲，曾广为传唱。此外，陶行知还用诗歌的形式表达对报刊的支持或批评。如《送〈生活日报〉》，用"打油诗"的方式表达了对邹韬奋所办的《生活日报》的赞美。

> 大报不像大报，小报不像小报。
>
> 问有什么好处，玩的不是老套。
>
> 大报不像大报，小报不像小报。
>
> 笔杆一齐对外，不肯胡说乱道。①

与其类似的还有《赞〈救国日报〉》《〈先锋〉八周年（一）》《〈先锋〉八周年（二）》等。

2. 张静庐的板话《出版难》

张静庐很早就投身出版界，是资深的职业出版人。1947年，他面对国民党专制造成的出版困难，图书荒芜的局面，情感郁结，一吐为快，仿照西北民间文艺形式板话创作了作品《出版难》。

> 出版难，话出版，/现在出版实在难：/往年一千字，/排工六角半，/今年一千字，/排工一万二。/战前一令外国纸，/只卖两块钱；/目今就说江西黄土纸，也要卖到每担九万多。/成本天天高，/读者日日少，/不是读者少，为是生活高。/既怕生活高，/又愁好书少，/好书为啥少？/一是作家生活不稳定，/没有心绪写好稿。/二是通货膨胀发大钞，/搅得造货成本高。/三是"出版完全自由"了，/大多书刊犯禁条。/红裤子，多情郎，/黄色读物奉令悄。/冯玉奇，笑呵呵，/张恨水也卖勿过，/茅盾、巴金更差得多！/你要向前进，/他要往后拖，/文化

---

① 陶行知：《送〈生活日报〉》，《陶行知全集》（第七卷），四川教育出版社，2005，第438页。

运动三十年，/文化水准只看低。/往后拖，不算奇，/拖倒了践死你，/苛捐杂税样样有，/工商贷款你吮份。/邮费涨，书价高，/出版新书吮人要，/吮人要，我弗关，/这种生意谁叫你干，/吃苦受难你活该！①

在这篇板话中，张静庐极尽"吐槽"之能事，声讨了国民党专制统治下出版界的种种不正常现象，最后的反讽更是点睛之笔，表达了出版人愤怒不满却无可奈何的心境。

3. 艾寒松的戏拟文《出版业的噩梦》

戏拟是用一种喜剧性的调侃、挪用、嘲讽的手法，让文学作品表面变得荒唐、可笑，其实是潜藏着重新组合而形成的全新的内涵，让读者在哂然一笑中更深刻的理解现实的荒谬与不合理。1936 年，清芬的《一本书的自述》② 就用这种手法，借用一本新翻印出来的书为主人翁，用"我"的遭遇再现了不法书店和不良书商投机取巧盗印古书、哄抬价格、罔顾质量、压榨工人的全过程，还被附庸风雅的读者买去充塞书厨，最后免不了"躺在黑暗的角落里"和"书蠹来侵蚀"的命运。艾寒松的《出版业的噩梦》更是一篇戏拟反讽的绝妙好文，读时忍俊不禁，为作家的脑洞大开的妙喻而惊叹。读后又会掩卷深思，为出版业的遭遇唏嘘和哀痛。

出版业先生的命运真是坎坷到了极点，也好容易走完了八年崎岖的道路，希望能否极泰来，以后永远在康庄大道上驰骋。不幸他的希望似乎永远是一个幻梦，现在他前面竟没有路了，但见周围布满了荆棘，他实又悲伤，又困乏，历经了千辛万苦的瘦弱身体，再也不能支持，不得不席地而卧，迷迷糊糊，竟做了许多恶梦。

他梦见物价先生驾着飞机，上面带着许多乘客，各个都是肥胖健壮，红光满面。这些乘客的名字他都记得：有黄金小姐、白银夫人、大米先生、面粉少爷……等等，他再看看自己和他的友伴如稿费、报纸、书籍、作家、读者等人都是鸠形鹄面，现着深度的菜色，他不觉

① 张静庐：《出版难》，《读书与出版》1947 年第 2 期，第 44~47 页。

② 清芬：《一本书的自述》，《申报》1936-5-1。

苦笑了一下。

他又想到他自己和他的友伴，都是不怕清苦，甚至甘于清苦的，所以不论物质上的待遇如何恶劣，也可以忍受，所怕的是文房四宝竟也叛变了他，跟物价先生坐飞机去了。……

他看见四周布满的恶魔，那些恶魔的外衣上都有名字，像"有碍风化"、"思想荒谬"、"报道不确"等堂皇的名字，而骨子里却丑恶不堪，这些恶魔们不过是想借着这些正大的名字来摧毁他的性命罢了。

他又想到自己虽然瘦弱，但还有和恶魔作背城借一的勇气，不幸他自己的阵容里又出了败类："黄色"、"投机"、"象牙之塔"、"党派色彩"等竟向他攻击起来，但仍然披着出版业的外衣，戴着出版业的符号，这样不但削弱了自己的阵容，也更贻给那些恶魔以口实，他不禁更加悲伤，嚎啕大哭而醒。[1]

出版业在如此境遇之下，自然是"憔悴不堪，落荒而逃"。艾寒松假嬉笑之状，行怒骂之实，绘声绘色，将出版业所面临的物价飞涨、自由禁锢、乱象丛生的现实尽情宣露，一览无余地呈现在读者面前。无独有偶，在同一期的报纸上也刊登了一篇《拟稿费给物价的一封信》[2] 戏拟文，开头便称"物价老兄"，恭维其"变本加厉，每况愈上"，接着向其诉苦，"战争、通货膨胀、黑心书商致使我清瘦兼神经衰弱"，最后请求"物价老兄、通货仁兄、军费仁兄等慢走一步"。折射出当时稿费低廉，物价高企，通货严重和久遭兵燹之后的出版困境。戏拟手法有助于读者加深对出版现实的了解，揭示出版界、出版人面临的困境，批判国民党的出版政策，引发全社会对出版业的关注。这种文学体的出版评论，取得了良好的评论效果。

4. 沈骏声的赋体《发刊词》

文化事业，翕翕皇皇。简编传播，久而弥彰。技艺之海，浩瀚汪洋。端赖研讨，益臻精良。治事之道，广博多方。亦资磋切，用达安

---

① 寒松：《出版业的噩梦》，《大公报》1948-7-22：7。
② 司苦芬：《拟稿费给物价的一封信》，《大公报》1948-7-22：7。

详。集思广益，斯刊初创。藉通声气，群情表扬。文苑灌溉，合力相将。以图俊发，以舒春阳。前方浴血，士气激昂。后方生产，效率增强。钟鸣漏尽，日寇彷徨。吾曹奋起，邦家之光。①

这是沈骏声为《印刷通讯》杂志撰写的发刊词。《印刷通讯》是民国印刷业同业公会的会刊，主要刊登的是关于中国印刷工业发展的调研报告、政策法规、动态消息、经验交流、历史回顾、国外印刷介绍等内容。这篇发刊词仿拟"赋体"形式，将杂志创刊的背景、宗旨、手段、作用以及对刊物的期望浓缩到短短百字之间，亦雅亦俗，让人印象深刻。

值得一提的是，这些名之曰发刊词、卷首语、弁言、致读者、社告、露布等类似于报刊开场白式的文字，不但说明了书籍著述或出版宗旨、编辑体例、征稿范围和作者情况，而且在评价当时同类报刊中凸显自身个性，概括出版特征，可算是一种特殊的"序跋体"的出版评论。如上海民智书局在开幕辞中批评当时的出版界充斥商业资本色彩，处处以营业为前提，遇着思想稍激进的书籍，都当洪水猛兽一样看待，导致新文化反有消沉的气象。然后发出宣告"我们无论如何，总不做市侩。我们从有始到无终，愿尽出版和发行的力量来做新文化新思潮的宣传使者"。② 还有近代出版社的开幕辞《近代出版社之发起》、开明书店所办的《开明》月刊的《致读者》、蔡元培的《〈国民杂志〉序》、陆费逵的《〈出版月刊〉发刊语》、叶圣陶的《今后的本刊》《我们的宗旨与态度》《同愿月刊》《出版会务专号之旨趣》、涂传杰的《对于本刊的希望》等都是出色的出版评论。

5. 茅勃的散记式评论《出版界的形形色色》

你一学生杂志，我一学生杂志，但学生杂志其名，内容则或谓教师而非学生，或竟与普通杂志一般无二。

你一读书会，我一读书会，自己必觉得我所出版的书，是每部都应该读，没有一本是粗制滥造或者错误连篇的。

---

① 沈骏声：《发刊词》，《印刷通讯》1944年第1期，第2页。
② 《"不做市侩"的书局》，《民国日报·觉悟》1922年2月12日，第3页。

你一检字法，我一检字法，但我有大书馆可以利用，我可以出字典、辞书、百科全书以及无所不包像垃圾堆样的文库，我可以改变大图书馆的目录，而你不能，于是我胜利了，我成功了。

《康熙字典》被打倒了，否定部首检字法的不是教育部的通令，而是资本家的独占的经济势力。是政治支配经济，还是经济支配政治？

十月份的杂志，可以记十一月份的事，倘若不知道这是编辑先生的预言，将来的考古家，怕卒不免于茫然无从考证罢。①

……

这是一篇颇具形式主义特征的出版评论，题目为"形形色色"，内容表现的方式就是一种零散片段化的出版界横切面记录，短短几行字，形象而又深刻地描绘了出版界某种乱象，这些片段剪辑连接起来就是出版界的混乱不堪，杂乱无章的野蛮生长的原始状态。这种评论的文体变形，以小见大，见微知著，注重凝练性和节奏感，是一种较能体现评论者个性与文采的文体形式。署名小伙计的《出版界与著作家》也是这样的一篇出版评论，其内容、语言风格高度相似于刘义庆的《世说新语》，记录了赵南公躲债、高长虹改名、屠缉臣购书等轶闻奇事，短短几行文字描绘了人物的独特性格，活灵活现，跃然纸上。加之作者的简约化隽语点评，画龙点睛，读者印象更为深刻。

除了新闻体、论文体、杂感体、文学体这四种主要文体之外，中国现代出版评论还有对话体和书信体，前者如舒新城的《两年来之出版界》② 通过客问主答的形式，类似于古代文学作品中"答客问"，在问答中描述了1935年和1936年的图书出版情况，重点探讨了古书翻印、图书检查、出版出路等课题，极富引导性和启示性；冉人的《一种不合理的事实》③ 通过甲乙二人对话深入讨论了当时出版界古书翻印热的四个原因，最后点明改善的路径，步步深入，犹如层层剥笋。后者如鲁迅的《关于书商文人及

---

① 茅勃：《出版界的形形色色》，《社会与教育》1931 年第 7 期，第 3 页。
② 舒新城：《两年来之出版界》，载宋原放主编《中国出版史料·现代部分·补卷》，山东教育出版社，湖北教育出版社，2006，第 144~150 页。
③ 冉人：《一种不合理的事实》，《申报·读书俱乐部》1936 年 5 月 16 日。

"骂"》在和友人的通信中对书商与作家关系、书报检查、评论批评做了一番评论。冰坡、光汉、楚伧的通信《政局与出版界底感慨》也对政治与出版的关系作了探讨。上述都是文字文本的出版评论，这一时期还出现过以图画形式的出版评论。著名漫画家陈静生在《论语》杂志 1933 年第 22、23、24 连续三期刊登了总题为"教科书"的讽刺漫画，用夸张变形的拟人画形式批评了包括商务、中华、大东在内的九大书局竞出教科书，低价促销，无序竞争的现象。九家书局的漫画人像虎视眈眈围着一个背着书包的惊恐万状的小学生，各自举着四折、对折、大赠品等标牌扭打在一起，最终导致两败俱伤的结果。这三幅漫画，穷形尽相，极尽讽刺，鲜明直观，达到了文字所不能具备的视觉冲击力和震撼力。

陈静生的漫画

第三章　中国现代出版评论的主题与内容：
基于出版外生态的视角

从传播生态学的视角来看，出版业是一个庞杂的媒介生态系统，包含着出版外生态（出版媒介及其所处外部环境——政治、经济、文化等之间的相互关系）和出版内生态（出版媒介自身的内部环境要素）两个主要构成层次，纷纷藉藉，繁乱芜杂。出版评论面对的就是这种复杂的客体，通过对出版生态系统组成要素如理念、政策、制度、现象、人物、产品等的品评、鉴定，鞭挞落后，奖掖先进，达到规范出版活动，促进出版业健康持续发展的目的。"出版家出品的好坏，天经地义是要感受监督批评的"，[①]"如果不加研究，不予批评，那末不但著作人和出版界无所准绳，不知所以改进之道。就是学校家庭，也无所准绳，无从选择取去"。[②] 正因为人们对出版评论的作用有如此明确的认知，所以当时的报刊上才出现了数量众多、形态各异的评论文本，虽鱼龙混杂，偏激抑或谄媚之作不少，但佳作精品亦不胜枚举，并不乏《怎样去清理出版界》《今日中国之杂志界》《对于现代出版界之批评》《书的还魂和赶造》《出版界的根本问题》等振聋发聩、传播广泛、影响极大的深度力作。出版评论的主题和内容是当时出版生态的真实反映和细腻描摹，通过这扇特殊角度的窗户，我们可以更深切地体察到中国现代出版业的宏观全貌和细微变化。由于现代出版评论的主题与内容数量多、跨度大、涉及面广，为了论述和逻辑的清晰与内容和结构的均衡，本书将其分为两章，分别从出版外生态视角和出版内生态视角进行分析和阐释，力求做到宏观与微观结合，全面系统地考察和研究这一时期出

---

① 樊畸：《出版界之监督与批评》，《晦鸣周刊》1930 年第 1 卷第 7 期，第 13 页。
② 《举行儿童读物展览会的旨趣》，《申报》1936 年 1 月 30 日，第 16 页。

版评论中所表达和反映的出版生态系统的外在环境和内在构成。

第一节 关于出版自由的学理讨论

出版业自产生之后，关于自由和管制的探讨、论辩甚至斗争就没有停止过。由约翰·弥尔顿发出的"出版自由"的口号和思想，从遥远的西方传到了近代中国。在晚清肇始的中国出版近代化转型期内，在推翻封建统治的过程中，出版自由的思想逐渐深入民心，其作为社会公民基本权利的地位迅速获得普遍认同，特别是民国成立后，在宪法上确立了"人们有言论、著作、刊行及集会、结社之自由"的根本准则，并自1914年颁布第一部《出版法》开始，北洋政府、南京国民政府不断发布《出版法》的修改版本和其他相关的政策法令，至少在法律文本上强化了对出版自由的保障，对出版业的发展在相当程度上有着积极的影响。但出版自由是有着鲜明的阶级性的，是被掌握物质生产资料和精神生产资料的统治阶级所占有的。统治者总是利用自身的政治、经济权力，大力宣传本阶级的出版自由思想，并采取制定法律政令的方式，千方百计地限制无产阶级和广大民众的出版自由权利。所以，统治者对出版自由的管制和破坏的事件和现象屡见不鲜，言论禁锢、报刊审查、出版统制与出版界人士、知识分子和民众的抗议、斗争此起彼伏，贯穿始终。出版界和法律界的一些有识之士对此也有所察觉，他们利用各种手段全面、完整地传播和宣传出版自由思想，希冀动员和联合社会各界力量向政府和统治者争取更多的言论出版自由的权利和保障。关于出版自由的学理讨论也就成为中国现代出版评论的一个重要内容。

知识分子麇集的出版界一直高度关注着出版自由问题。早在戊戌维新期间，梁启超等人就极力宣传出版自由，认同西方"言论自由，出版自由为一切自由之保障"[①]的观点，指出出版自由是世界一切文明的母体。1903年的《万国公报》全文刊登了朱景圻翻译的日本学者古屋铁石的著作《言论著作印行集会自由之范围》，并在序言中明确指出"文章演说以自由为原

---

① 梁启超：《敬告我同业诸君》，载张静庐辑注《中国出版史料补编》，中华书局，1957，第165页。

则"。① 说明当时出版自由的思想和原则已经被中国知识分子群体所了解和认知。王韬、梁启超为代表的这时期的知识分子以西方言论出版自由的理论为武器，冲破封建统治的言禁政策，限制专制政府，实现改良社会、建立民主政体的政治抱负，因此，他们极度认同弥尔顿、密尔等人建立在个人自由上的绝对言论出版自由的学说，主张不受任何管理和约束的彻底的言论出版自由。这种言论出版绝对自由的思想在民国初立时发生的"《暂行报律》风波"中表现得非常集中和明显。原本为巩固新政权而暂时设定的报律，被很多持绝对言论出版自由的知识分子所反对，尤以章太炎为甚。他发表《却还内务部所定报律议》的评论文字，指责民国政府初成"独皇皇制定报律，岂欲蹈恶政府之覆辙乎？"又说"观美法各国，对于杂志新闻，只以条件从事，无所谓报律者"，最后声明"所定报律，绝不承认"。② 这篇评论迎合了举国上下长期遭受言论压制导致的对出版自由的渴盼心态，迅即被《申报》《新闻报》《民立报》等多家报刊转载，成为当时新闻出版界的主导意见。《暂行报律》被撤销之后，章士钊的《言论自由与报律》继续表达了言论出版不受任何外力压制和束缚的绝对自由观点，"言论自由者，乃谓凡人可以自由发表其意见，不受国家之检阅也。出版自由者，谓无论何人可以任意出版，无需国家之特许也"，"言论自由者，私权也，非公权也。人人可以自由与人通信，即可以将其信件或类似之物刊布行于世"。③ 意为言论出版为个人私事，可自由公开发表，政府、团体、他人均不得干涉，将报律等同于压制和侵犯。在反对袁世凯颁布的书报法规中，章士钊重申了同样的观点，"出版自由非他，乃出版无预求特许之必要是也"，"如人欲出版，则出版而已，无其它手续也"。④ 新文化运动中各界人士对限制言论出版自由的法令规章进行猛烈批评，也是这种绝对自由思想的一个延续和深入。有学者指出言论出版自由是"愈放任则愈进步，愈限

---

① 朱景圻：《言论著作印行集会自由之范围·序》，《万国公报》1903 年第 175 期，第 495 页。
② 章太炎：《却还内务部所定报律议》，载张静庐辑注《中国出版史料补编》，中华书局，1957，第 182~185 页。
③ 章士钊：《言论自由与报律》，载《章士钊全集》（第一卷），文汇出版社，2000，第 459~460 页。
④ 章士钊：《报纸条例》，载《章士钊全集》（第三卷），文汇出版社，2000，第 46 页。

制则愈不进步。愈放任则愈和平，愈限制则愈激烈……你不压迫他不妨碍他，他断不会激烈地反抗你；你容许他自由讨论，他有自由推理的机会，就自然会向理性的方面走去"。① 这就是西方出版自由中的两大原则"意见自由市场"和"自我修正过程"的中国化阐释，政府制定法律的唯一目的就是保障公民绝对的出版自由。陈独秀也表达过同样的观点，"法律只应拘束人民的行为，不应拘束人民的言论；因为言论要有逾越现行法律以外的绝对自由，才能够发见现在文明的弊端、现在法律的缺点"，② 在其起草的《北京市民宣言》中直接喊出"市民须有绝对集会言论自由权"的口号，要求享有绝对的言论出版自由权。这种绝对出版自由思想的传播对于冲刷封建言禁思想，保障言论出版自由的制度建设都有着积极的影响，但不可否认，出版自由从来都是相对的、具体的，宣扬绝对的出版自由，将法律和出版自由对立起来的观念和行动都不无偏颇，流弊颇多。当时就有学者声称"版权所有是恶习惯"，认为"出版自由原来与言论自由相表里，因为思想不能限制，进化也无止境，所以由思想发生的言论，不受一切法律的束缚。由此可见，著作权是不可能的事"，③ 由此得出抛弃著作权，才能实现出版自由的结论。这种滥用出版自由造成了出版界的混乱，盗印、抄袭现象普遍，诲淫诲盗图书泛滥都给出版事业和社会文化造成了不良影响。面对这种情况，一些出版评论发出不同的声音，对绝对的出版自由表示异议。戴传印在分析出版界现状后明确反对滥用出版自由权，因为"盖稍有不慎，滥用此权，即足以阻止'文化运动'之进行，疲乏阅者之心理，如日事著作文艺或旧文学之辈皆是也，至若无稽之小说，及诲盗海淫之出版品，更为'文化运动'之仇敌，付之一炬，吾犹患其复燃也。脑筋简单者，不当滥用其出版权，盖以不详明之思想，或'司空惯见'之语，必俾阅者烦厌，亦足以遏止进行也"。④ 1924 年，精通西方法律理论和熟知出版自由思想的法律学者王世杰发表《现代之出版自由》，对出版自由的学理分析和全面理

---

① 剑农：《宪法上的言论出版自由权》，《太平洋》1919 年第 2 卷第 1 期，第 11 页。

② 陈独秀：《法律与言论自由》，载陈独秀《常识之无》，陕西人民出版社，2013，第 212 页。

③ 玄庐：《版权所有与出版自由》，《星期评论》1920 年 2 月 8 日，第 4 页。

④ 戴传印：《如何利用出版自由以收文化运动之效果》，《美汉》1921 年第 3 卷第 4 期，第 8 页。

解得到了一个质的飞跃。这篇文章是应《东方杂志》出版二十年纪念之邀而写的，首先界定了出版自由的概念，认为出版自由是人类表示其思考和意义的自由，现代社会里出版在诸多表示思考和意义的方式中最为主流和普及，所以出版自由显得最为重要。接着从出版手续、出版范围和出版物处分三个问题入手，详尽介绍分析了英美西方国家、苏俄以及中国的出版自由的现状和发展演进概要，并涉及非常时代或状态下的出版自由问题，集中阐释了出版自由与法律的关系，这是文章的主旨所在。他认为法律和出版自由是相反相成，不可分割的两部分，"一方面顾及政府干涉以致人民思想与意见之表示，受不当之侵犯与束缚；一方面顾及人民之滥用出版自由，以致社会全体之利益，或特殊私人之利益，受不当之损害"，明确表明了自己的观点"出版自由不能以为是一种绝对的自由，而有设定限制之必要"。① 这篇文章结构严谨，逻辑严密，发表后社会反响很大，引发了社会各界的讨论。刘正华的《出版自由之现状及其趋势》、济群的《现代之出版自由笔记》等都强调了出版相对自由，支持王世杰的观点。但也有反对的声音，叙肃在其评论《出版法与出版自由》中就强调"法律只可限制人民的行为，不应限制人民的言论。言论应有绝对的自由"。② 在出版事业大发展的年代，关于出版自由的探讨一直是出版评论的热点，是追求绝对自由还是看清现实，保持最高限度的相对自由，各执一词，没有定论。

出版绝对自由和相对自由的探讨和争论一直持续到 20 世纪 30 年代，随着出版与经济、政治、教育、文化等方面关系的日渐密切，重要性日益显露，人们对出版自由的思考也在不断加深，不断探究出版自由的根源与发展趋势，以厘清以前长期附着在出版自由思想上的曲解和舛讹。有评论分析了中国现在的社会不允许有言论出版自由的原因，认为言论界和出版界的不健全是首要原因，指出"欲求言论出版之自由，其唯一首要的先决要件仍为言论出版之本身问题，即我们要求的正确的 Journalism 的出现"，③ 告诫出版界要获得自由的权利，就必须努力完善自身，做好本职工作以获得民众的支持。何子恒认为经济上的不平等导致的政治、教育的诸多不平等

① 王世杰：《现代之出版自由》，《东方杂志》1924 年第 21 卷第 1 期，第 21~34 页。
② 叙肃：《出版法与出版自由》，《南大周刊》1925 年第 15 期，第 2 页。
③ 《谈言论与出版之自由》，《文艺新闻》1931 年 5 月 25 日，第 1 页。

是言论出版不自由的根源，"所以下层阶级为谋解除其痛苦与不幸计，始有争言论出版结社集会自由的必要"，① 承认出版自由是有阶级性的，下层阶级是没有出版自由的，绝对的自由是不存在的。《申报·出版界》的评论上也出现这样的文字"时局严重到今天，我们想到的初步根本补救办法，是政府赶快改变新闻政策，党部或政府主管新闻的机关，赶快应该与言论界商量一个简明的办法，明确的规定几条严格的限制"，② 直接表明了出版是受政府机关管制的，出版自由是相对的自由。

全面抗战爆发后，新闻出版业进入了战时状态，被纳入国家战时体制中。在这种情形之下，当时中国关于出版自由的认识趋向一致，都主张作战之时，国家的利益高于一切，这是天经地义的原则。出版自由必须要受到限制，有其限度，言论出版必须要有严密的统一计划成为主流舆论。出版界也都群起响应国民政府提出的集中意志、不怕牺牲、抗战到底的号召，服从和配合战时的新闻出版管理政策。法学家浦乃钧在综合考察各国出版法规后指出："人民在法律允许之范围内始可享受出版自由，而一旦值战争或其他非常之发生，各国对于此项自由自亦与人民其他自由一样，常加以严格之限制。"③ 邹韬奋也多次谈到言论出版自由是有范围的，不主张漫无限制的自由。1938 年在和长沙读者王慎思的通信中说："我国在这个抗战的时期，尤须注意'抗战第一'的原则，一切都应把这个原则做估价的标准，凡是妨碍这个原则的任何人，都不允许他有言论出版的自由，凡是拥护这个原则的，都应该享受言论出版的自由。"④ 在《我们的言论机关》里，他表达了同样的观点，"所谓言论，当然不是说毫无原则，毫无范围的。譬如在抗战建国中的中国，言论自由与动员民众工作是有着密切的联系，但是汉奸理论和挑拨离间破坏全国团结的言论是不应该让它自由的，因为这是妨碍了整个的民族生存与进步。即在最民主的苏联，敌视和破坏苏维埃国

---

① 何子恒：《论中国所须要的言论出版结社集会的自由》，《现代学术》1932，1（5）：3。
② 行安：《言论自由的要求》，《申报·出版界》1935-12-5。
③ 浦乃钧：《论出版自由》，《民意周刊》1937 年第 23 期，第 7 页。
④ 邹韬奋：《答王慎思》，见上海韬奋纪念馆编《韬奋全集增补本 8》，上海人民出版社，2015，第 13 页。

家及劳工阶级利益的言论也是不允许的"。① 也有评论指出出版自由与管制
是互相依存和促进的辩证关系，"'自由'与'限制'并不抵触，且可增进
自由的发展与扩大"。② 抗战之后，言论出版自由是个人基本权利，但并非
极端自由，应有其范围，言论出版自由不能与国家利益相背驰已经得到普
遍的认同，"法令上对于自由限度，规定要保持着一种相对的平衡的状态，
所以绝对的自由是不容许存在"，③ "所谓言论出版自由，应该有其限度，这
已成为牢不可破的真理"，④ "近世各国成文宪法均有保障言论出版自由之明
文，惟绝对之言论出版自由，于近世各国并不存在"。⑤ 出版绝对自由的观
点渐渐偃旗息鼓，销声匿迹，退出了新闻出版思想的中心舞台。

　　一切学说理论以及由此而来的政策法令都不可能有绝对的界说，必须
受到时间和空间等具体条件的限制。出版绝对自由的思想虽为偏激，但对
历经数千年封建严苛统治后才刚刚进入现代民主社会的中国来说是非常必
要，甚至是相当有益的。梁启超曾倡导破坏主义的新民策略，"建设必先之
以破坏"⑥，"业报馆者既认定一目的，则宜以极端之议论出之，虽稍偏稍激
焉而不为病"，"吾偏激于此端，则同时必有人焉偏激于彼端以矫我者，又
必有人焉执两端之中以折衷我者，互相倚、互相纠，互相折衷，而真理必
出焉"。⑦ 意思是有人走极端，必有人折中，但这种折中相对于从前也是一
种极大的进步，这类似于中国传统的"取法乎上，仅得其中；取法乎中，
风斯下矣"的方法，采取激进极端的"石条压驼背"方式打破陈年积弊，
用绝对出版自由的学说去冲击、打垮封建专制的言禁政策。这种斗争方式
在新文化运动中也相当流行和普遍，陈独秀、李大钊等人都发表过出版绝
对自由的言论，但并不代表他们一定就持有这种观点。如陈独秀熟知各国

---

① 邹韬奋：《我们的言论机关》，见上海韬奋纪念馆编《韬奋全集增补本9》，上海人民出版
　　社，2015，第632页。
② 高庆丰：《审察出版物为今日之必需》，《国魂旬刊》1938年第27期，第2页。
③ 黄慧然：《言论出版自由与统制》，《协力》1943年第1卷第3期，第5页。
④ 易士：《关于言论出版自由》，《力行月刊》1944年第1卷第1期，第1页。
⑤ 郁琰：《国家新闻政策与言论出版自由》，《太平洋杂志》1947年第12期，第17页。
⑥ 梁启超：《清代学术概论》，上海古籍出版社，1998，第2页。
⑦ 梁启超：《敬告我同业诸君》，载张静庐辑注《中国出版史料补编》，中华书局，1957，第
　　167页。

制度，偏又说出西方各国无一制定出版法规这一明显违背常识的论断，原因可能就是为实现目的进行宣传的需要。马星野指出国人对言论出版自由在认识上和行动上都存在极端化，"五四运动前后，报界将言论自由误解为可以不负责任的嘲笑甚至恶意谩骂，抗战以来，国人又误以为只有做到了噤若寒蝉无声无臭才算达到新闻统制的目的"①。随着社会各界特别是政治学、法律学、新闻学的专家对言论出版自由学说和思想更多更深的介绍与传播，以及对新闻出版本身实践活动的反馈与反思，出版绝对自由的思想逐渐被相对自由理论所代替，很多出版从业者也开始从信奉绝对出版自由转变到更加现实的有限制的相对自由，发生了一个十分明显的转变。因而，出版评论也将关注的目光从出版自由的学理化探讨投向了更加务实的与出版业性质、业务等层面上来。

第二节　对出版业的认知、监督和建议

出版评论的对象是出版业，将出版业的所有举动都纳入自己的观察视野中，密切关注着整个出版业的发展动向。"知己知彼，百战不殆"，出版市场的激烈竞争，让投身其中的不少出版人开始有了初步的行业自觉意识，既能够基于行业视角，又能够跳出行业囿限，客观理性地进行对出版业的宏观阐释，对出版业发展中遇到的普遍性问题分析解读，引导出版业走出歧途，摆正航向，走向健康快速发展的坦途。同时因为出版业对当时政治、经济和文化的巨大影响力，社会各界对出版界予以极大的关注，其中不乏对出版业的监督批评以及建设性意见，这些也都是出版业沿着正确轨道前进的动力。

一　对出版业认知的逐步深入

自从新式出版事业兴起以来，不少与之有过接触或参与其中的政府官员、知识分子、士绅读者都意识到了出版事业的重要性，对它的地位和作用评价甚高。像康有为、梁启超、张元济、蔡元培都有过这方面的论述。

① 马星野：《国民精神总动员与新闻界》，《新闻学季刊》1939年第1卷第1期，第9页。

中国现代出版业随时代的政治思想文化变迁而不断潮起潮落，与之共生共栖，共存共长，是政治博弈的战场、社会舆论的平台、思想文化的载体、学校教育的支点、国民经济的部门，其影响力日益扩散到社会的方方面面。这造就了社会各界对出版业的认知在不断深化，也更加现实地评估出版业的地位和作用。

中国现代出版评论延续了前期对出版业重要性的认知，将出版业与文化突进、国家前途紧密联系在一起。国家兴亡系于文化，文化兴亡取决于教育。教育是直接促进文化的工作，出版业则是间接辅助教育，传播文化的机构，图书就是文化发展的载体和工具，"夫欲振兴教育，必先具有改进之利器。书籍者，改进教育之利器也。经营出版事业之书肆，则制造利器之工厂与供给利器之府库也。……是故书业之责任至大"①，出版事业的持续进步与稳定发展是"文化不致失坠，教育不致衰歇"的关键所在。但这种出版事业重要论的观点区别于晚清新政时期那种过于夸张而略显极端的说法，认为出版并非是解决一切问题的所在，书业非常重要但并非唯一，也并非是决定性的，书籍对社会变革的影响和作用是有限的。"书籍犹如寒暑表，社会恰如天气，因天气的变化，寒暑表的温度乃有高下之不同。但书籍虽是社会的产物，却亦有反作用于社会，这是与温度由天气以决定，而寒暑表却不能影响天气，在这一点，稍有不同。不过若遂因此之故，谓书籍能决定社会风尚，那却错了。"② 出版不能直接改变社会，而是通过真实反映社会变化，引导社会思想前进，作用于人们的思想推动人们的行动来间接地变革环境。现代出版界更多的是承继"文化救国"的理念，侧重于对出版业在文化方面的重要性和特殊作用，强调出版界的文化责任。范祥善将当时出版界面临的四个责任和目标归纳为四点："提倡科学、整理国故、介绍新文化、宣扬艺术"③，这都是属于文化事业的范畴。当时出版界的从业者也注重文化与出版的关系，王云五在多篇评论中反复提到一国文化的盛衰与出版图书数量的多少直接相关，从出书的数量可以管窥该国文化事业的发达程度。出版业就是承担图书出版的这个重要任务的实践者。

---

① 陈霆锐：《国家前途与出版事业》，《出版界》1926 年第 74 期，第 7 页。
② 樊仲云：《最近出版界的变迁》，《社会与教育》1931 年第 21 期，第 1 页。
③ 范祥善：《出版界的责任》，《世界月刊》1924 年第 1 卷第 1 期，第 3 页。

陆费逵也说过"文化事业范围甚广,出版事业却为其中一个重要部分。换言之,出版界之发达与否,即可以占得一大部分文化水准之高低"。① 何之认为出版界是国家机构之一,负有发扬文化的重要使命,"传播文化是出版界的唯一的任务,所以一个国家文化水准的高低是出版界努力如何的评价"。② 杨寿清在其著作《中国出版界简史》附录的一篇评论中也表达了同样的看法。"中国新文化的勃兴可以说是以出版事业为基础的。革命思潮的鼓吹,世界思潮的介绍,现代文学的提倡,新兴艺术的引进,科学精神的展开,哲学理论的探讨,其所持的工具莫非为报章、杂志、书籍,凡此无一不属于出版事业。……出版事业也成了促进文化的主要动力。"③ 还有学者从图书出版与民族自信的角度提出"出版救国论",认为"欲振起民族之精神,坚定民族意识,恢复民族地位,除从教育道德等各方面并进外,则出版界实应负荷最重大之使命","于无形中唤起涣散颓废之民族,为从事救国御侮之前奏"。④ 除此之外,这个时期对出版业性质的认知也大大推进了,开始正视书业的商业属性。"在生意眼上着想,书店当局本该如此着想。"⑤ 甚至有人公然在报刊上喊出"出版业应该要赚钱","真正为文化工作的出版者,应该赚钱,赚正当的钱,赚更多的钱","这种出好书,好发行,好管理的出版者赚的钱,正是工作的成绩,无上光荣的优良工作记录,我们没有理由去非难他,出版者也没有理由不愿去承认"。⑥ 只有那些作奸犯科的盗窃式、剥削式的出版者才讳言赚钱,不愿意承认出版赚钱。这种大胆的言论突破了图书出版"耻于言利"、讳谈利润这种根深蒂固的藩篱,禁锢著作者和出版者"不言钱耻言钱"的道德信条被推翻了,表明当时"在商言商"的观念被日渐接受。公刘对出版业性质的认知则更深一步,认为出版业具有双重属性,即事业性和企业性的结合。他写道"就事业的性质论,它是企业;然而就它服役于人民的这一使命说来,它又是经常的、

---

① 陆费逵:《从数字估计出来的文化水准》,《读书》1937年第1卷第1期,第8页。

② 何之:《负起伟大的使命》,《读书》1937年第1卷第2期,第84页。

③ 杨寿清:《对于中国出版界之批判与希望》,载杨寿清《中国出版界简史》,永祥印书馆,1946,第75页。

④ 蒋勉钦:《出版与救国》,《政治评论》1933年第58期,第240页。

⑤ 《长沙文化街巡礼》,《力报》1937年2月3日。

⑥ 保澄:《出版者应该赚钱》,《图书印刷月报》1943年第1卷第2期,第21页。

恒久的、剧烈的战斗……企业的战斗，战斗的企业是进步出版事业的与其生命以俱来的二者缺一不可的二重性"。① 所谓的企业的战斗就是出版业要像企业一样参与市场竞争，注重经营管理，获得经济效益，促进企业生产。战斗的企业就是指出版业属于上层建筑的重要范畴，要服从政府、政党的领导，是政府的耳目喉舌，反对专制、落后、散漫、低俗的出版行为，弘扬并引领社会先进文化。这一对出版业双重属性的论断，具有承前启后的重要意义，一方面改变了前人对出版赚钱讳莫如深的态度，推动出版业勇敢地去追求合理利润，实施先进科学的企业管理制度；另一方面为出版业作为政府机构，成为党和政府宣传工具提供了理论支持和阐释，证明了出版业在政党和国家工作中的重要地位和作用。也为后来国民党政府新闻出版统制政策的倒行逆施、肆意妄为，新闻出版业沦为其驯服工具埋下了伏笔。

　　20 世纪二三十年代是现代出版发展的黄金期，五四新文化运动以来，社会青年的求知欲随着时代思潮的激荡而高涨起来，新的书店鳞次栉比地产生，出版业呈现非常蓬勃的气象。一时间，报纸、图书、杂志汗牛充栋，堆积如山。从西方翻译引进的主义、思潮、方法夺人眼球，应接不暇，仿佛进入了大繁荣大发展的文艺复兴时代。现代出版业在推动文化方面的巨大成绩让人们欣喜和乐观，"现在的出版界确比从前进步得多，无聊的出版物比较一天天的减少，一切比较有价值的书籍一天多胜一天，尤其是社会科学的书籍很多外国的哲学、经济、政治等名著都被我们翻译出来，这是读者们所需要的，也是出版界的好现象"②，"出版界可喜的现象之一的，乃是外国文学的介绍受到进步的读者和书业界的重视"。③ 这也是出版界的事实，无论从质或从量的方面来说都可算是一直在进步。在质的方面，不仅程度由浅而深，而且在出版物中可称作杰作巨著者大型丛书，也数见不鲜。国外思想文化的翻译也从零星引进走向全面吸收的高潮态势，特别是新文化运动期间，大量的西方民主科学思想、现代科技文明、西方文学作品的书籍被引介进来，让中国知识分子阶层接受了一次西方先进文化的熏陶与

---

① 公刘：《论进步出版事业需要计划性》，《正报》1948 年第 3 卷第 2 期，第 5 页。
② 狂循：《出版界的一点好现象》，《读书》1937 年第 1 卷第 2 期，第 85 页。
③ 黄源：《一点可喜的现象》，《读书》1937 年第 1 卷第 1 期，第 14 页。

洗礼；在量的方面，不仅范围益广，而且新出版物的册数种数都在递增。从早先的集中于教科书、工具书、古籍书三大出版类型转向知识性、专业性、普及性的一般书籍，并着力开发了大众读物市场。然而繁盛之下存隐忧，不少有识之士冷静下来，客观全面地分析出版业现状，理性敏锐地发现当时出版业呈现出的虚假繁荣其实是一种野蛮生长，表象下面隐藏着一种紊乱与无序，投机、浮夸、媚俗、跟风盛行，出版界表面繁荣热闹，但实际上有价值有意义的好书出得太少，量的丰富掩盖不了质的贫乏，触目皆是浅薄、无聊的书籍。"四马路上满开着书店，看看倒不差，可是统计起来，像完全没有价值可言的《上海黑幕大观》之类的书本，至少要占一半以上；总算可以一看的《社会学》之类，已差一等；倘要确有价值的，好书很少。"① 有人直接将这些出版物称为"文化障碍"，"现在上海由棋盘街到四马路一带许多书铺里面，你看那些什么黑幕哪，什么百法哪，什么艳史哪，什么大观哪，什么伟人传哪，形形色色，无奇不有。甚而因为彩票生意发达，就有人利用那一般无知识阶级心理的弱点造出来一些什么秘诀哪，什么财运哪。这些东西不知道造出来好多的罪恶！"② "目前我们的文化园地是荒芜的，里边没有参天的乔木，没有长寿的松柏，没有奇花异卉；有的是随风而逝的蒲公英，艳色而味臭的花朵，更有的是含有毒素的罂粟花，和一些杂草，如是而已。"③ 陈西滢在《闲话》中披露了一个事实，在当时世界联盟的出版统计表中我国被列为三等国，这让国人觉得愤怒和不解。但对比数字"全世界出版的书每年得在十万本以上"，"我们每年出版的新书，何尝有过二千呢？可以列入世界作家之林的，可以数完一只手的手指么？"④ 作为一个以文化深厚自居的大国，书籍出版的数量占比如此之低，高质量的杰作如此稀少，所谓的"名著""巨作"都是书商吹起的美丽泡沫。这篇《闲话》犹如一盆冷水，浇泼在出版界头上，提醒出版业没有任何骄傲自诩的资本，只有倍加努力奋进才是正道。张季平在《现代中国出版界》中对当时的出版界发出了警示。

---

① 罗斯：《论书店与读者》，《十日谈》1934 年第 40 期，第 176 页。
② 鄢祥褆：《出版界之一瞥》，《评论之评论》1920 年第 1 卷第 1 期，第 107 页。
③ 方济：《出版文化质的改善》，《文友》1943 年第 1 卷第 11 期，第 14 页。
④ 陈西滢：《闲话》，《现代评论》1926 年第 3 卷第 71 期，第 8 页。

中国的出版界，年来似乎有了蓬勃的发展，一般新书店既是像雨后春笋的满列在街头，就是老牌的商务中华，也在亟谋改进，未敢稍懈。这如果我们从表面来观察，自然是一种好的现象，或者，有人会就此算是把握了中国文化的脉搏，觉得中国文化是将有一个黄金时代到来了。然而，像这样的安慰，只要在着把内容检讨一下，是不难破灭的。实在的，中国的出版界，现还没有走上正确的轨道，只是充塞着投机取巧，欺骗剥削的事实，而出版事业，也就生存在这些事实上，这是怎样令人失望的一件事啊！①

周全平（霆声）也曾不无忧虑地指出，"目下，新书业的现象，在表面看，诚然是显出了空前的蓬勃的盛况；但是，我们平心静气地仔细把内容来分析一下时，那我们不得不叹息上海的新书业又走上了他们所曾努力推翻的书贾们的覆辙"②，出版从业者如果不加改变，任其发展，将导致新书业生命的夭折。

有评论另辟蹊径，从书店经营的角度指出了出版业存在的问题。出版热潮中，新的书店、出版社不断地涌现，而书店拥有者大多数属于知识阶层，缺乏经营意识和管理经验，对于书业的商业化竞争一点也不知道，"似乎他们只要有书出来就会有人来买，就可以维持下去的"。这样的结果就是书店和出版社极其不稳定，旋起旋扑，此伏彼兴。而且"现下的商业竞争中，总是资本大的制胜。开书店的竞争也不能逃脱这个范围"③，出版机构的集中化程度会不断地提升，形成诸多把持操纵出版界的"出版阀"，导致严重的出版同质化现象。

"图书出版问题，若不迅谋合理解决，对内则国民无书可读，为国家民族良大的损失；对外则一国文化事业停滞，甚至停止出版，尤为国家莫大的耻辱。"④ 正是基于对当时出版界过于求利的氛围和乱象丛生、黑幕重重的出版活动的不满，再加之社会各界对出版在文化和商业两个维度上重要

---

①　张季平：《现代中国出版界》，《前锋周报》1930 年 12 月 14 日，第 1 页。

②　霆声：《上海新书业的危机》，《出版月刊》1929 年第 2 期，第 1 页。

③　岂凡：《书店流行的一观察》，《一般》1928 年第 6 卷第 2 期，第 302 页。

④　《图书出版问题》，《申报社评选（第一集）》，申报社，1943，第 141 页。

性认知的深化，特别是全面抗战时期对日本新闻出版宣传威力的见识，举国上下尤其是政府管理人员对出版业有了更深刻的洞悉和把握。他们追随与附和杨季主张报业公营所引发的社会舆论，认为私营或民营出版业存在诸多问题，没能发挥出其健康积极的引导功能，出版业归于公营和国营能够克服这些弊端，悉数发挥其有效职能。于是关于出版业国营的呼声一时间高涨起来，"由国家来创办一个力量集中的出版机关，或由中央扶助某一规模宏大、成绩卓著的出版机关，拨出公款，集中人力、财力和物力……以大规模、有计划地出版营养国民精神的图书杂志"①。主张出版的全体主义，改革现有出版体制，建立全国统一的出版协会，强化中央公营、省市公营的出版事业，理由无外乎两个方面。第一，出版对于文化的重要性。国家民族的兴衰强弱与文化息息相关，文化水平高则国家民族兴而强，文化水平低则国家民族衰而弱。出版事业的发达、图书数量的多少则与文化直接相联，所以出版业是一个国家民族文化的标准。我国要巍然挺立于世界民族之林，依赖于文化之不坠，而文化发展、发扬的基础就是出版业。第二，国营对于出版的有利性。鉴于出版业对国家文化的极端重要性，所以"要发扬固有文化，建立一个三民主义的新文化决非私人的力量所能办到，同时文化系国家命脉、国民生活的关键亦不能任凭私人自生自没的经营"②，而且"出版问题要有全盘的计划，必须要实实在在的埋头苦干，也必须要有广大的公有资金的援助"③。当时有评论集中列举了公营出版事业的益处，"第一，纯以发展文化为主旨，不仅无须图利，在必要时还可以有计划地贴钱"，"第二，无须斤斤于盈点的盘算，其出版计划纯以社会的需要为根据"，"第三，所能动用的资金比商营的为巨，商人无力经营的艰巨伟大的出版工作，公营的机构能够胜任"，"第四，罗致人才较易，可能有较健全的编辑部"④。简言之，远大的出版计划性和厚实的资金基础支持这些都是民营、私营出版企业难以拥有的。人力物力财力有限导致民营、私

---

① 杨寿清：《对于中国出版界之批判与希望》，载杨寿清《中国出版界简史》，永祥印书馆，1946，第 86 页。
② 刘性坚：《计划文化与出版国营》，《新使命》1944 年第 1 卷第 4 期，第 31 页。
③ 予宗：《文化出版问题》，《北极》1943 年第 2 卷第 2 期，第 2 页。
④ 徐扫：《强化省营出版事业》，《建言》1946 年第 10 期，第 112 页。

营出版无计划性，出版企业各行其是，力量分散，重复出版造成浪费，出版步骤不齐，宣传效果欠佳。特别是全面抗战期间，出版企业各自为政，出版书籍不少，但用力不齐，事倍功半。除此之外，民营、私营出版企业具有强烈的商业性，出版工作需要侧重于利润的考量，存在诸多弊病。如销路不畅的学术性、地方性、特殊性等著作无人出版；利润空间大但质量平庸甚至低俗荒谬怪诞、有害于民族文化的书籍被大量出版；在战争的困难时期，毫无责任感，减少甚至放弃出版，造成书荒；在西北落后省份如新疆、青海等出版利润远不如内地，乏人问津，拉大了地区间的文化差距。有评论将这种只重商业利润的出版行为称为"荷包主义"，声称欲打破充满铜臭的"荷包主义"出版行为，"惟有把出版事业来国营"，"国家亦不妨开一片书店，在万千书店中聊备一格，与民争利。此书店之性质当如学校、民众教育馆一样，专为赔钱才来开的。今日凡有关纯粹学术文化，而不为书店老板欢迎之著作，皆可由此书店津贴出版之"①。伍麟趾在其出版评论中甚至筹划出了详尽完整的国营出版机构管理模式，里面包括理事会为最高领导层，下设各种管理委员会进行分散管理。这种预想中的出版管理模式类似于现代新闻出版体制下的社会化领导制，作为最高决策机关的理事会吸收、融合了除执政党之外的各个利益集团和社会阶层，有了较广泛的代表性。这无疑也是和抗战胜利后民族统一团结协商和平建国的政治大环境分不开的，是当时出版界根据特定环境设计自身发展前途和走向的一种反映，也是社会各界对出版业认知深化的一种折射。

二　对书价问题的高度关注

以图书为主的出版物价格问题因为涉及出版业生产、流通和消费的全过程，一直是多方关注的话题，特别是作为书籍主要受众群体的青年、学生普遍不富裕，购买力相当有限，对于书价最为敏感，自然有更多的切身体会。所以，不少作者、读者、出版者从不同立场、不同角度对书价问题表达过诸多的意见和看法，甚至有过激烈的争论。

最初出版物价格并无统一的标准，由各个出版机构自行决定。按照一

---

① 徐日洪：《荷包与文化》，《宇宙风》1936年第20期，第393页。

般的情形来说，书的定价大部均在成本的四倍至五倍之间。如这本书的稿费、印刷费、纸费等总和，第一版以 2000 本计算，每本成本若是二角，则定价多在一元上下。在图书定价方面，决定性的因素是成本，而其中尤以纸张最占比重，所以当时的图书主要根据篇幅页码的多少来决定书价的高低。这种自主定价的方式，在社会安定，物价较为平稳的时候，正规而又有职业操守的出版机构自然会制定一个合理的价格，既能匹配相当读者的接受度，形成规模化销售，又能够保证自身一定的利润率。事实也是如此，在短暂的较为安定的 20 世纪 20 年代，新书业的价格体系也是较为稳固和正常的，很少有低折扣的事，在报刊上以大廉价、大减价为噱头的图书广告也不多见。但随着出版业的壮大繁荣，有利可图，越来越多的人参与进来，再加之国外纸张价格的上涨，书价问题开始凸显，自行定价的弊端也日益显现。报刊对于书价的批评和抱怨的文字开始频繁出现。首要的就是图书定价无标准，随意性太强。"黎明的《万能的人类》，印一百八十面，内容约七万余字，实售大洋七角五分；乐群的《糜烂》，一百七十余面，约六万余字，实售大洋四角五分"①，字数、页码相差不大，但价格相差了近一倍。书价过高是舆论关注的另一个重点。"一本十三四万字的书籍定价至少是一元，而包含字数同样多的杂志则仅有三角左右。这种情形在一个经济繁昌的社会里，是允许的，……但在一个经济衰弱、濒于破产的国家，如中国，拿一种纯然以刻苦好学的青年为基本读者的书籍，定价提高至此，实在是出版家自己走入绝路的一种办法。"② 出版物的高昂价格，让读者不堪重负，望而却步。"近年来新出版的科学或文艺书籍，只要有插图用道林纸印刷之四开本，大概要一分钱一页，十万字之书售价总在一元上下，要内地人民费半月粮米买此'饥不可食，寒不可衣'之书籍，自然是难之又难的事。"③ 即使是在上海，一般的工薪阶层虽然竭力省吃俭用，但买书也是感到极大的困难。"书的定价是太贵了，一本薄薄的书，定价就得八毛或一元，买一本书的钱，足够穷人吃几天的饭，咱们不是有钱朋友，看了这样高贵的书

---

① 霆声：《要求现在的出版界把书价改低》，《出版月刊》1930 年第 3 期，第 3 页。
② 《所谓杂志年》，载宋原放主编《中国出版史料》（现代部分·第一卷·下册），山东教育出版社，2001，第 358 页。
③ 舒新城：《一年来之我国出版事业》，《文化建设》1934 年第 1 卷第 3 期，第 113 页。

价，除了叹气之外，还有什么办法。"①

　　同时，因书价过高，读者购买寥寥的缘故，出版界便发生了减价竞售的不良现象。批发折扣之低、廉价幅度之大令人咋舌，广告、赠券、酬宾、预约等促销方法之新奇，令人目不暇接。图书价格战愈演愈烈，廉价成为摩登，"只要抓住一个起码的机会，'对折''三折''一折五扣'的旗子那就会马上跨过书街临风招展的。论斤两卖书的生意经，已有人发明在先，书籍打'倒七折'也就不算稀罕了"②，"所谓小书店者，有若干家以一折几扣相号召。于是定价日高。又明明只值一角之书而定价二元以便于一折五扣"③。最典型的莫过于"一折八扣"书现象，原本定价一元的书经过"一折八扣"后只卖八分钱。这种任意减折推销图书的行为弊害不少，"价格大小不定，使主顾不信任，意想减之再减，尤有迟迟不购，廉之又廉，对于商业上影响甚大"④。另外还有就是普通书籍定价一元的，"一折八扣"所卖之书往往抬高价格，定价三四元，以换得利润空间。这就直接造成了书价虚高，出版物定价注水，玩弄价格欺诈。"新书店中聪明的经理们，想到了两全其美的方法，即学马路上的洋货店，明中大喊廉价，暗中抬高码洋。因之，近年来，书业并没有发展，而书的定价则日高"⑤，"印刷未见精良，而纸张粗劣了，页数减少了，而书的售价呢？竟涨到几乎加一倍的样子"⑥。大中小书局大打价格战，玩弄价格把戏，修改定价，以低折为号召，吸引读者购买，正常的价格标准和市场秩序被扰乱，图书的价格完全不能反映成本的高低和市场的供需变化，丧失了市场调节的功能和作用，加大了出版业的经营压力。

　　于是，社会舆论对于出版物价格陷入分裂的两极状态。在多篇指责书价过高的评论中，作者都给图书算起了成本账，"以一本三十二开 100 页左

---

① 冷峰：《关于书的定价》，《申报·出版界》1935 年 7 月 13 日。
② 平心：《出版界往哪里走？》，载宋原放主编《中国出版史料》（现代部分·第一卷·下册），山东教育出版社，2001，第 440 页。
③ 舒新城：《两年来之出版界》，载宋原放主编《中国出版史料》（现代部分·补卷·上册），山东教育出版社、湖北教育出版社，2006，第 146 页。
④ 陆宗德：《货物折扣的弊害》，《同行月刊》1933 年第 7 期，第 16 页。
⑤ 李衡之：《书店杂景》，《申报·出版界》1936 年 2 月 6 日。
⑥ 功：《核减小学教科书的售价问题》，《农学月刊》1930 年第 6 期，第 2 页。

右的书，印 2000 本，初版发售时成本计：稿费 120 元，印刷费包括纸质、排印订费用等共 120.45 元，发行费包括广告、批扣等共 280 元。书价以每本 0.35 元，2000 本计 700 元，利润是 179.55 元"①，初版的书出版商的利润大概占到实际成本的六成左右，如果是再版书，那么利润的占比就更高了。这样的话书商的加价行为，就如评论中所说的是"趁火打劫"，书店老板只知赚钱，罔顾文化责任，心真是黑如煤炭，书价降低是势在必行了。书业经营者则坚称书价不贵，纸张油墨，工资开销都在增加，书价理应增加。自己已是在勉力支持，书价绝无下降的空间。面对外界书价过高的指责，出版界也倒起了经营的苦水，"要知无论任何营业，其成本决不能以单纯的工料计算。况在他业存货至不得已时，尚可照本变卖。而书本失效或不合时宜时，即等于废纸，果照某报所言书本有三倍以上之利益，书业非独占事业，人人将改营书业，何以书店并不比其他各业为多"，"近来纸价飞涨，新闻纸几涨一倍，各业遇原料涨价时，莫不随时增加售价，而书业因恐增加读书界之担负，影响教育，仍忍痛至今，并未稍增书价。现在纸价涨风未已，书业前途颇为忧虑，某报所做推测之词，实由于对书业情形太为隔膜之故云"。② 在《书价的决定》一文中，作者列举了影响书价的印制费、分配费、其他费后，认为书价非但不应该降低，而且"在这工价与原料双重涨价的时期，书价自应和其它商品一样地增加它的价格"③。照这样看来，书商的利润空间并不大，如果遇到不景气的时候，弄得不好，还会赔蚀血本，吃不起赔累而关门倒闭。读者和书商在出版评论中打起了嘴状，各执一词，争论不休。但相同的是双方都对书价不满，先前的图书定价机制遭到空前的质疑与否定，强化出版物价格管制已是迫在眉睫。

1936 年 4 月国民政府教育部针对图书定价虚高不实，任意增减售价、伸缩折扣的严峻现实，制定发布了《教科图书及其他图书划一出售办法》，明确规定："所有书籍，无论大小学教科书或普通新书、古书，应一律标明

---

① 元功：《出版家的趁火打劫》，《出版月刊》1930 年第 7 期，第 2~3 页。

② 《沪出版家对部编教科书定价谈话——并对某报批评有所纠正》，《中央日报》1937 年 2 月 18 日。

③ 隽：《书价的决定》，《同行月刊》1935 年第 3 卷第 2 期，第 6 页。

定价"，"所有书籍，门市一律照定价发售，不得减折或抬高"①。同时对预约、打折、减价出售做出了详细的规定。同年 7 月，书业公会响应教育部所定办法，颁布了《上海市书业同业公会为划一图书售价办法》，共十五章六十四条。同时出炉的还有《公议本埠同行批发简章》《公议外埠同行批发简章》《公议同业寄售图书简章》等多项配套实施办法。这些规章的颁布实施，改变了以往自行定价的方法，确立了图书固定价格制度。图书实价运动造就的定价制度的变革如巨石投水，激荡着整个出版界。出版业界称之为"这是一个出版界空前的大变革"，"整个中国文化界开始大放异彩的前奏曲"。② 章锡琛也专门撰文称"民国二十五年，是书业界的革命年。这革命年的意义，就在教育部颁布划一图书售价办法，规定全国图书，一律须照定价十足发卖，不许折扣"③，高度评价《教科图书及其他图书划一出售办法》的积极作用。也有部分业界人士保持着冷静，在承认"教部所颁的大纲，仍然是功令所在"的前提下，对部分条款提出了质疑，"不幸得很，遵部而响应自动核减书价者，仅有开明和新生命两家而已。商务之类大书店，从前可以七八折买得之书（在小书店）而现在因部颁办法以后（当然这类大书店是不曾核减售价的），倒反使我们一般购买者，增加了负担，而书价反无形的增加。"④ 部分出版机构对图书定价规定阳奉阴违，借机涨价，对核减售价则百般借故延缓施行，同时缺乏具体的惩罚条款和执行机构也让办法的实施步履维艰。

20 世纪 40 年代，受第二次世界大战影响，纸张供给紧缺，价格飞涨。有限的平价白纸又被国民政府垄断，出版机构出书的成本剧增，"自开年以来，出版成本一再飞涨，土纸售价上涨七八倍，印刷工价更见惊人：一月之内，数度调整。一书所需，动辄百万，名帙巨著，更非三四百万莫办"⑤，直接的后果就是引发了这个时期内全国性的图书大涨价，"上海各书店对于

---

① 《教科图书及其他图书划一出售办法》，见汪耀华《民国书业经营规章》，上海书店出版社，2006，第 16 页。

② 独秀：《出版界的大变革：划一全国书价》，《申报·出版界》1936 年 6 月 4 日。

③ 章锡琛：《图书实价运动的成功》，《申报·出版界》1936 年 8 月 1 日。

④ 陈忠显：《杂志图书划一出售办法及其他》，《申报·出版界》1936 年 8 月 20 日。

⑤ 茅盾：《为民营出版业呼吁》，载宋原放编《中国出版史料》（现代部分·第二卷），山东教育出版社，2001，第 71 页。

各种书籍之售价本已增高不少，近日突又增加百分之一百五十，苏州无锡各地亦将实行"，更有甚者，在天津竟然出现了书商售书论页索价的怪事，按照纸张的种类、印刷的质量每页的价格在一角五分到四角之间，一本一百页的书加上门市零售的三成加价，售价在大概五十元。"其原因实以纸价暴涨所致，较前几涨起五百倍之巨。"① 特别是在国民政府统治后期，通货膨胀恶性发展，物价一日不同一日，社会经济几近崩溃。在这种经济状况下，出版业的实价划一政策名存实亡。有读者对当时书价的涨幅做了调查后，发出了无奈的喟叹："除了看到上涨的倍数外，至少还可以看到另一现象——那就是书籍定价的凌乱，不统一。在书店方面或许自有一种标准，但是在读者的我们看来，未免太不合理了。"② 但同时也客观地指出相对于图书原材料和其他商品的涨幅，书价的涨幅多在一到四倍之间，是极其温和的，大多数书商都是在泥潭中挣扎，书业的凋敝也就不可避免了。

众所周知，出版是商业与文化的结合体，图书作为商品，与其他商品最大的差别是它是有文化价值的精神产品，那么图书价格应该是经济逻辑和文化价值的集中体现。关于书价问题，出版评论也是沿着这两个维度进行批评和谴责的，一方面指责书价过高，一方面批评图书质量过低，与价格不匹配。从中可以看出，图书价格是相当弹性的，对于质量过硬，文化价值高的图书，人们对价格并不特别在意。而对于质量平庸，文化价值含量低的图书，人们对价格则相当敏感。从当时关于书价问题的出版评论可以看出，抱怨书价过高是在经济积弱环境下一种普遍的社会情绪表达，不少评论还是持客观态度，对出版机构的合理涨价行为表示理解，对其采取各项措施，压低成本，特设廉价部，推出廉价书的行为表示赞赏，"商务印书馆的廉价运动是很有意义的，尤其是对于学生，实是一种恩惠"。③ 人们在关注书价问题时，都在不停地追问和思索书价高企，且涨声不断的根源。在多篇出版评论中，对此问题的答案都直指纸价，纸张供应的紧张是成本加重，增加书价的主要因素。这就涉及了出版评论的另一个主题：对纸荒现象的观察与讨论。

---

① 大观：《上海书店大涨价》，《新天津画报》1943 年第 5 卷第 16 期。
② 何凯：《书价漫谈》，《大公报》1948 年 9 月 23 日。
③ 王既生：《便宜读书运动的感想》，《大公报》1948 年 6 月 24 日。

三　对纸荒困境的专业探讨

尽管造纸在中国有着两千多年的历史，但基本停滞在家庭作坊式的手工业阶段，不仅无法达到量产，而且发展迟缓，直至 19 世纪 80 年代才有了近代化的机器造纸厂。此后造纸企业虽然明显增加，产量也有所增长，但远远不能满足暴增的用纸市场需求，大部分的用纸必须依赖国外进口。事实上，纸张供不应求是当时出版业的常态，纸张供应问题一直伴随着中国现代出版业的发展，直至中华人民共和国成立后都曾一度受其困扰。

1919 年，出版业就曾遭受到较为严重的纸张供应不足的问题，张元济在日记中多次记载商务印书馆与出版同行之间沟通调节，相互接济印刷纸的事，这从一个侧面描绘了当时纸张短缺深度影响出版业日常运营的情景，有不少规模较小的出版机构因此不得不停业，"同业城内公所同业要求让纸，有几家已经停机"。作为国内第一大出版机构的商务印书馆，也是"细查所存纸，不过仅可用至八月底"。[1] 按照需求大于供应时价格必然上涨的市场规律，纸价的快速上涨也就不可避免。"平时每令价值四元五角，连日以来，已涨至五元九角六元之间，至昨日，已涨至六元以上，更有肯出六元以上之价，尚无处购买……预计五日以后，一星期以前，北平各报馆即有无纸印报之虞，报界纸慌将在目前也。"[2] 时间过去了十几年，出版业纸张紧缺的问题依然没有改观，并且自 20 世纪 30 年代开始，受境外、国内多种因素的影响，出版业出现了长达近 20 年的纸荒困境。

在出版机构最为集中的上海，纸荒的冲击最为严重。"若干颜色纸张已完全绝迹，复写纸制盒纸亦呈此种状态，倘不迅速设法使纸张储藏增加，则将来影响市面殊甚"[3]，"造纸工业固然在抗战期内有些发展，但远不能配合需要，非但纸价飞涨，而且质地的改良也太慢……有时简直断了货"。[4] 商务印书馆承印《四库全书》，要求印刷纸质量良好、储备厚实，结果无一

---

① 《张元济日记·下册》，商务印书馆，1981，第 606~607 页。

② 季啸风、沈有益：《中华民国史料外编·前日本末次研究所情报资料（54）》，广西师范大学出版社，1997，第 458 页。

③ 《上海市纸荒之现状》，《国际贸易情报》1936 年第 16 期，第 41 页。

④ 志平：《打破出版事业的难关》，《新建设》1942 年第 3 卷第 5 期，第 254 页。

家纸厂敢接下这一任务，只能用低劣的毛边纸开印。这直接反映了上海纸张供应跟不上文化事业发展的情形。当时全国纸荒严重到了什么程度呢？据上海《大公报》估计，1947年全国纸张的产量加上进口纸张总共是20000吨左右，但是仅上海一地每个月所需要的印刷纸是3500吨，政府部门每月最低需保留1500吨以保证南京、北京等地报纸出版。光这两项纸张已经不够供应，更何况还有其他各省报纸杂志和大中小学校的教科书籍用纸，纸张缺口数量是十分庞大的。而且这种纸荒是世界性的，纵然利用大量外汇增加纸张进口数量，然有市无价，世界市场无纸可供。同时，"新闻纸来源断绝，纸价狂涨，于是各印刷所各报馆，都大起恐慌，不得已，只有提高定价"。① 用以印刷出版的纸张供应严重不足，奇货可居，自然价格一路上扬，并且引发连锁反应，导致整个上海的图书价格都在上涨。身处内陆的重庆亦未能幸免，"现在正在闹纸荒，平时一令新闻纸价格约四元左右，而在今日的重庆竟飞涨到五十元"。② 时局的日益恶化，长期战争造成的影响持续显现，加剧了中国的纸荒，报刊面临着无纸可用的绝境。上海的《民国日报》《神州日报》《学生日报》，江苏的《东南晨报》《江苏正报》，天津的《民生导报》《大路晚报》，西安的《益世报》，长沙的《力报》，福州的《闽海日报》，青岛的《公言报》等都因纸张供应困难而停刊，更多的报纸杂志选择联合出版或连期合并出版的方式紧缩用纸，勉力维持。就连孤悬海外的台湾也被波及。"本省未尝闹过'纸荒'，是因为日人留些纸张给我们，但这些日人留下来的纸张大概也已经用尽了"，"假使一二月内倘不能补充的时候，本省的一切报馆可准备关门了，一切印刷业者也可准备转业了"。③ 就连机器造纸技术先进，产量位居世界前列的日本也在抗战转入相持阶段后陷入了纸荒，"日本内外省顷于本日宣布，各种书报杂志，凡其性质非人民所急切需要者，即当由该省下令停刊，以期节约纸张"④，"敌纸荒严重，最近对于公私出版物之限制，愈益严格。据东京朝日新闻统计，一年以来，全日本之出版物因缺乏纸张而停刊者，达四千种之

---

① 哲庵：《纸荒和造纸》，《江苏儿童》1937年第38期，第3页。
② 李光宙：《谈谈纸荒》，《血路》1939年第47期，第756页。
③ 甦牲：《纸荒》，《台湾文化》1947年第3期，第11页。
④ 《敌国纸荒因噎废食》，《新闻学季刊》1940年第3期，第85页。

多，今后敌当局并将彻底禁止新刊物之印发"。① 新闻出版界人士在纸荒的无奈中徘徊呼叹，"通货在不断的膨胀，物价在不断的飞扬。南京各报受不住了，上海各报也受不住了，武汉平津也是一般……我们今天的处境，真的是上天无路，入地无门。我们除了乖乖巧巧的偃旗息鼓、忍痛停刊以外，还有甚么更好的办法呢？"② 现代诗人萧梦霞曾作《纸荒》诗一首："文价由来重洛阳，精神此际食无粮。书能益智宜多读，纸不疗饥竟闹荒。制作空传蔡伦诀，焚烧却免祖龙忙。可怜文化摧残尽，满目关河作战场。"③ 细致描写新旧书籍不能付印，国人无书可读的现象，哀叹纸荒对文化造成的严重破坏。

纸张供不应求一直是出版业发展的掣肘，那追根溯源，产生纸荒问题的原因何在呢？在出版评论作者们的笔下，对诸如战争影响导致的产能不足和进口纸张困难、文化事业的大发展引起纸张需求量剧增、政府的配售不公和调控失当、黑心商人的囤积居奇等多种因素，都进行了详尽深刻的剖析。

纸张的产量跟不上新闻出版等文化事业的用纸需求是造成纸荒的根本原因。"用纸恐慌的原因很多，其中最根本的问题，就在用纸生产的不足。"④ 民国初期，新闻出版界有过联办造纸厂的动议，终因原料、技术、资本等困厄而归于流产。总的来看，那时候的新式造纸厂，规模小，数量少，技术落伍。"自用机器制造者，合南北各省，仅五百万元，而计其厂数，不足十家"，而且自机器造纸诞生后，"以梗于原料问题，四十年来进步极鲜。手工制纸，质粗量少，价复奇昂，殊不足以供应需要"。⑤ 有评论总结认为技术落后和质量不高是纸荒的两大因素，"近世文明发展，纸也最是重要的工具，国人不知注意及此，制造方法师法蔡伦，数千年来，并未改进，所以品质粗劣，不适于印刷的应用。偶有一二新式纸厂，然规模狭

---

① 《敌纸荒严重限制出版物》，《新闻学季刊》1941年第4期，第104页。
② 魏宏元：《抗日战争时期晋察冀边区财政经济史资料选编·第三编》，南开大学出版社，1984，第979页。
③ 萧梦霞：《纸荒》，《萧梦霞诗存·卷上》，江西人民出版社，2014，第79页。
④ 周之鼎：《纸荒问题与造纸工业现况》，《申报月刊》1944年第3期，第45页。
⑤ 《上海之纸业（一）》，《社会月刊》1930年第2卷第10期，第8页。

小，产量甚微，不足以应印刷的要求"。① 国内纸厂的产品结构非常不合理，生产的纸张种类以草纸、宣纸、毛边纸、连史纸等为主，易于吸水着墨，适合笔墨书写。适合于现代化机器进行大规模印刷的白报纸、道林纸、铜版纸等所占比例极低，尤其是钞票纸、账簿纸、薄型纸等特种纸张更因技术原因无法生产。因此"自制之手工纸及机器纸，仅供中文书写焚化及其他杂用"②，报馆、书店和印刷所则全用外国纸张。除此之外，当时较为现代化的新式造纸工业的地理分布较为集中于沪苏浙闽地区，自全面抗战爆发后，这些地区的造纸厂大都毁弃，而正在筹划新建或扩建的方案也无法正常进行，直接导致纸张产量的急剧下降，加剧了纸张供应的紧张。

国内生产的不足只能靠从国外大量的进口和输入才能缓解，并且随着文化教育和新闻出版事业的不断向前，印刷出版业对进口纸张的依赖程度与日俱增，洋纸充斥中国市场，而且其他出版业的原料，如机器、油墨等也几乎无一不是外国货。在向中国出口纸张的国家中，日本因其地理距离近、运输方便和价格较低，逐渐挤占了过去美国、德国、挪威、瑞典等传统造纸强势国家的出口份额，在中国纸张市场上占据了主导地位。"各国洋纸因得长驱直入，洋纸长驱直入，而尤以日本品活动最力。彼日货品质虽较逊于西洋各国，然其价格低廉，为各国所不及，在我国市场，遂摄得牢固之地盘。九一八事变以前，各国洋纸对华输入，日本常居第一二位。"③有一个数据可以直观地说明日本纸张在中国市场上所占的地位，1936 年以前，中国每年进口的纸张总共价值约 5000 万元，日本一国进口的纸张就有1700 万元，占比为 1/3 强。而浙闽苏赣等纸张主要产地的总产值为 1300 万元，尚不及日本进口的纸张数值，日本纸成为中国出版印刷用纸市场上主要来源。世界反法西斯战争的爆发，特别是抗日战争的持续对纸张的进口造成了致命性的打击。首先，战争消耗了政府的大量财力，用以支付纸张进口的外汇极其紧张，这必然导致纸张进口配额大量减少；其次，战争断绝了日本纸张进口的可能，中国纸张市场丧失了一个主要的供应国；再次，

---

① 《纸荒与纸剩的危险》，《兴华》1933 年第 30 卷第 24 期，第 2 页。
② 张永惠：《纸荒问题之症结及其解决办法》，《新经济杂志》1942 年第 11 期，第 224 页。
③ 经济研究室：《最近我国造纸工业与洋纸进口状况》，《中行月刊》1934 年第 8 卷第 5 期，第 6 页。

战争阻隔了交通，欧美的纸张进口运输困难，纸价暴增；最后，主要的纸张出口国都受到战争影响，产能下降，面临着产量与需求量不能平衡的问题，自然出口量也就相应减少了。

　　正是国内纸厂的产能不足和战争影响导致进口纸张困难，造成了纸荒困境。这些是客观环境造成的问题，短时期内是无法解决的。而国内纸张市场的管理问题频出，则加剧了纸荒的扩大和蔓延。

　　当时有出版评论认为政府对造纸业生产的调控失当造成了"有计划的纸荒"。1948 年国民党政府计划向全国书报等行业提供白报纸共 5 万吨，其中党营纸厂生产 1 万吨，民营纸厂生产 25000 吨，进口 15000 吨。但是这只是一厢情愿的理想化估算数字，因为在 1947 年的计划中生产白报纸 42000 吨，但实际完成了 12000 吨，只占 29%。政府的生产指标显然是脱离现实的高估数字，所制定的民营纸厂 25000 吨的生产指标，富有经验的造纸专家普遍认为是绝无可能的。文章最后指出"要是政府不能正视现实，深切研究，凭着虚拟的生产数字，限制洋纸输入，结果必致国产纸张供不应求，酿成极严重的纸荒。届时虽欲再令洋纸输入，也将缓不济急，而使全国书报业限于无可维持的境地"。① 也有人直斥政府对白报纸的配售不公是造成纸荒困境的幕后推手。抗战结束后，鉴于严重的纸荒危机，国内印刷用纸供应基本依赖进口，国民党政府对有限的白报纸供应实行了"配给制度"，原意是通过政府管理部门的统筹规划，统一调配，做到面面兼顾，最大限度地达到优化配置，实现有限纸张的利用最大化，避免生产资源的浪费。但这种人为干预市场的配给制度产生的最大问题就是配售不公。有人指出纸张配售时只顾报纸，忽略了杂志，是严重的歧视，"假使说杂志也是文化的一部门，便不应当与新闻纸歧视的，所以，主管机关所知的登记表，两者恒予并列。并且杂志上所刊载的文章，往往远胜于报上的作品，对于精神食粮的提供，更不在新闻纸之下。但自胜利以后，敌伪产业处理局配给与各报馆的封存报纸，业已两次，最近又有一批报纸，要配给了。而上海三百多种杂志，始终没有享受到这种权利"②，认为如果杂志界不联合起来争取

---

① 《有计划与无计划的纸荒》，《现代知识》1948 年第 2 卷第 2 期，第 23 页。
② 翠厂：《配给报纸轮不到杂志》，《海光》1946 年第 7 期，第 10 页。

自己的利益，那么类似这种配给不公的事情还会更多，杂志会面临更多的困难。时任国民党中央宣传部副部长的李俊龙也以个人名义承认纸张配售制度有着巨大的不公平，第一是存在着地域分配不公，"只顾都市，不顾地方"，"以上海来说，所占的纸张分配的比例实在大得可怕"；第二是分配方法不甚合理，不考虑报刊出版的实际情况和发行需要。"许多有销路的报纸得不到够用的配额，常要向黑市买纸，同时，却有为拿纸而办报的报纸存在。"[1] 徐铸成也指出这种政府主导的配售制度侧重于满足官方和拥有官方背景机构的用纸需求，官方新闻出版机构所获得的配额要远远高于民营、私营的出版机构，"中宣部以统制外汇为名，限制各报用纸，本报获准者仅一百吨……盖官纸均可另外申请外汇，此项限制，好像仅为民营报也"。[2] 印刷纸张的配额没有标准，被统治者任意支配。与政府关系的好坏、亲疏决定了各出版机构所获份额的多寡。这也就给出版机构、中介捐客、政府官员中饱私囊、牟取私利的腐败行为留下了操作空间。一些出版机构以图书报刊出版名义申请政府配纸，然后拿到市场上去出售，获取暴利。"书业因为印书的成本高，印了书往往会赔钱，倒不如卖纸，还有赚头"，不少书商专司钻营，虚报发行量，谋求更多的政府配纸，出书事小，卖纸才是主业，于是造成了"出版的配不到纸张，配到纸张的不出版"的荒唐现象。整个纸业市场黑市横行，"今天的市场号称没有黑市，其实你照规定价目到纸店去买，顶多只卖给你一令半令，必须多给钱，才让你买到够用的纸"。[3] 出版商要么减少销数，使配到的纸量可以多余，要么假冒书号，出版空头报纸争取多配纸，黑市的纸张就是这样由白市的剩余来供给。"为了领救济物资，去年向善后救济总署江西分署登记的报纸一时达二十多家，通讯社更十倍此数"，南昌这座仅仅二十多万人口的城市登记的报纸比北平还多，但事实并非表面上看到的那样，其中很多是不出版或假出版的空头报纸。"至少有八家报是择期出版，创刊时出版三五天，重要纪念日出版一天，应付检查登记再出刊两天，留下的只待有救济物资时再大出特出。"[4]

---

[1] 《如何解决纸荒问题》，《报学杂志》1948 年第 1 卷第 3 期，第 4 页。

[2] 《徐铸成日记》，三联书店，2013，第 25 页。

[3] 《如何解决纸荒问题》，《报学杂志》1948 年第 1 卷第 3 期，第 7 页。

[4] 白宝善：《侧写南昌报业》，《报学杂志》1948 年第 1 卷第 8 期，第 27 页。

　　出版评论对于纸荒问题的论述并没有止于揭露现象和分析原因，它还真诚实在地为出版界克服时艰，度过纸荒出谋划策，提供了诸多的应对和发展方略。总括来说，关于这些筹划和方法主要是从治本和治标两方面展开的。

　　第一个方面是治本，即想方设法增加国内纸张的生产，提高纸张的产量与质量。印刷专家杜时化从 1939 年起就不断在报刊撰文发表纸荒的预警危言，唤起各界注意纸张的供应情况，救济纸业，并提出解决纸荒的方法。他陆续在报刊上发表了《怎样解决纸荒》《宜速救济的湖南纸业》《解决纸荒根本方法》等评论，逐步深入地探讨如何解决出版界面临的纸荒困境。他认为"今之所谓纸荒者，非患无粗纸，实患无细纸也"[1]，提供的应对之策是对土纸进行改良，从制料配料改良入手，推广利用中国广泛种植、价格便宜的竹子做制纸主料，由政府出面督促各纸厂进行改良工作，并以贷款方式提供部分启动经费，这样就能逐步生产出精纸，减少进口，救济纸业，从根本上解决出版界长期用纸紧张的问题。在另一篇《应如何根本解决纸荒》的文章中，他指出"今欲挽救此危机，第一，国人须要改变崇洋鄙华心理；第二，政府勿徒崇拜西洋物质文明；第三，科学家勿存鄙视中国技术偏见。然后乃能言救济，更进而谈解决"，进而提出了彻底解决纸荒的五项举措，即"培养造纸资源之竹林；训练精制纸料员工；贷款广储新竹纸料竹；筹设机器造纸厂；严格管制纸业"，[2] 认为如能彻底做到这五点，中国的纸荒将不复存在，其他行业也均可获益良多。杜时化对于解决纸荒的思考源自他在湖南乡村兴办、经营纸厂的亲身实践，建议和对策条条都切中肯綮，颇具前瞻性和实用性。

　　第二个方面是治标，重在增加进口的限额和改善用纸的分配。1948 年《报学杂志》举办的第四次座谈会，邀请了政府、新闻出版界的十多人参会，讨论如何解决纸荒，集中于改善和提升政府对纸业的统制与管理的水平，涉及的主要就是这两个方面的问题。关于纸张进口的问题，比较一致的意见是政府应该放宽外汇限度，增加进口数量，只是具体做法有异同。

---

① 杜时化：《解决纸荒根本方法》，《长沙日报》1946 年 5 月 5 日。
② 杜时化：《应如何根本解决纸荒》，《湖南国民日报》1947 年 3 月 22 日。

有的主张增加木浆原料的进口，减少成品纸的进口；有的认为纸张进口要考虑周全，"同时要顾及国家当前的需要，以及财政方面的负担能力"①，需要教育文化和新闻出版界做周密的调查后才能得出一个较为合理的数量。也有反对的声音，认为在进口纸张的时候，政府的财政政策、文化政策和生产政策互相抵触，存在矛盾，对于进口纸的数量根本无法确定，为不让外纸阻碍国纸，进口应该限定额度。还有一种声音是既然进口纸无法满足需要，需要政府分配，增加腐败，造成出版职业道德的堕落，不如拿出壮士断腕的勇气，最大限度地限制进口，用节省的外汇支持国内纸厂扩大生产。关于白报纸的配售制度，诟病甚多，认为亟须改变。有人认为应该以用途为分配标准，"分配的标准应该调查出版物的用途和出版的数量，分出种类和等级，看国家社会的需要和出版物本身贡献的大小，做分配的衡量。那些没有贡献甚或有毒害性的刊物，应该绝对不许出版"。② 有人指出合理分配的前提应是确定分配的对象，"现在分配的对象是书商、报馆、出版商，这种分配方法有利于不正当的出版商、纸商的存在，政府应该将分配对象转移，应该直接分配于国民，分配于读者、学生。中间剥削的过程愈少，便愈合理"。③ 有些激进的评论甚至直接提出要废除配售制度，一切都由市场决定，"其实，直截了当，根本不必配给什么官价报纸，只要准许自由输入纸张，那么，一切便尽够公允了"④。

如前所述，纸荒一直困扰着中国现代出版业，特别是全面抗战和解放战争时期更是无以复加，大批的出版机构无纸可用，要么大幅减少图书出版数量，要么利用高价购买纸张印刷书籍再抬价卖出，要么干脆停业转投他行。纸荒之后就是书荒，广大普通读者一方面苦于无新书可读，一方面困于书价太高，读不起书，精神食粮极度匮乏。在这种境况中，读书会发展迅速，出版机构、各类学校、社会群体、行业团体等纷纷组织起来，成立读书会，并利用这个组织定期座谈、交换知识、交流意见，某些读者自发组织的读书会甚至直接与出版机构接洽、谈判，商讨图书事宜，成为影

---

① 《如何解决纸荒问题》，《报学杂志》1948 年第 1 卷第 3 期，第 4 页。
② 同上书，第 8 页。
③ 同上书，第 9 页。
④ 邵洵美：《出版事业在中国》，《申论》1948 年第 1 卷第 1 期，第 14 页。

响出版业发展的一股重要力量。渐成规模的读书会也引来了出版评论的注目，成为中国现代出版评论的一个重要主题。

四　对读书会现象的深入评议

我国读书会的产生历史较早，在晚清时期康有为、梁启超等维新人士组织和领导的万木草堂、南学会、时务学堂等机构既是政治实体，也是读书组织。尽管相聚读书、交流读书心得、研究学术不是它们的主要活动，但仍可认为这些机构是读书会的雏形。至新文化运动后，思想文化环境发生了改变，教育、出版、图书馆事业都获得发展，读书的风气日盛，读书会与日俱增，广泛成立起来。

对于读书会，出版评论多持赞许和乐观的态度，认为它可以解决许多问题，好处多多。第一，读书会是交换新书的平台，能增加读书机会，增进知识。相对于当时民众高涨的读书热情，个人藏书和公办图书馆都难以满足，粥少僧多的现状一时难以扭转。"现实中国，储书者能有几人？古书犹或有存，新书实属少见。求之国家已属无望，求之个人，又事大难举"，[①]一人藏书有限，多人集体合力能提供大量新书进行流转，互换着阅读，就相当于一个小型图书馆了。"譬如十个会员，每月每人读一本书，同时能将书中所获的知识，贡献于读书会同志，那么就等于每月每人读十本书了。能这样实在是我们以有限的人生，获取无限知识的良好方法。"[②] 第二，读书会能克服个人读书的缺陷，促进人们之间的联络，制造集体读书的氛围，增加读书的兴趣。有评论专门列表分析了个人读书与读书会读书之间的差异，一目了然地表明读书会能在优良导师的指导下互相切磋、相互讨论从而得到精进的机会，借此证明有组织的读书远比孤独的读书效果为大。也有人认为不论从事什么工作，采取集团的方式是最进步和最有效力的，读书概莫能外，"从积极方面说，这样可以充分地布置自己的工作，使所读的书能有一个相当的预习的机会，然后可以发挥出更多的意义。二来从消极方面说，不至于临时没有头绪，白白地浪费时间。这两点在个人阅读的时

---

① 沈昌：《"组织大规模的读书会"底建议》，《民国日报》1920 年 11 月 14 日。
② 姚树勋、王馨远：《读书与读书会》，《兴业邮乘》1940 年第 95 期，第 6 页。

候本来也可以相当地做到的，但总没有在集团里那样发挥得充分和完满"。① 在读书会不只是得到读书的机会，还能够培养起阅读的好习惯和研究的兴趣来，这是最宝贵的一种收获。总之，读书会是最好的学习机会和场合，"一个人所读的书有限，同时一个人读书会感到枯燥，疲倦。假若大伙儿一齐来读，共同研讨，是很有兴趣，而且彼此交换心得，可以集思广益。所以，组织读书会，集体读书是自我教育的最好的办法"。② 第三，读书会能有效缓解书贵难求造成的阅读困难。民众读书的热情经常被当时昂贵的图书价格泼冷水，特别是作为读书主力的青年人，工资微薄，购买力低弱，无力购书，更深陷阅读欲和书贵的矛盾之中。"现在买一本薄薄的书，也许就得出四十元或是六十元来，较为篇幅多的，总得在百元以上，这教小职员们如何负担得了。"③ 有了读书会，集体出钱，集体读书。买书的费用平均负担，"使一般困于经济购书的同学，用低廉的代价，兑换多量的书籍"，④ "只要每人拿出一笔小小的款子来，就可以陆续读到数十倍价值的书籍。譬如一个职业青年每月拿出十块钱来，他简直就买不到书看，可是我们如果组织读书会，有五十个会员，那末就可以有五百元的一个数目，至少可以买一二十种新旧书籍了，这样积上一年，便是一个小小的图书馆"。⑤ 选购书籍的标准由成员共同决定，做到适合成员的教育程度、知识水平、现实需要等，避免了盲目购书造成的资财浪费。

也正是基于这些优势，普通读者对读书会寄予了很高的期望，指望它能真正成为成员的学校、知识的途径。然而，伴随着偌大希望而来的是巨大的失望，不少读书会因组织不力、管理不善等而名存实亡，还有一些出版机构自办的读书会被贴上"敛财""推销""骗局"的标签，招致社会各界的批评和谴责：

---

① 陈阜：《读书会的组织和工作》，《通俗文化》1937 年第 5 卷第 3 期，第 11 页。
② 左诵芬：《谈谈读书会和座谈会》，《妇女新运通讯》1940 年第 2 卷第 17、18 合期，第 8 页。
③ 寒山：《读书会》，《锻炼》1944 年第 3 期，第 21 页。
④ 一飞：《读书会》，《萍影》1931 年第 1 卷第 5 期，第 39 页。
⑤ 寒山：《读书会》，《锻炼》1944 年第 3 期，第 21 页。

所谓读书会者，大概是收会费五元或十元，而入会之后，所得的赠书，却往往两倍于所缴的会费。读者贪其小利，纷纷入会，而办读书会者，乃大发其财。因为入读书会后，书贾虽须赠与两倍于会费之书籍，但这些书籍，都是些本来堆在书橱内无人顾问的废纸，以之换现钱，虽照码打对折，比之泰东之半价，犹有厚利。现在上海的所谓新书店，几乎十家有九家设读书会，甚至有一家书店设几个读书会者，其骗钱之手段，真是高乎其妙矣！[①]

一些满怀希冀的读者发觉加入读书会后并没有如其所愿，备感失望，也纷纷撰写文字揭露读书会内幕、批评读书会目的不纯。署名"流水"的读者将批评的矛头直指光华书局，"他（指光华书局）的所以设立读书会，完全以牟利为宗旨，推销本版书，是他们的目的地，什么以低廉的代价掉得内容充实的书籍呀，我以为这句话完全不合事实"[②]。与光华书局关系紧密的现代书局也成了被批评的靶子，一名署名"效勾"自称是现代读书会会员的读者言辞激烈地批评现代书局所办的读书会，将其读书会的规则和管理称为"生意经"。"在各种政策之中，最'摩登'的一个，自然是大家抢办的'读书会'了，任你缘起说得多么堂皇正大，广告吹得如何天花乱坠，拆开西洋镜一看，第一块玻璃是'吸收现款'，第二块是'推销本版书籍'，'如此如此'，总归如此"[③]，并以揭黑幕的方式将现代书局的赚钱法门披露出来，包括剥削外埠会员、发行无期预约券、用利益饵诱会员、蔑视邮购者的求知欲等，提醒读者切勿参加，免得浪费宝贵的时间和金钱。明真则将批评的对象扩大到了当时较大的文化出版机构主办的读书会，主要有光华书局读书会、现代书局的现代读书会、新月书店三五读书会、神州国光社的神州读书会等，批评的语句疾言厉色，锋芒毕露，指出读书会的承诺和优惠有名无实，最终吃亏的都是读者，得出的定论是"各书店之设立'××读书会'，其目的完全是在于吸收现金，企图从读者吸收得巨额的现金，以维持及扩充其牟利的营业"，"故现在哪一个读书会，对于读者都

---

① 彭年：《"读书会"》，《时时周报》1931年第10期，第6页。
② 流水：《关于读书会的几句话》，《开明》1931年第2卷第19期，第16页。
③ 效勾：《关于现代读书会》，《书报评论》1931年第1卷第6期，第113~114页。

是不利的"。①

面对毫不留情、挑剔尖刻的批评，光华书局进行了针锋相对的回击。在副题为《答流水先生》的评论中，作者李生和黄君认为流水对于现代读书会的指责是不能自圆其说的，其提出的让读者买更便宜书的方案严重脱离现实，是不切实际的梦话，最后指出流水的评论不公正，有自己的私心，"读书会不止光华一个，但里边却之专钉着光华的读书会说话，只就是使我觉得，流水先生好像是太站在开明书店的利益上，因感得光华的读书会是特别发达，而微含醋意"，不无讽刺地数落道："流水先生啊，你并不是读书会的正冤家，你也不是读者们的真亲家——而倒是开明书店的真亲家！"②另一位光华书局中人陆保康则更不客气，撰文怒怼流水与明真，逐条反驳他们的指摘，通篇弥漫着浓重的火药味，骂声不绝。诸如"对于这些没有常识的话，不值我们一笑"，"我想流水先生和明真先生，对于这一点太没有常识了，他们全凭感情而不顾事实，真是'瞎了眼睛狂吠'"，"明真先生是太无常识和太不会计算了"，"明真先生说：'收到了会费，立刻可将杂志停刊'，这是他瞎了眼睛不看事实的造谣！明真先生啊，我看你非独没有常识，而且你所用的手段真是尽卑劣之能事呢"③，通过事实对照、逻辑推理的方法批驳批评的荒谬无稽。但辱骂绝不是笔战应有的方式，评论中夹杂着过多的情绪宣泄，虽痛快酣畅，却失之理智理性、客观平衡的分析论证，无助于问题的澄清与彻底解决。

当然，不少有识之士除了发现和揭露读书会存在的弊端外，还更进一步，对读书会的组织和运行提出了独到见解和经营模式，出版评论成了许多读书会成员的经验交流、总结教训的平台，这也符合评论作为一种实用性文体，旨在解决实际问题的特性。

读书会并不是一种十分严密的组织，通常是若干有学习热情和共同兴趣的同学、朋友、同事聚集在一起形成的松散的群体，"办理读书会，并无

---

① 明真：《谈所谓"读书会"》，《书报评论》1931年第1卷第4期，第3~7页。
② 李生、黄君：《关于读书会的讨论》，《光华读书会月报》1931年第1卷第3期，第56~58页。
③ 陆保康：《关于读书会的讨论》，《读书月刊》1931年第2卷第2期，第265~273页。

一定成法；若准据某一种章则，必致削足适履"①，所以读书会的建立非常简单，"会名没有，章程没有，都不要紧。要紧的是确确实实有这么几个人（同学、同事等）都想读书而无力买许多书。你和这几个人都谈得来，就可以向他们发起"。② 当然，如政府部门、出版机构、图书馆等组织的正规齐全的读书会通常都具备名称、宗旨、会费、奖惩、权利和义务等规章。明真在评论中多次涉及读书会的组织问题，提出过一个详尽具体的青年读书会组织大纲，包括会员、会费、会务、职员、附则五大项共十一条款，主要内容有"会员每人每半年应纳会费三元"，"合力购买所需的书籍杂志，由会员轮流阅读"，"每星期举行讨论会一次"，"每月举行辩论会一次"，"每半年举行论文宣读会一次"，"设购书主任、管书主任、总务主任，各会员轮流担任"③ 等。

组织起一个读书会或许不太难，要长久维持却并非易事。不少读书会初时风风火火，组织者和参与者热情高涨，但累月经年开会的人渐少，兴趣渐低，参与活动的积极性不高，对于问题的讨论止于应付。读书会面临着组织虚化和活动虚化问题，许多出版评论就读书会如何充实发表了意见。白鹅在评论中指出民众对读书会的认知存在误区，加入读书会的目的就是为买书便宜，忽略了读书会的真正目的其实在于讨论研究学术、介绍传播时代思想和有价值的图书。所以读书会的成员只关心书价便宜是否，对读书会的讨论会、座谈会、辩论会没有兴趣，读书会名存实亡。他认为"要使散在各处的读者们随时随地都能接受上述的甘露底唯一的办法就是出版会刊"，"尽量的发表读者们关于读书的成绩数、读书的心得、笔记和对于某一问题的见解等"④，如此才能使加入读书会的读者得到真正的进步，产生群体意识和认同，强化读书会的凝聚力和影响力。《怎样充实我们的读书会》这篇评论文如其名，详尽深刻地论述了这个问题。文本毫不回避地列举读书会存在的会员交流不畅、缺乏中心领导、讨论问题脱离实际等不够充实的现实，提出了诸多充实的方法，如读书会过度的强迫性，导致缺乏

---

① 张逸民：《与定远县立民教馆函论读书会》，《皖北民教》1936 年第 7、8 合期，第 126 页。

② 《怎样组织读书会》，《读书与出版》1946 年第 2 期，第 15 页。

③ 明真：《青年自己的读书会》，《书报评论》1931 年第 1 卷第 5 期，第 1~5 页。

④ 白鹅：《拖上一条尾巴》，《书报评论》1931 年第 1 卷第 5 期，第 139 页。

生气，要释放会员的个性和兴趣，"分成许多小组，许多种类的活动，让每一个参加读书会的人就各自的兴趣，选择一组活动"；组织讨论的问题不要脱离现实，要与会员一般的需要相适应，"理论与实践相配合"，"内容上应多接触现实，技术上分组研究，集团讨论"；读书会举办的活动要精心准备，悉心安排，"讨论问题须有中心，无中心不易使问题集中，而且往往会信口开河，越说越脱离本题，讨论了大半天，一无所获"。①

读书会是联系出版机构与读者的重要的桥梁，在考察以读书会为主题的评论文本时可以发现相当一部分是以读书会成员和刊物编辑、书店老板之间的信函往来所呈现的，出版界人士以专业负责的态度，严谨细致地指导读书会的组织与管理，让读书会在提倡阅读，推广阅读，解决阅读实践困难，辅助学校实施教育职能等方面发挥了巨大的作用。这些出版评论中所提及的读书会的组织原则、架构总则、奖惩准则、活动规则、充实细则都对当今的阅读推广和书香社会的打造有重要的借鉴意义和参照价值。

第三节　对出版失范现象的批评

失范是一个社会学理论上的概念，是指由于道德、法律等集体意识系统缺乏对于社会生活有效的调节和控制，导致社会处于各种各样的冲突和混乱状态。② 它是与正常现象相对的反常现象，是对事物发展应有状态的一种偏离。在1919到1949年这个大变革大转换的时代，出版业的变迁显得急迫又剧烈，传统与现代共存，繁荣与紊乱兼具。这时期出版业一个基本特征就是"幼稚的成熟"。所谓的幼稚包括两个方面：一方面是并不十分稳定发达的政治、社会、文化环境和并不十分先进强大的造纸、印刷、运输等相关产业的经济环境；另一方面是适应现代出版业快速发展的价值观、职业观和道德观、法律观等规范体系及管理机制都没有建立。在相当贫瘠的土壤里，出版业却在短时间内获得快速的膨胀式的扩张。但基础不牢，造成了出版业在发展到一定阶段后问题频出，状况不断。从反映出版失范问

---

① 《怎样充实我们的读书会》，《中建》1946年第6期，第4~5页。
② 〔法〕涂尔干：《社会分工论》，渠东译，三联书店，2000，第175~176页。

题的出版评论的数量来看，不夸张地说，失范是出版业这一阶段普遍性的生存状态，这也招致了人们对出版业相当程度上的不信任，甚至鄙夷、敌视的态度，"书店、书店！天下多少罪恶，藉汝之名以行"①。因此，对出版失范现象的批评频繁出现在各大书报刊的评论专栏中，成为中国现代出版评论的主要客体对象。

一　出版投机化的问题

出版业是文化和商业的结合，图书经营的原则是求得两者的平衡，既能推进文化，又能获得利润。在张元济、陆费逵、巴金、张静庐等怀揣崇高文化理想的文化人办出版的推动下，以商务印书馆、中华书局、文化生活出版社等为代表的现代出版机构在促进文化发展方面的工作和成绩获得了不少肯定和赞誉。"现在的出版界确比从前进步得多，无聊的出版物比较一天天的减少，一切比较有价值的书籍一天多胜一天，尤其是社会科学的书籍很多外国的哲学、经济、政治等名著都被我们翻译出来，这是读者们所需要的，也是出版界的好现象"②，"出版界可喜的现象之一的，乃是外国文学的介绍受到进步的读者和书业界的重视"③，这也是出版界的事实，无论从质还是从量的方面来说都可算是一直在进步。在质的方面，不仅程度由浅而深，而且在出版物中可称作杰作巨著的大型丛书，也数见不鲜。像商务的《四库丛刊》《百衲本二十四史》《四库全书珍本》，中华书局的《四部备要》《古今图书集成》，开明书店的《二十五史》等。国外思想文化的翻译也从零星引进走向全面吸收的高潮态势，尤其是新文化运动期间，大量的西方民主科学思想、现代科技文明、西方文学作品的书籍被引介进来，让中国知识分子阶层接受了一次西方先进文化的熏陶与洗礼；从量的方面，不仅范围益广，而且新出版物的册数种数都在递增。从早先的集中于教科书、工具书、古籍书三大出版类型转向知识性、专业性、普及性的一般书籍，并着力开发大众读物市场，《小丛书》系列、新标点小说、儿童读物都是拓展的出版新种类。在肯定出版界取得了相当的成就时，来自社

---

① 叶方子：《谈书店》，《潮声》1943 年第 2 卷第 5 期，第 39 页。
② 狂循：《出版界的一点好现象》，《读书》1937 年第 1 卷第 2 期，第 85 页。
③ 黄源：《一点可喜的现象》，《读书》1937 年第 1 卷第 1 期，第 14 页。

会各界的批评和谴责也是一路伴随，从来没有停息过。本来人们对出版业寄予高度的文化建设的期望，冀其引领社会新风气，涤除颓靡之阴霾，成为青年思想的导师，社会变革的推进器，但"试一瞻夫近顷之出版界，其能与吾人以满足者何在，而其招吾人之失望者何限"，出版现状是"非驴非马之经世文编六法全书等，充然杂出"，究其原因全是"所谓全国之出版界，乃不得不操诸一般商贾之手，惟利是视，择机而投。"① 新文化运动开始后，对出版界不满的声音逐渐发酵，批评出版界的商业化气息太浓，出版投机严重。"不惜把刊物的内容弄到龃龉，污浊，腐陋，只要能迎合读者的低级趣味，能获利，能发财，于愿已足，所以若从出版物的质的方面去评估，我国出版界的现象真是漆黑稀糖。"② "诚实是书贾中本来找不到的"，他们对于批评之声充耳不闻，依然不改，反而变本加厉地利用广告误导读者，只求将书卖出，达到赚钱目的，这导致了市场上几乎没有一种是好的出版物。这种乱象的根本原因就是"出版界底放弃职责，惟利是图，是为致此恶象底最大动力"。③ 储安平认为真正将出版当成事业来做的出版家实在太少，大部分有着浓厚的商人气息，他们"只图目前小利，不顾长久得失"，总是鬼头鬼脑，一副商人口吻，"欢喜出投机的书籍，不问这书的内容，不问这本书出版了以后对于自己书店的声名信用的影响如何，只要看上去销路不坏，可以赚钱的，便毅然付印问世"④，"这是毋庸讳言的，出版业在现代的中国是商品化了！他们经营出版业的人惟一目的便是以能否获利为准绳"。⑤ 资本主义的商业之风劲吹中国出版界，发财一念充斥着大大小小的书商和作者，"苟有利可图，虽盗贼我亦为之。苟无财可发，利人之事固不做，利己之事亦不为"⑥，"中国从事出版的许多先生，差不多完全是唯利是图的拜金主义者，一切的一切都以金钱为前提"，⑦ 出版商只管书籍的销路如何，流行不流行，至于它是有益还是有害则不在其考虑的范围，

---

① 与人：《说出版界》，《神州》1914 年第 1 卷第 2 期，第 3~4 页。
② 牛亦未：《一九三五年出版界的总检讨》，《新北辰》1935 年第 2 卷第 1 期，第 47~48 页。
③ 霆声：《漆黑一团的出版界》，《洪水》1925 年第 1 卷第 3 期，第 70 页。
④ 储安平：《一年来的中国出版界》，《读书顾问》1935 年第 4 期，第 12~13 页。
⑤ 大风：《商品化的中国出版业》，《硬的评论》1930 年第 1 卷第 8 期，第 118 页。
⑥ 编者：《出版界的前途》，《眼界百科丛刊》1948 年第 1 卷第 4 期，第 4 页。
⑦ 文耀：《最近的出版业》，《蚂蚁》1934 年第 21 期，第 13 页。

因此不良的浅薄的书籍充满了出版市场。急功近利的赚钱心态统治着出版业，让出版活动充满了投机性。一方面是图书出版有利可图，投机者开设书店盲目成风，一哄而上，一哄而散，"自从李小峰老板因创设北新书局而大发洋财后，上海滩以播扬新文化自命的小规模书店真有如雨后春笋般的蓬勃起来"，"他们口口声声的喊叫着给读者谋利害呢，其实呢，大谬不然，他们一样的惟利是图，或者更比一般无识的商人敲竹杠的手腕更巧妙些"①，文化出版事业深陷于投机商的旋涡里。而真正的将出版当成文化事业的作家、文人因坚守出版原则和文化理想，不善也不屑于钻营，则处于苦难之中，无不形容枯槁，奄奄待毙。另一方面，投机书商将图书看成商品，完全遵循市场的售卖规则，过于迎合社会思潮和时代风向，太过关心读者的兴味与偏好，无原则地迁就读者兴趣的转移。出版商看到某类书刊销路广阔，大家就都去出版这一类的书刊。等到别的一类书刊风行时，出版商们又都改弦易辙，出版物成了大量小市民阅读兴趣的尾巴。新文化运动期间的新诗、新小说以及含有新思想的文存之类的书籍容易销行，于是出版商便竞出这类书籍。随后，恋爱小说大盛，他们便来出版恋爱小说。接着，革命文学勃兴，他们又集中出版革命文学一类的书籍。普罗文学继起后，他们出版普罗文学的书籍；小说畅销，他们出版小说；社会科学书籍畅销，他们又趁机大出特出。"今年流行恋爱小说，明年流行普罗文学，后年又纷纷改出'国防'作品……有时看见辩证法时髦，于是你出一册《辩证法概论》，我出一册《辩证法入门》，他出一册《辩证法 ABC》。因见翻印古籍能够赚钱，又有许多出版家把老古董搬出来翻印出版。"② 更有许多《会考指导》《考试指南》《日文百日通》等并无多少文化价值，纯粹谋利的书籍接二连三地出版发行。出版界"在这个投机的心理的支配之下，它们的感觉训练得十分的锐敏"③，"可以不用问这些货色是否清鲜，是否有毒，是否适合我们的需要"④，只知抓住时机，粗制滥造，尽量地缩短出版上市周期，"朝方属稿，暮已付

---

① 《检讨现在的出版界》，《时时周报》1931 年第 2 卷第 2 期，第 28 页。
② 杨寿清：《中国出版界简史》，永祥印书馆，1946，第 79 页。
③ 张季平：《现代中国出版界》，《前锋周报》1930 年 12 月 14 日，第 1 页。
④ 同上。

梓，浃旬之间，已风行全国矣"。①

出版商的聪明脑袋全部用来琢磨扩大图书销售数量，获取巨额利润，而对书籍内容、质量则避重就轻，漫不经心，靠广告和名家来撑场面，以新鲜噱头来吸引读者。这样的出版商无异于扰乱出版业的罪魁祸首。严尚平在其评论《书商，吸血鬼》中揭露了投机书商的四宗罪，具体包括压制剥削作者和出版家、囤集书籍及原稿、毁灭文化财产和操纵垄断、重利盘剥。显然，不少评论认定多数的出版家都在开倒车，投机和取巧，这种判断未免过于武断和偏激，但可以肯定的是这些投机性的出版行为带来的危害是相当严重的，造成出版界虚火旺盛，外强中干。表面上看种类繁多，急管繁弦，热闹非凡，但实际上浅薄无聊的出版物众多，有价值的好书太少，"二三十年间统计全国所有之出版物，虽云汗牛充栋，不可缕计，其真能具有促进文化辅助教育之效能者，殆什不过一二"。② 1927年的一篇出版评论对当时出版物的状况作出了如下描绘和评价，冠之为"畸形发展"。

> 近年出版事业之倡导，就表面观察，如雨后春笋，苗出不穷。然一采其内容，则有使吾人失望而沉痛者。厥惟提倡片面之性刊物，以迎合青年心理为张本。而以攫取金钱为鹄的，流播社会，为害甚巨。③

即便是在全面抗日战争期间，无序的商业化出版也占据书报刊出版的相当部分，妓女、剑客、侠士、侦探依旧充塞在各类出版物之中。外界对出版业的总体看法依然是问题多多，评价负面。"从表面上看起来中国的书委实不少了，但从实质看起来——好的总算那就很少很少。沫若尝说'上海的书店如纸篓'，这句话虽不免过激，但总不是绝无根据的"，④ "国内出版物风起云涌，开历来未有之新纪元。表面上似乎社会文化之进步，究其实，出版物中之无聊赖，无意识，无价值者乃占大半数，此又不容隐讳者

---

① 忆秋：《论出版家》，《木铎》1924年5月20日，第2页。
② 陈霆锐：《国家前途与出版事业》，《出版界》1926年第74期，第7页。
③ 驭良：《畸形发展的上海出版界》，《革命画报》1927年第13期，第2页。
④ 王振江：《中国现在的出版界》，《开明》1930年第20期，第1页。

也"①，"鸳鸯蝴蝶及想入非非的作品，仍是充斥着市场。即使一般比较进步的新书业，也在东抄西袭的出着什么代表作，什么模范指导，速成公式，对于真确的文化上，实在没有什么贡献"。② 这种出版一窝蜂的结果就是所出书刊内容相似、版式相近，甚至互相模拟，互相抄袭，互相重复。不仅造成出版业有限资源的浪费，而且书刊失去了指导读者的效用，错误百出。如此急功近利的后果就如"明人好刻古书而古书亡"，出版投机一定程度上促成了图书出版的发达，利于文化繁荣。但更主要的是功利之求，让出版商们走上唯利是图的歪门邪道，对出版业本身和文化的发展埋下了隐患。

　　那么应该如何遏制这种普遍性的出版投机行为呢？当时的出版评论也从不同角度给出了多种多样的妙方。首先是让出版机构和出版从业者意识到出版业区别于其他行业的特殊性，要求其出版的产品能够符合精神产品和文化价值的特征，增强出版的社会道德感和文化责任感，出版虽然要利润，但最主要的使命还是推动文化。"经营书业的人们除开赚钱目的之外，还应该有辅助文化进步的责任和改正国民心理的责任"③，"我人负着文化使命，写作文字，出版刊物，虽不必大唱高调，要对国家民族如何有益与建树，可是总不应该自趋歧途，忘了本责"。④ 其次是设定出版物质量标准，确定相对完善的评价机制，让出版同行严格遵照执行，坚决杜绝低劣书籍。"应由智识阶层起来把目下的出版物严格的审定一下，痛苦地指出他们的荒谬，同时也把有价值的东西提出来，让出版界晓得畏惧，让读书人有个选择的标准"⑤，并且强化这种标准或者准入程序的选择作用，杜绝那些低劣地、赶热门式的投机出版，"建立出版界的水平线，莫使一般低能的幼稚的浅薄无聊的作品再行羼入，免得误尽天下苍生"⑥。最后是多管齐下，多措并举。周全平（霆声）的理想中的出版业是"应当由读者和著作家合作出版事业，同时再由真正有学问的学者在旁作建设的批评，求出版物的进步"。⑦ 须旅

---

① 诛心：《出版热急应打倒》，《北洋画报》1931 年 7 月 18 日，第 2 页。
② 民天：《出版界往那里去》，《出版消息》1933 年第 4 期，第 7 页。
③ 胡哲敷：《出版界应努力的两条道路》，《图书月刊》1931 年第 5 期，第 1 页。
④ 秋翁：《出版界亟宜自肃》，《海光》1946 年第 16 期，第 2 页。
⑤ 霆声：《怎样去清理出版界》，《洪水》1925 年第 1 卷第 5 期，第 134~135 页。
⑥ 《检讨现在的出版界》，《时时周报》1931 年第 2 卷第 2 期，第 29 页。
⑦ 霆声：《怎样去清理出版界》，《洪水》1925 年第 1 卷第 5 期，第 135 页。

给出的诊治之法与周全平类似,需要文化界、教育界、出版界三方通力合作才能治本,"教育家告诉读者'什么样的书是坏书',批评家指出'那一本是坏书',著作家则做一本好的出来,同坏的比一比,使人一目了然于它的坏"。① 壮学② 以为有三个方法可以最大程度的避免唯利是图的书贾,分别是组织大规模的公司(增加投资)、做专门的出版事业(专业出版)和只做发行者,不做印刷者(编印分离)。这种改革的建议具体而中肯,富有前瞻性。

二 盗版翻印的问题

盗版和翻印一般意义上都是指未经版权所有人同意或授权,私下对出版物进行复制、重印再发行营销的出版行为。在近现代时期,盗版翻印的对象都是图书、报刊之类的纸质出版品。梁启超的作品很受读者欢迎,因此他也被严重的盗版翻印问题困扰不已,一书出版,自印千本,盗印则达到万本,远超正版数量。"每出一书,必被人翻印,无异于自绞心血,替他人赚钱。"③ 我国现代新式出版出现之后,盗版翻印屡见不鲜,是行业中普遍而又为害甚烈的一个问题。作家、出版商、读者和政府机关、行业工会等管理部门都深恶痛绝,严厉打击。但吊诡的是在这种群起攻之、人人喊打的环境下,出版业中的盗版翻印却依然如覆盂之固,不见减轻,反而益见进化,手段更为多样,品种更为翻新。作为出版业中的"旁门歪道"和"过街老鼠",盗版翻印的生存境遇与社会环境大相径庭,反差巨大,个中原因耐人寻味,引人思考。盗版翻印作为出版现实的一个常见现象,在出版评论中频繁出现。考察盗版翻印这样一个出版评论重要的板块内容,可以窥斑见豹,探寻其生存的出版生态土壤,揭示其屡禁不止的深层原因,展现书商、作者之间合作博弈的纠结关系和对于版权复杂模糊的暧昧态度。

20世纪二三十年代是我国现代出版事业的黄金期,最高峰时全国出版机构的数量达到上万家,书业是当时竞争最激烈的行业之一。盗版翻印在这一时期也愈演愈烈,甚至成了一部分出版人的主业,手段精妙,方法多样,几近以假乱真。中华书局吴铁声曾撰文揭露图书翻印内幕,"著作者自

---

① 须旅:《论出版界的投机》,《申报·出版界》1935 年 11 月 14 日。

② 壮学:《出版界的根本问题》,《现代评论》1925 年第 2 卷第 41 期,第 15~16 页。

③ 丁文江、赵丰田:《梁启超年谱长编》,上海人民出版社,2009,第 318 页。

己要出版一部作品，把稿件交给小印刷所去排版，等到全部稿子校定之后，这家印刷所就自己多打一幅纸型；然后把正文印好，封面换过，定价改低；有的甚至将书名，编著者的姓名都改变了"，这种不费翻版手续的翻版书，其手段之厉害明显超过其他错漏百出、印刷粗劣的盗版书籍，"这一种翻版书的正文，却与原版书一般无二，而定价比原版书便宜，因为合乎物美价廉的原则，就可以畅销一时"。① 盗版翻印的图书也明目张胆地摆放在书店、报摊售卖，店主、摊贩也毫不避讳，正版、伪版、盗版的书籍一齐陈列，价格从高到低，任由顾客挑选。这种公然侵犯作者权利，破坏出版秩序的现象猖狂至斯，而且不断地在蔓延，范围日渐扩大。在《中国新书月报》公布的北新书局会计史佐才的呈文中，出版界盗版翻印的事实触目惊心：

> 利之所在，人所争趋，翻版之风，于是大行，浸由上海蔓延平津，近在市坊屡屡发见，凡稍有价值之书，靡不有翻印伪本，假托乌有之店名，劣纸廉价以贱售，考其内容则割裂拼凑，不复成文，亥豕鲁鱼，讹误百出，著述本旨，荡然无存，反动思想，间杂其中。彼辈只知年利，不复顾及危害社会，若不严加取缔，防范事先，则此风蔓延，势必日甚一日，著述家与出版业交受其困，作者感出版之不便，书店视发行为畏途，则著作界前途之创痛，学术文化将来之影响，宁堪纪极。②

刘半农也惊诧于北平书摊中夸张离奇的盗版翻印现象，在北平一地就有三四百种翻版书籍，把上海各书局销行较佳的书籍几乎一网打尽。里面内容错漏百出，毫无质量可言，"有一本叫郭沫若著孤鸿零雁记，翻开一看，此书原为已故诗人苏曼殊所著"，"我还顺便翻了一本中国文学史，面上注明为上海泰西书局出版。谁知其内容即为泰东书局曾毅所译的中国文学史"，他慨然叹道："总之，我所看到的书，不是翻印上海版，便是冒充

---

① 吴铁声：《翻版书的黑幕》，《中国新书月报》1931 年第 10、11 合期，第 50 页。
② 《北平出版界开始向翻版书下攻击令》，载周林、李明山主编《中国版权史研究文献》，中国方正出版社，1999，第 210 页。

名作者著……其著者书店名目之冒充乱命，实使无甚判断能力的读者目眩眼花。"① 杨寿清称盗版翻印现象的普遍"这实是中国出版界上的一个污点"②。图书盗版翻印的猖獗，最直接的受害者就是书籍的著作者们，特别是当时一些著名的作家、畅销书作者。他们依靠稿酬、版税而获得收益，盗版翻印让这一群体损失惨重，严重时连稿费都难以保证。陈西滢1925年就在《闲话》中论及图书盗版翻印现象之普遍，出版商侵犯版权之随意。"中国还没有加入国际版税同盟，所以翻印或翻译不问版权是不大要紧的。可是他们待中国的著作家，也一样的凶恶"，"鲁迅、郁达夫、叶绍钧、落华生诸先生都各人有自己出版的创作集，现在有人用什么小说选的名义，把那里的小说部分或全部剽窃了去"。陈西滢对书商巧取豪夺作家版权，任意翻印的行为嗤之以鼻，大加呵斥，称他们是"著述界的蠹虫"，"蠹虫不除，著述界是不会有健全的希望的"。③ 华猗公针对盗版翻印现象发表了专题评论，针对翻版书的成因、缺点、防禁一一展开论述，这是现代第一篇系统完善的分析盗版翻印活动的文章，在当时产生了极大的影响。深受盗版翻印之苦的作家们在1932年联合起来，以胡适、刘半农、俞平伯、周作人等人联合发文，强烈要求市政当局严厉打击盗版翻印的非法行为，掀起了一场声势浩大的反盗版运动。北平市政府响应号召，与上海新书业公会联合执法，展开了一场疾风暴雨式地扫荡行动。仅在一家四合院中就"搜获翻版书籍三大间，共计二百余种，约计数万册之多"，非法奸商们"遂乘机纷纷运往外埠，或秘密收藏，以图灭迹"④，北平的盗版翻印活动得到有效的遏制。1934年上海市书业同业公会还颁布了《书业取缔翻版办法》十条，以联合自律，相互监督的方式限制日益猖獗的盗版翻印行为。

对于北平政府机关和上海新书业公会的联合打击盗版翻印行动，社会各界议论纷纷，《中国新书月报》刊登了多篇出版评论，集中探讨了出版业的盗版翻印问题，体现了出版界人士对盗版翻印现象的高度重视。令人讶异的是，反对和取缔盗版翻印的观点并没有形成压倒性的优势意见，共识

① 刘半农：《离奇的北平出版界》，《中国新书月报》1932年第2卷第4、5合期，第58页。
② 杨寿清：《大破坏后中国出版界的新转向》，《申报月刊》1945年第3期，第93页。
③ 西滢：《闲话》，《现代评论》1925年第2卷第48期，第14~15页。
④ 记者：《北平破获翻版机关》，《中国新书月报》1932年第2卷第4、5合期，第32页。

并没有形成，至少有三种相异的态度。第一种是坚决反对盗版翻印，认为这种现象是出版业的毒瘤，翻版书根本是害多益少。"错字百出，纸张不良，页数错乱或遗漏"，"翻版书既有如许之害处，翻版书商人实为读书界、出版界、著述界之公敌。我们总要站在一条战线上，向他们迎头击去，使他们一败涂地，一蹶不振才好"。① 第二种是对于胡适等文化名人领头的反盗版翻印行动，表达出相对程度上的"反感"，认为在当时的环境下盗版翻印书是有益的。"今阅胡博士等致市府函云：'各书局亦多能以福利社会为怀，不斤斤于利益之厚薄'，若以此征诸于事实，真是欺人之大笑话"，"以胡博士等和各书局老板们，不求翻版及欢喜买翻版书籍原因之由来，去对症下药，以消灭此不法误人事业，反舍本求末，袭取帝国主义者的高压故技来强力禁止，吾恐此事业绝不是一纸法令，甚而几个暗探所能禁绝的吧"。② 有评论对正版和翻版书的纸张、错讹字、价格作了比较后，指出"翻版书籍并没有损害，只有宣传文化的益处，怎能不使一般读者购买翻版书籍呢！况且翻版书籍如有莫大之害处，读者自然按着优胜劣败的定律而不买了，似乎用不着你们各大书局的劝导"。③ 有评论认为盗版翻印的书籍相当廉价，影响了出版机构和作家的收入，因此打击盗版翻印是书商和作家为了自身更多的利益，而罔顾读者利益的行为。"胡适之等的呈市政府文，无非表示他们是资本主义的拥护者，争取他们的共同利益，是他们一致的要求，在另一方面说来，就是加紧的向读者进攻，加紧的向读者剥削。"④ 第三种是没有明确表明立场倾向的，态度暧昧，主张基于现实环境，用一种变通、客观的方法解决问题。出版业是内容产业，相对内容，纸张的好坏，错字的多少并无太多影响。特别是对于购买力不足而读书欲旺盛的青年来说，明知盗版翻印是违法的，但迫于现实也只能去暗地购买。"翻版书会使原版书吃醋的，翻版书局是给大书店影响的，但是，我们这般穷

---

① 赵真：《关于翻版书之我见》，《中国新书月报》1932年第2卷第4、5合期，第58~59页。

② 光化：《看了胡博士等请市府取缔翻版书业函以后》，《中国新书月报》1931年第2卷第4、5合期，第60页。

③ 田逆生：《现下翻版书籍与原版书籍之比较》，《中国新书月报》1931年第2卷第4、5合期，第60页。

④ 可怜不死：《翻版书的展望和没落》，《中国新书月报》1931年第2卷第4、5合期，第63页。

小子们，不管你们醋不醋，酱油不酱油，总之，拿上几角大洋能购来几元的作品，纸不好，错字多，那是不足我们顾及的，不德行为，有碍法律，这又何足挂齿。"① 简单的查禁是治标并非治本之法，反而会剥夺社会部分群体的读书机会。"就拿翻版书籍这件事来说吧，表面上固是奸商牟利，侵害版权，在法律上说，是无疑的是要取缔。然而如果真的市场上没有了翻版书籍，不知有多少穷苦的学生在背后叫苦连天哩！"② 盗版翻印是社会环境使然，有这样的土壤必然会产生此类行为，只有静待时代环境发生变化，没有了盗版翻印存在的条件，那么它自然就会消失。所以书商与作家寻求法律保护是无效的，并不能完全消灭盗版翻印，反而会影响学生进修和疗救知识饥荒。

从这些出版评论可以发现，对于出版业的盗版翻印问题社会各界明显发生了"共识危机"，表面上看，观点的差异源自当时社会的阶层分化。支持严厉打击的多是著名作家、知识分子、大型出版机构负责人等，属于社会精英阶层。反对或持暧昧态度的则基本上是为穷苦学生、一般职业阶层代言，多属社会中下层。其实事情远非按照经济状况进行划分如此简单，不少地位甚高的老派知识分子持有作品应传之其人，流布世界的观点，认为保护著作权对民智开启、文化启蒙和提升国民文化素质不利。像知识分子中的领袖蔡元培先生，也担任过商务印书馆的要职，他就明确反对中国加入世界版权联盟，认为"东书译述，于今方滋，文明输入，此为捷径，版权一立，事废半涂"。③ 阙疑生也在著名的《科学》杂志上撰文，论证翻版西书的可行性，对此持肯定立场。胡适一边呼吁打击和消灭盗版翻印，但他却在北大为"现代戏剧"课程的学生们翻印了《二十世纪戏剧》这本教材。很多出版机构对于著作权也是在保护和侵权之间来回摇摆，对于外界盗版翻印本机构的图书非常排斥和强力打压。而对于图书作者则将版权和纸型都强横地占为己有，印刷量的多少与作者的酬劳基本无关。出版商

---

① 雪樵：《从这位著作家谈到翻版书业的问题》，《中国新书月报》1931 年第 2 卷第 4、5 合期，第 64 页。

② 孟班：《说说关于翻版书籍的问题》，《中国新书月报》1932 年第 2 卷第 4、5 合期，第 61 页。

③ 蔡元培：《日人盟我版权》，《蔡元培全集》（第一卷），中华书局，1984，第 159 页。

在充当作者保护者角色的同时，也在不断地侵犯作者的权益。作者与出版机构之间因为著作权权益问题分道扬镳，视如寇仇的事例不胜枚举，典型的如徐枕亚与民权书局、鲁迅与北新书局、郭沫若与泰东书局。这样的结果造成了本该是牢固的版权保护共同体产生了裂缝，作者对于自己的作品被盗版翻印无动于衷，甚至还有些微对出版商的幸灾乐祸之感。这种裂缝一定程度上让盗版翻印活动获得了生存的空间。这或许也是盗版翻印活动屡禁不止，绵延不绝的重要原因，当时的出版评论在分析和探讨盗版翻印问题时并没有深化到这一层，不能不说是一个缺憾。

三　淫书出版的问题

前文论及我国现代出版业盗版翻印问题严重，在这些盗版翻印的非法出版物中一个主要的组成部分就是所谓的"淫书"，这类书籍内容重点在于"星""腥""性"，诲淫诲色，低级趣味，滋生堕落腐化，败坏社会风气，不能堂而皇之的出版，只能借助旁门左道，暗室亏心。图书是优秀文化的结晶，出版业是传承民族优秀文化的平台，两者都是文化进步的助推器。而淫书却是社会改造和进步的绊脚石，扰乱风俗人心，对社会各界有莫大的消极影响。所以，自从出版业产生以来，淫书一直是出版评论批评的对象，查禁的呼声自始至终都没有断绝过。

近代开始的西学东渐，性学书籍和理论也逐渐传入中国，涉性出版物也通过各种渠道在民间传播。现代性学传播承继前朝，性读物急剧扩张，涉性的著作大量涌现。在《民国时期总书目》里有在医药卫生、社会科学、自然科学等学科下面分列性学、性教育、性卫生、性社会学等种属，图书总数达到400多种。当然这些列入的统计书目都是严肃的科学性读物，断不能算"淫书"范畴。但当时在市井间广泛传播，流布广泛的却多是渲染肉欲声色的"淫书"，出版"性"潮中浮现出一股黄色浊流。"出版界的人们对于女性美在特别的用心描绘，买书的人们对于女性美也在特别的留神赏玩。真的，这是'肉感'二字促成二十世纪的出版界一个花花绿绿的现象……书中，报中，杂志中，充满了肉，女人的肉！"[①] 一些出版商以传播

---

① 《谈出版界（五）》，《中央日报》1932年10月15日。

新观念、普及性知识、学习西方先进生活方式为借口，出版淫书，从中牟利。"近来以介绍性智识自命的定期刊物，雨后春笋似的，忽然增加了好几种，如《新文化》、《性杂志》、《性欲周报》、《性三日刊》、《性报》，多的不及半年，少的是最近一二月或一二星期内才出现的。"① 这类刊物名义上是介绍和传播科学的性知识和性文化，实际上滥竽充数，以猥亵与玩赏的意味和细腻与肉麻的笔法搜集、描绘才子佳人、风月场所、闺房之乐和淫邪之事。"现在性的教育日趋重要，而我国此类书籍大抵皆猥鄙不足观"②，"文字多幼稚欠通，取材则非谈嫖经，即谈赌学，以及吊膀子，轧姘头种种门槛，下流社会之黑幕，总之，无奇不有，而以诲淫为主"。③ 血气未定，不谙世事的青年人如果读到这类书籍和刊物，禁不住引诱，一旦越轨犯错，就会丧身败家，后果不堪设想。时人将淫书害处总结为三端，"荒废金钱，节省借债而不惜；荒费时间，弃功课、抛正业；流入淫邪，最易引起不道德之情感"，"其毒甚于猛兽，戕害青年生命，教师尤须留心，家长应当注意"。④ 在出版评论作者的眼里，淫书无异于洪水猛兽之祸，是杀人无形的软刀子。

> 市中发刊正当学术的书报，固不少，而投机谋利的小书店，诲盗诲淫的刊物，同时像市间垃圾般不绝的出现，戕贼前程有为的青年，以辟他无聊文丐发财的新径，罪恶之大，陷人之厉，有过于有形的杀人。淫书淫文，在无形中戕贼青年，是人目所见不到，为盗贼犯罪，为奸淫处刑。更有服毒、投江、上吊、自杀、逃亡、失业、堕落、讨饭，虽不能说都是淫书淫文所造成，可说淫书淫文是一个大原因，所以无形而不可列举统计的这种罪恶，真比了杀人放火，有迹可检的恶行为，要十倍而过之。⑤

---

① 潘光旦：《性教育者的资格问题》，《时事新报·学灯》1927年6月24日。
② 《广嗣新书》，《晨报副刊》1924年1月9日。
③ 啼红：《报话》，《小说日报》1940年8月23日。
④ 孔方元：《淫书淫画是青年男女的劲敌》，《大常识》1930年7月2日。
⑤ 竹铭：《声讨淫书淫文之著作者》，《机联会刊》1930年第2期，第2页。

　　读者触目皆是淫靡猥亵的书籍，蝶恋蜂狂，艳词浪语，蔑视情操，悖离人伦，败坏社会风气。这类出版物自然被社会各界所不齿，政府管理部门也大力打击，严加查禁。《申报》报道湖北查禁淫书事件时，有细致的现场描绘。"游行时各执白纸标语，并高呼口号，如"打倒性书籍"、"火烧春宫"、"淫书淫画是杀青年的利器"、"捉拿贩卖淫书淫画者"、"严办贩卖淫书淫画者"，"游行时并向热闹地点演说，痛陈淫书淫画之为祸，甚于洪水猛兽，慷慨激昂，声泪俱下，闻者莫不动容"。① 在扫荡淫书的风暴下，淫书并没有绝迹，而是改头换面，转入地下，以一种更为隐秘的方式——被文人斥之为"幽灵出版社"——继续出版。对此，有作者专门撰文将淫书漂白的"包装"画皮撕剥开来。"淫书淫文之下，加序加跋"，添加了许多伦理道德的修养偈语、劝世良言，表面上看是教化劝诫，实际上外善内恶，暗藏春色，其书内容多是渲染两性关系的淫秽描写和不良性心理的病态表现。更有淫书之作者和出版者"捏造他人的书信和著作"，制造冒名伪作，既可以迎合低级趣味，多销书报，又可以推卸责任，逃避追惩，可谓是奸刁伪诈，令读者和管理部门防不胜防，无所适从。对于"淫书活跃"，傅逸生的观点是"社会经济日趋没落，生活不安"导致"解除人们忧心苦闷的淫书、猥亵小说、春宫图等卑劣书籍及印刷品，也很流行"，并预测社会经济、文化不发生大的变化，将来这种"消解苦闷的淫荡离奇小说，仍可相当的发展"②。这种基于社会环境和阅读市场现实的判断，要远比那些叫嚣"禁绝""焚毁"的观点要理性得多，也更为现实。

　　对大众消费者来说，性的确是一个有利可图的题目。③ 对于出版业来说也是如此，性永远是吸引读者购买的法宝。"一本书本来只能销五百份，有了女人的肉，可以销到一万份；一种报本来只能销一千份，有了画报——充满了女人的肉——可以销到五万份或几十万份。"④ 张竞生的《性史》本非诲淫秽亵之书，而是科学展示性心理的读物，因其冠以"性"名，竟然洛阳纸贵，热销一时，举国上下，无有不晓。"现在广州市内的《性史》，

---

① 瘦影：《鄂省淫书淫画之末日》，《申报·自由谈》1928 年 3 月 2 日。
② 傅逸生：《中国出版界向何处去?》，《现代》1935 年第 6 卷第 2 期，第 56~57 页。
③ 王雪峰：《性话语的商业价值》，《博览群书》2008 年第 7 期，第 112 页。
④ 《谈出版界（五）》，《中央日报》1932 年 10 月 15 日。

统计已有五千余本（国光售出二千本，光东一千本，丁卜一千五百本，民智五百本）。现闻昌兴街丁卜书店更由上海订购了五千本。每本定价四角，不日书到。决定每本八角为代价，书尚未到，已未各校学生所订尽。"① 上海的美的书店，以"性读物"为招牌，推出性育小丛书系列，出书达十多种。由道林纸印刷，定价仅为二角，一年之间，总共卖出了几十万本。美的书店在生意最红火的时候，与商务印书馆、开明书店等老牌出版机构同侪并称。尽管不是什么好名声，但声势如烈火烹油，很多嗅觉敏锐的盗版书商迅即行动，摘取拼凑成书，抢滩出版，意图浑水摸鱼，从中牟利。上海还出现了一种"弄堂书店"，专门编印、销售充满色情成分和低级趣味的《房中秘》《性库》《桃色新闻》《书淫艳异录》等图书。出版界之性潮风靡一时，"近年谈性之书，汗牛充栋，作者多自命张竞生，书中人物，亦不外小江平董二嫂之类。其中有《花魔》等书，一出再出，竟至五集，闻系在北方撰述，而寄沪出版者。此类书籍，以前两年为最盛时代，当时津埠各大商场，竟有公然陈列者，且巧立名目，层出不穷"②。严肃的、正经的、有价值的社科书籍和文学书籍销路不畅，而淫秽书籍无不畅销一时，"专售淫秘书籍之爱丽、好运通、青华、交通、中央各书店无不利市十倍，门庭如市"③。有读者直接将上海书店云集的四马路文化街称为"野鸡窟"，行人经过外滩或者附近的马路，都可以看见许多书摊上放满了中文本的、英文本的淫邪书刊公开售卖。

在淫书出版的舆论风暴中，张竞生是一个绕不开的人物，其人其书、其行其言引发了两场大规模的争论。首先就是对《性史》这部书籍及其热销现象的评价与分析。《性史》出版后，其惊世骇俗的内容，大胆直露的写法震惊了整个知识界。它的持续热销和广泛传播更让普通民众在积习和视野之外，打开了一扇更奇妙更深邃的窗户。1926 年 8 月，广州的《民国日报》连续刊登了多篇关于《性史》的评论，新旧人物笔战的火星四溅给溽热的羊城又增添了一分热度。对于《性史》有人甘之若饴，赞之是填补国人性教育缺乏的良方，"一班青年男女，好像饮了狂药一般，说一句真实的

---

① 怪：《海淫的〈性史〉》，《广州民国日报》1926 年 8 月 3 日。
② 非性：《出版界之性潮》，《天津商报图画半周刊》1930 年 7 月 30 日。
③ 张金兰：《一年来的中国出版界》，《政治旬刊》1936 新年特刊号，第 74 页。

话，确是'耳有听，听性史。目有视，视性史。口有道，道性史'了。《性史》的魔力正是大得很哩"①。有评论者描述了看了《性史》之后的感受，"我本是一个未婚的青年，可是看到了这些地方，如中了什么魔似的使我的精神上发生了一种不可思议的变化，遂至身不自主地心火熊熊甚至于不能自已。啊，《性史》的魔力啊"②。有人赞叹，亦有人批判。有人从伦理和法律角度解读《性史》，认为"该《性史》实含鼓吹共夫共妻的意味，行于国中，将沦于禽兽之邦"，是"无价值的出版也"，主张"政府应当出一纸禁令，就如农夫除草，令其不蔓延也"。③ 有评论者独辟蹊径，从《性史》热销的原因入手，指出反对《性史》的批评无异于此书的幕后推手，"因为有《性史》的批评，人们方才知道《性史》是一本禁书。尤其是前天杨萌君《我也说〈性史〉》一文的轻描淡写，像这样的推波助澜，其最更浮于原作者之上"，并且客观理性的表明立场："如果《性史》有性教育的价值，那么，医生、心理学教授与性教育的训育者，不当一概禁买。如果的确是一本淫秽的书，非但要以后完全禁绝，连以前所卖的数千册，也要一一追回销毁。"④

其次是关于"性书"与"淫书"的判定问题。这是由于美的书店出版的相关书籍被起诉为"淫书"，张竞生与监察长对簿公堂打官司而引起的。面对出版淫书，诱人堕落的指控，张竞生、彭兆良在法庭上唇枪舌剑，百般辩论，他们的言论被报纸刊发后，在出版界就引起了关于什么是性书，什么是淫书，两者如何区分，以何为标准的讨论。知识界、法律界和出版界对这个判定也很难把握。梁漱溟误认为《性史》是一般刊物，评价有褒有贬，认为书中夹杂"淫亵"的内容，"他（指张竞生）在校外又出版了一本《性史》，似是陆续发行的期刊，其内容猥亵，很遭物议。我虽亦认为给社会的影响不良，然却谅解其人似于下流胡闹着有别"。⑤ 吴鸿举在论及《性史》时虽肯定它不等同于腐化堕落，毒害青少年的淫书，但也以为《性

---

① 《看〈性史〉的传染病》，《民国日报》（广州）1926 年 8 月 13 日。
② 杨萌：《我也说〈性史〉》，《民国日报》（广州）1926 年 8 月 20 日。
③ 俞雄飞：《看了〈性史〉的批评》，《民国日报》（广州）1926 年 8 月 27 日。
④ 北洌：《批评〈性史〉者罪人也》，《民国日报》（广州）1926 年 8 月 22 日。
⑤ 梁漱溟：《我是怎样一个人》，当代中国出版社，2012，第 30 页。

史》不适合中学生阅读，"假若有人以为在中学时代的学生看《性史》，就是对学生正当的性的知识的输入的一种，那可就大错特错了"，"即使这书在另一方面具有相当的价值，但加于这种年纪的青年的身上，它所收到的结果是与看《肉蒲团》一样的"。① 周作人对《性史》持宽容态度，"《性史》我也以为不可厚非，他使人觉得性的事实也可以公然写出，并不是如前人所想的那样污秽东西，不能收入正经书的里边去的"。② 但对张竞生在《新文化》杂志上宣扬的"性部呼吸""性与丹田"等观点和内容持否定态度，认为其与新文化运动批判的中国古代热衷的道家采补、房中术、御女法并无区别，是一种新式的倒退。1927 年在《新文化》杂志上，张竞生陆续编发了一组讨论"性书"与"淫书"的稿件，以自辩清白。郑宾于的评论《从"淫"字的词源和本义说起》，明确指明了性书与淫书的区分标准："这淫书的产出与否是由于作者的态度如何：作者以非人生活的，兽性态度去处理书中人物的行径，其结果便产出了所谓'淫书'。如作者真的了解了'人生'，知道人生除衣食住外还有比较更要重要的事情——性欲在，那吗，他所产生出来的著作一定不是淫书了"，接着以《肉蒲团》、《灯草和尚》和《西厢记》相比较，就可以发现作者对于人生所持的态度是判断是"宣淫"的淫书还是"性育"的性书的基本依据。所以被当局宣布为淫书而遭查禁的《性史》《结婚的爱》《情书一束》"他们三个所共通的一点是要使人们了解这两足动物底真实生活和改良人类。不特不是'海淫'，而且还要教人'节欲'，教人怎样的去'节欲'"，"因此，描写性欲的书不必就是'淫书'，要看作者的态度究竟如何。"③ 梦韶和王蕴玉都立场昭彰，表明《新文化》不属于淫书，"《新文化》是一种最有新思想，最有新贡献的出版物，不但不猥亵海淫，简直可称是'救淫'的宝筏。何则？《新文化》所讨论的是就事论事，是根据学理，是说要怎样在这人生不能避免的性生活中求得优美的高尚的快乐的方法，不是叫人去乱淫"。④ 面对书刊和书店被查禁、关闭的危险，张竞生指出必须公正客观的进行图书审查，"应由官厅与性育

---

① 吴鸿举：《关于南开中学的性教育》，参见《张竞生文集》，广州出版社，1998，第435页。
② 岂明（周作人）：《时运的说明》，《世界日报》1927年2月26日。
③ 郑宾于：《论"淫书"》，《新文化》1927年第1卷第2期，第148~149页。
④ 王蕴玉：《〈新文化〉是为了"救淫"非海淫》，《新文化》1927年第1卷第6期，第31页。

界对于性学内行者共同组织审查处，审查哪本是性书哪本是淫书"，如若查明是淫书必须处罚，但应轻判发行者和印刷者，"重罚著作人，乃为根本的救治方法"。[①] 这场争论一直在延续，直到 20 世纪 40 年代，在报刊上还有关于性书、淫书的分辨之论，对张竞生所著、所译的书籍的定性和评价也时常见诸报端。尽管白云苍狗，时空变化，制度、经济、文化、观念发生了翻天覆地的巨变，但当时出版评论对这个问题所做的分析、论证、探索对今天涉性、涉黄图书的治理与处置仍然具有巨大的参照价值和理论意义。

四　出版愆期的问题

在现代出版业的类型分布上，期刊杂志占据着相当重要的位置，而且在增长的速度、数量上都超过了同期图书，刊物越出越多，以至出现了"杂志年"的文化现象，鲁迅对出版业有"出版界的现状，期刊多而专书少"[②]，"零食超过主食"的评价。但在杂志发展的过程中，愆期问题渐渐凸显，益发严重。期刊杂志是一种有固定刊名，定期连续出版的印刷读物，按时出版是基本要求，但在当时的环境下刊物的定期按时出版成为一种奢望，较为鲜见，这与当时杂志的数量爆发性、膨胀式的增长形成了鲜明的对比。"定期刊物不能按期出版，这是中国出版界一个最糟的现象。"[③] 连按时定期出版的最低要求都没能做到，杂志本身以及幕后的编辑出版人自然成为出版评论批评的对象和指责的目标。

从当时杂志中大量的编辑启事、通告、后记、编辑余话、致歉说明就足以证明出版愆期的普遍化，"俱深抱歉""至用惭歉""殊为抱憾""不胜愧恧""愧对读者"这类字眼俯拾皆是。就连一些著名的杂志都有过多次愆期的现象，《新潮》《太平洋》《甲寅》《创造》季刊都因为愆期而公开向读者致歉。杂志愆期的情况严重到什么地步呢？以《新潮》杂志为例，原本是月刊，但从第二卷第一期后就变成了不定期刊物。1919 年 12 月出版了第二卷第二期，1920 年 2 月出版第二卷第三期，当年 5 月又出版了第二卷第

---

① 张竞生：《与〈晶报〉论禁淫书而倡性学的方法》，《新文化》1927 年第 1 卷第 6 期，第 25 页。

② 莫朕（鲁迅）：《零食》，《申报·自由谈》1934 年 6 月 16 日。

③ 汪荫桐：《小书店的发展与后期文化运动》，《长夜》1928 年第 3 期，第 33 页。

四期。而出版了第二卷第五期之后，第三卷第一期迟至 1921 年 9 月才出版，整整间隔了一年时间，然后第三卷第二期也是在半年之后的 1922 年 3 月才出版。《少年中国》从 1923 年 3 月第一期到 1924 年 4 月第十二期，只有第一期正常出版，而其余十一期都是愆期出版，一般都要拖延一到二个月。这还不算拖的时间长的，北京大学的《国学季刊》自创刊号后，间隔了两年多才又出了一期，这简直比图书出版的周期还要漫长。"中国底各种出版物呢，查不多愆期的要居大多数。民国八年预定一年九期的《北大月刊》，如今两年多了，还只出了七期。最高学府底出版物，有这种无限期愆期的现象，不是很可叹吗！"① 定期刊物出版不规则，多半不能按期出版，愆期而又愆期，延误一再延误，最后被迫合期出版，成为杂志界每次进行总结和检讨时都要提及的缺点。"各地的出版界依然散漫不堪，出书的迟缓和刊物的脱期，尤为昭然的事实。"② 杂志的愆期带来的直接后果就是缺乏时效性，原本新鲜的内容变得陈旧落伍，甚至会闹笑话。沈本权批评商务印书馆的《学生杂志》经常愆期，"第六期《学生》应该是六月五日出版的，但我收到该杂志时已在七月底了"③，造成了本来是供给升学者参考用的几篇关于升学应试的文章以及前几年各大学入学试题，完全失效了，因为大多数的大学在七月中旬以前举行过考试了。读者在收到推迟了的刊物时只能哭笑不得，大呼荒谬。

办刊经费不足是造成杂志愆期的根本原因。著名报人汪汉溪在总结中国新闻事业发展困难的原因时就指出在中国不仰仗外界，不受人豢养，独立办报非但"物用昂贵，开支浩大"，而且"股本即难添招，收入亦无把握"，因此出刊办报是"经济独立言之非艰，行之为艰"④。充裕稳定的经费和财力支撑是杂志出版和发行的关键因素，现代出版传媒业的出现是在经济、科技发展的基础上出现的，报刊的出版必须有强大的经济实力作为保障。从晚清开始的中国出版业现代化转型，古代的私刻之所以被官办书局、

① 汉胄：《出版物底愆期》，《民国日报·觉悟》1921 年 1 月 30 日。
② 储安平：《一年来的中国出版界》，《读书顾问》1935 年第 4 期，第 12 页。
③ 沈本权：《评商务印书馆的〈学生杂志〉》，《一般》1926 年第 1 卷第 1 期，第 125 页。
④ 汪汉溪：《新闻事业困难之原因》，张静庐辑注《中国出版史料·丁编（上卷）》，上海书店出版社，2011，第 21~26 页。

民营书局所取代，主要就在于在财力上无法与之相抗衡。以刊中寿星《东方杂志》为例，该杂志能够坚持四十多年的时间，很重要的一点就在于它是由当时中国规模最大的出版机构商务印书馆出版印刷发行。商务印书馆资金充足，实力雄厚，这就为《东方杂志》长期稳定的出版发行提供了良好的保障。而彼时大多数杂志属同人办刊，缺乏明确而强大的财力支持，主要依靠社团及个人的热心资助，仅能勉力维持。筹到款项能够支付印刷费用时即出版一期，没有收入时则能拖就拖，形成了恶性循环。"因经费的拖久而影响于出版的愆期；因出版的愆期而本社失信于读者，而影响书籍之销数；因销数之减少而书籍遂以停滞，印刷费遂以愈久愈多。"①

编辑人手短缺是造成杂志愆期的直接原因。杂志编辑部组成人员大都为兼职，既有本职工作和社会活动，又要兼顾写稿、约稿、改稿、校对等编辑部工作，一身数职，忙得不可开交。《新潮》屡次愆期皆因为编辑成员过于繁忙，无暇顾及，"本号原应在八月一号出版的，只因数月来为了五四运动，本社社员自当分负些责任；况且我们的学校天天在惊风骇浪之中，也不能安心作文办事，所以迟至今日"②，"因国内事变太多，社员往往服务其他团体，不能安心作文；丛书开办伊始，诸费筹备，杂志当然就会受'分力'的影响"③。《互助月刊》的愆期"一则是因为编者兼任实业部中央工业试验所的事务长，公务稍微忙了一点；二则编者又在创办工业中心月刊，又多了一个担负"④。《景星季刊》"原来本社仅数人，学识既感不足，复以时间之不允许，终之，本刊迟九阅月与爱护本刊者始相见"⑤。因为同人办刊的缘故，没有完善的编辑部管理规章，会出现部分成员忙于自己的事业而怠慢编辑工作，抑或热情消退，无心于刊物时便会消极应对，弃之如履。所以造成分工不均，编辑成员之间矛盾丛生，影响了刊物的正常出版发行。

印刷延迟是造成杂志愆期的客观原因。"第一得怪印刷所不肯帮忙，你

①　《新潮社之最近》，《晨报副刊》1922 年 12 月 24 日。
②　《本社事启》，《新潮》1919 年第 2 卷第 1 期，第 6 页。
③　《〈新潮〉杂志出版愆期的原因》，新潮社：《新潮·第二卷》合订本，北京大学出版社，1920，第 1076 页。
④　襄我：《编辑琐记》，《互助月刊》1932 年第 4、5 合期，第 26 页。
⑤　《后记》，《景星季刊》1932 年第 2、3 合期，第 103 页。

急巴巴催，他尽是慢吞吞敷衍，死人也不怪。"① 编辑部将杂志样张交与别处印刷与发行，中间存在着太多杂志本身无法控制的因素，一个小小事件的发生都有可能造成杂志的印刷工作搁置。比如政治因素，"本报原系旬刊，为长沙评论政治刊物之急先锋。前因处于反动政治之下，印刷困难，每致愆期"②；比如稿件遗失，"最近的十九期也不能如期，实在是印刷局的遗失了原稿的原因"③；比如承印商生意繁忙，无暇顾及，"本期之所以会延误的原因，就是因为国历新年，承印者为了印贺年片和各种宣言的缘故，生意非常忙碌，本刊既不能增加他的工钱，当然就要被他延误了"④；比如遭遇印刷厂工人罢工，"本书出版，愆期已久。一·二八之变，对于工作进行，尤受阻折。事平之后，又急于着手罢工纠纷……一再搁置，遂迄于今"⑤。商务印书馆出版的《四库全书》在1926年也因为装订工人罢工，而不得不推迟出版。所以很多无力自办印刷发行的杂志经常变换承印商，如农学杂志《皋农》历时两年，出版二十三期，经历了精诚印刷社、新生印刷公司、正大印刷社、快廉印刷所四家承印商。这也从一个侧面说明了杂志经营的困难。

在众多的评论文本中，对出版愆期问题有较集中的分析和评述的是刘大白先生的作品。他在浙江教育界、文化界任职多年，也曾在新闻界任职谋生，对出版业和出版商非常熟稔。刘大白署名汉胄在《民国日报·觉悟》的《随感录》专栏发表过多篇出版评论，对出版愆期的原因进行过深度的解析和评价。他指出日本的杂志由于编辑、印刷、出版三部门的通力合作，基本没有愆期现象。而在中国，杂志愆期是一种通病。实力弱小，财力不够的杂志还可以借口印刷、发行问题，"至于号称中国最大的书店，各种杂志都专设编辑部，印刷、发行又都是自办的，也常常有出版愆期的现象，这是什么缘故呢？我想不负责任，不顾信用，大概是中国人底通病罢"⑥，

---

① 苏青：《做编辑的滋味》，《大众》1944年第19期，第135页。
② 《〈战士〉周刊》，《大公报（湖南）》1926年8月21日。
③ 编者：《编辑余志》，《感化》1929年第20期，第1页。
④ 《最后一页》，《民众》1930年第7期，第94页。
⑤ 蔡正雅：《上海市工人生活程度·序》，上海市政府社会局编《上海市工人生活程度》，中华书局，1934，第1页。
⑥ 汉胄（刘大白）：《出版物底愆期》，《民国日报·觉悟》1921年1月30日。

认定出版愆期的主要原因并非客观环境因素，而是编辑出版人员没有认真努力工作，敷衍失职的结果。这篇评论刊登后，引起了《民国日报》驻日本特派记者谢晋青的回应，他针对刘大白的两个主要观点"日本杂志的早产"和"中国杂志的愆期"一一做了评述。在文中，他认为日本杂志的早产是因为日本教育的普及，杂志的受众群体庞大，"所以杂志的种类，发生日多"，"出版家个个晓得迎合社会心理，又兼着同行须得竞争，所以这个月底杂志，我比你出得早，那个月底杂志，你就比我更早。差不多普通的二月号底杂志，一月十日就都出版了"，追根溯源，本质的原因就是日本特殊的民族性。在分析中国杂志的愆期时，晋青认为"出版家对出版愆期，不是不负责任，和不顾信用，实在是欲负责任和欲顾信用而不能，概括起来就是心有余而力不足"，"实在多由于材料困穷。材料为什么困穷呢？这又是人力不足和教育缺乏底问题"。① 谢晋青长期居住日本，对日本出版界相当了解，评论中对日本杂志按期出版的分析全面客观，而且考察到民族性层面，颇具深度和新意。他的评论发表后，刘大白在同一期《觉悟》上连发两篇评论予以回应。在《材料穷》中，他赞同晋青的中国杂志愆期是因为材料困穷的观点，并进而指出因为材料不足，出版界出现了某些出版机构利用讲义、笔记和零星译述滥竽充数的不良现象，值得警惕。另外在《出版物愆期底分别》里对晋青提出的中国出版家对出版愆期是心有余而力不足的看法作了分析，他指出对不同杂志的愆期要分别对待，"无限期愆期的，像《北大月刊》、《新潮》一类，是由于'材料困穷'，'心有余而力不足的'；有限期愆期的，像著名大书店按月出版的杂志，明明每期紧接着继续出版，这却不是由于'材料困穷'，不是'心有余而力不足的'，实在是习惯的积压了"②，而积压可以通过提早出刊来破解，但编辑人员却无视于它，不肯略加改善，这就是典型的不负责任和不顾信用了。刘大白和谢晋青的这组出版评论，前后呼应，互为补充，对杂志出版愆期的问题解剖得透彻清晰，督促出版界设法整顿，着力改变。同时，他们之间的互动始终都是理性、平和，毫无戾气、怨气、怒气，秉持着协商、学习、共同分析

---

① 晋青：《出版物底愆期与早产》，《民国日报·觉悟》1921年2月21日。

② 汉胄（刘大白）：《出版物愆期底分别》，《民国日报·觉悟》1921年2月24日。

并解决问题的心态。这样的评论切磋正是出版评论界的一股清流，为出版评论作者们树立了一个良好的榜样。

叶圣陶先生办过《小说月报》《中学生》等多种杂志，他秉持杂志必须按时按期出版，不能打破出版者和读者之间的这种按照日期相见而形成的默契和期待，否则就是出版者的失职。他指出："出一种杂志，标明是月刊，每月某一天出版，这就是与读者诸君订了契约，按月如期出版，那是守约，读者可以享受如期展读的快感。如果出版脱期，那就是失信，读者就将因盼望不到而失望。"① 他是这样说的，也是这样做的。在正常环境下，叶圣陶主持的杂志总是提早编稿，提早排印，尽量做到月月准期，体现了一个负责任的出版人的职业和专业，也为减少和杜绝出版愆期现象提供了一个可供效仿的解决路径。

---

① 叶圣陶：《我们的宗旨与态度》，宋应离，袁喜生，刘小敏编《20世纪中国著名编辑出版家研究资料汇辑》（第3辑），河南大学出版社，2005，第168页。

第四章　中国现代出版评论的主题与内容：
基于出版内生态的视角

上一章对我国现代出版评论主题和内容的论述是着重于从外部因素对出版生态系统影响的分析和对各种出版生态现象的洞察的话，那么这一章中研究的视角将从外部转向内部，重点考察出版作为一种产业系统的产品（出版物）及其运作（经营管理和出版流程）的状况。前事之不忘，后事之师也。从评论的功用性角度上，这一主题的出版评论对当今出版业在出版经营、人事管理、产品营销等多方面具有重要的参照价值和指导意义。

第一节　关于出版物的评论

根据出版物的类型差异，出版大致可以分为教育出版、专业出版和大众出版三大类。在三十年的时间里，这三大类型的出版都获得了蓬勃发展，各类学校的教科书、新文学著作、儿童图书、学术专著、普及丛书、通俗读物等出版物类型百花齐放，百舸齐进。教育的进步、文化的普及推动着出版业的发展，出版业的发展又有反哺的作用，促进教育和文化的前进。两者之间形成一种良性的互动关系，出版物的数量、质量都达到了相当的规模。现代出版业面对前所未有的巨大发展机遇，在快速扩张和急剧膨胀的同时由于主客观条件的限制，也一时难以适应变幻不定的新形势的挑战，不能满足人们日益高涨的对于出版物的多种需要。而且自身也存在着很多缺欠，导致书报刊的出版发生了诸多问题，引发外界的非议和不满。

从另一个角度来看，现代出版业作为一个新兴的产业部门，其产品的好坏优劣的评判者是作为消费对象的读者。消费者对于产品的态度永远是挑剔和高要求的，永远要求精益求精，好上加好。出版业作为特殊的精神产品的生产者，读者对其寄予了更高的心理预期。一旦低于这种预期，人们自然要提出批评和责难。所以各种类型的出版物无一例外地成为出版评论的中心标靶。

一 教科书出版

美国科技哲学家托马斯·库恩在阐述"范式"这个概念的来源时曾提到教科书的重要意义，认为社会大众包括科学家的知识大都源自教科书，为"范式"的形成——正确抑或错误——奠定了基础，所以"对于教科书及其替代物的日益增长的依赖，总是任何一门科学中第一个范式兴起的附带现象"[1]。教科书自诞生之日起就充当着传输知识、规范思维、形成人生观、世界观的重任，是启发民智、解放思想、教育国民、宣扬爱国主义的主要工具。"教育在国家、社会发展中具有的基础性、全局性和先导性，决定了我国漫长艰辛的近代进程中，普及教育以提高全民素质的活动，具有重大意义……而普及教育，教科书是极关键的。"[2] 作为教科书最主要生产者的出版业自然与启蒙、教育、文化、国家等紧密联系在一起，重任在肩。张元济加入商务印书馆时就立下"以扶助教育为己任"的宏愿，确立为教育服务的出版宗旨，大量出版教材及教学参考书，商务迅即成为全国教科书的出版中心，"商务书馆卓其沪江，其所出版书籍颇能适应时势之要求，吾国教育良有赖也"[3]。陆费逵在中华书局创办时就确立教科书出版为根基的方针，"立国根本在乎教育，教育根本，实在教科书。教育不革命，国基终无由巩固，教科书不革命，教育目的终不能达也"[4]。从企业经营上来说，教科书出版是各大出版机构的生命线。教科书所占的市场份额的大小是出版机构实力强弱的直接体现，中国现代出版业所谓的"四大书局""七大机构""十一家书商"的称号和排名就是根据它们所占教科书市场的份额来决

---

① 〔美〕托马斯·库恩：《科学革命的结构》（第四版），金吾伦、胡新和译，北京大学出版社，2012，第115页。
② 汪家熔：《民族魂：教科书变迁》，商务印书馆，2008，第6页。
③ 孙增大：《敬告书业》，《教育周报》1913年第17期，第29页。
④ 陆费逵：《中华书局宣言书》，《中华教育界》1912年创刊号，第21页。

定的。商务印书馆从一家专司印刷的小作坊发展成为亚洲数一数二的出版企业，腾飞的起点就是教科书的编译、出版和发行。中华书局更不用说了，其创设就是借助民国初立的契机推出新式教科书，在商务印书馆的垄断中闯了出来。世界、大东、开明、正中都是在不同时期跻身教科书市场才在出版业的激烈竞争中站稳脚跟并发展壮大的。而处于出版生态底层的数量众多的中小书局、书店、作坊，翻印教科书是它们主要的生存手段。于教育事业，教科书是教育的利器和学生的宝典；于出版事业，教科书是盈利的商品和生存的法宝；于国家国民，教科书是启蒙的依托和文化的命脉，其功能和地位的重要性不言而喻。所以，教科书出版是社会各界瞩目的焦点，来自出版界、知识界、教育界的有识之士和很多基层的教师、学生都发表了许多评论文章，表达各自的看法、意见和建议。其中不乏透彻、尖锐的愤激之声，甚至是不留情面、体无完肤的批评。概观而论，关于教科书出版的评论文章关注于三个方面：教科书质量、教科书编纂和教科书出版审定制度。

1. 对教科书质量的批评

教科书是进行教学的基本工具，是学生获取信息和知识的第一载体。其质量与教学效果直接相关，特别是对于中小学生，教科书几乎就是学习的代名词，读书就是读课本教材，知识的增长就是教科书不断更新、加深的过程。所以，教科书质量与普通出版物质量相比就更具重要性，毕竟其使用的广泛性、影响的持久性、效果的启蒙性都是普通出版物无法比拟的。教科书出版的特殊性再加上激烈的市场竞争，各大教科书出版机构都持非常认真细致，精心慎重的态度，对编写质量不敢丝毫懈怠，"造端甚微，影响至巨，不敢稍有稽延，尤不敢或滋草率"[1]，大都设立了专门教科图书部，高薪延聘文化名人担纲，邀请拥有丰富一线教学经验的教师与书局编辑一同编写教科书，"除了采用局外特约编稿与自己写稿投寄书店两种外，主要还是物色相当的人到局内专任编辑"[2]，教科书编写成员集教师、编辑、研

---

[1] 《新编共和国教科书之说明》，《王云五文集》（五），江西教育出版社，2008，第71页。

[2] 朱剑芒：《在世界书局服务期间的一些回忆》，中国人民政治协商会议江苏省常熟县委员会文史资料研究会编《文史资料辑存》（第六辑），常熟：中国人民政治协商会议江苏省常熟县委员会文史资料研究会，1966，第1页。

究者、文化人为一体，既有先进教育理念理论的指导，又不乏实践教学经验的补充验证。高素质的编辑团体是教科书质量的保障。不少出版机构还公开征集教科书编纂方案、教科书改良方法等。像中华书局就多次通过《中华教育界》杂志进行教科书征文活动，包括各种教材的研究、改进，国外教材的翻译、引进等。教育的责任感和营业的需要，催生了一大批可称为教科书界"巨擘"的名牌系列教材，如商务印书馆的《共和国教科书》《实用教科书》《复兴教科书》，中华书局的《中华教科书》《新制教科书》《新中华教科书》，开明书店的《开明活页文选》《开明英文读本》，世界书局的《新学制小学教科书》、"新主义教科书系列"，大东书局的"新生活系列教科书"等，其中的很多教科书销售旺盛，一版再版，风靡数年，足见其书籍质量的过硬和品质的上乘。

　　五四之后的时代环境变幻迅速，中西思潮碰撞融合，反映在教育事业上就是教育理论风靡云蒸，教育思潮此起彼伏，教育实验纷至沓来，课程学制也应时而动，迭有更改。教科书的出版也是趋步影从，缩短出版流程，快编快改，快印快出，一两年之间就出版几十种覆盖中小学的各类教科书，"学制修改一次，教科书跟着变更一次，往往一部还未出全，又要赶编第二部"①。萝卜快了不洗泥，在教科书走马灯似的推出时，编写修订的仓促，文字内容的芜杂就在所难免。社会各界对教科书质量的诟病与指责在报刊上就不断地出现。有评论披露"商务印书馆之共和国教科书（文学史）偶一翻阅，不禁捧腹"，原因是编写不严谨，"看两本目录，信口开河"，导致书中出现多处低级的谬误，不仅沦为笑柄，而且"教科书为学童所必需，新学小生，数典忘祖，人手一编奉为金科玉律，必至张冠李戴，淆乱玄黄"。② 林语堂也对商务印书馆所编的英文教科书有过严厉的批评，他在书铺里找学生自修用书时，"发见了有《英语备考》这么样荒谬的一本书。这书的编撰者并不著名氏，据书后之作'商务印书馆编译所'……里头有一章，题目为'读音之普通错误'通共不过四页，然就四页中荒谬绝伦之处不只两打。果使学生跟从这短短四页的宝训去读音，则其读音之结果，早

---

① 庄俞：《谈谈我馆编辑教科书的变迁》，蔡元培等：《商务印书馆九十年》，商务印书馆，1987，第66页。

② 香严：《呜呼商务印书馆之共和国教科书》，《上海滩》1914年第2期，第3页。

可以料想而知道了"①。编写时间仓促而急就的教科书存在多处错误的绝不止商务印书馆一家，而且比商务版共和国教科书严重者也是甚多，但因商务印书馆在出版界的绝对优势，商务版的教科书使用相当广泛，随处可见，俯拾皆是，这就给外界造成了出版业只顾追求利润，粗制滥造的印象。"在这赶出竞卖的局面之下，粗制滥造就成为非常普遍的现象了。孩子们穷年累月地念着的教科书，就是我们的教育家十几天，甚至三几天，编辑成的啊！"② 有些出版机构为了赶上开学季，临时拼凑编写班子，找来几本市面上畅销的教科书，剪刀加糨糊，拼凑而成"最新版""修订本"，其中内容挦撦饾饤，芜杂凌乱。使用的材料极其陈腐保守，不合时代的潮流，语句修辞浮夸过激，专事描摹，言重意轻，不堪一阅。

> 甲乙丙丁戊己庚辛壬癸，转到子丑寅卯而至于申酉戌亥，只要会一丨丿囗，便能编《习字读本》；只要知道"汉唐五代"，便能编《历史教科书》；类而充之，所谓《生活》也，所谓《自然》也，更漫不在乎的，只要能够领略"饭是米煮的"、"粪是饭化的"，"热天穿单衣不冷"、"冬天着棉袄不热"，就大可以"专家"自豪了。③

这种现状让出版界人士焦虑不安，担心不已，"我们不必讳言，目前中国出版界的最大危害，为粗制滥造，不必再提起以前的什么天书似的社会科学的译作来，即就今日各书局出版教科书而论，就不免有粗制滥造之弊"④。教育当局的新课程标准公布的时间才过去几个月的时间，市场上已经有五六个版本的新课标的系列教科书出售。针对教科书的互相抄袭，换汤不换药，内容不更新，换个名字和封面就以新书面目问世的乱象，有文章发出了对出版商的质问："现在新编的教科书，究有异于以前所编的吗？果实什么地方比前改良了呢？自新课程标准的决议公布，为时不过半载，

---

① 林语堂：《论英文读音》，林语堂：《翦拂集》，上海书店，1983，第 165 页。
② 柯尔达：《教科书的洪水》，《抗争》1933 年第 2 卷第 15 期，第 6 页。
③ 晋寅：《教科书问题》，《社会新闻》1933 年第 2 卷第 16 期，第 220 页。
④ 秀君：《教科书应除的弊病》，《三通月报》1940 年第 4 期，第 2 页。

依据此标准而编纂的教科用书，果能免于改头换面，粗制滥造之讥吗?"①粗制滥造的教科书除了破绽百出，质量低劣之外，其陈腐落后、空洞浮泛、装腔作势的内容也让人嫌恶。"我们试略一查阅各书局出版的中学国文教科书，充满了古文，即使有一二篇所谓现代文，也是在七八年以至十年前的'今古文'了"，"中学生早夕呫哔吟诵的国文书，却还是在韩愈陶渊明中兜圈子"。难得现代的文学作品如此不堪，竟然挑选不出十篇以上的范文精品进入国文教材么? 其实不然，"问题并不在没有，而在于编教科书的先生们不去发掘不去搜罗"②。教科书中这样的填塞内容与现实环境、现实生活、现实需要相差太过遥远和悬殊，用于课堂，教学效果定要大打折扣，"一个小学生，读了好几年书，甚至快进中学了，除仅仅知道'一二三四五'的数目和'红黄蓝白黑'的颜色，其他如何的为人如何的处世以至于国家是什么，读时盲盲然莫名其妙。这种错误，可就是教科书的责任"③。叶圣陶在四川教授国文使用教科书时，发现教科书中的内容与学生知识水平、生活实际相差甚远，教学效果堪忧，"讲得吃力而学生大半茫然"，所使用的教科书"其不切实用自可想见"。这种现实让叶圣陶发出了"闭门所造之车难和外间之辙，今益信矣"④的感叹。

教科书的内容质量不容乐观，受人质疑，在形式方面也有不少批评的声音。余家菊指出现在的教科书在内容上存在"六不合"，在形式上也有缺陷，"忽略审美性，像插图的粗糙；忽略卫生，像字的大小，纸的太光"⑤。陆松萌指出当时出版的民众读物在形式方面是"印刷不良，有损目力；纸张恶劣，不太美观；大小不合，不便携带"⑥。还有的评论认为现在的教科书在形式上太陈旧，纸张太薄，印刷的字体太小，行距太近，加之油墨的侵染，使得整本书外表粗粝，缺乏质感，学生读起来相当费力，而且影响了他们的视力健康。

① 《教科书之年》，《社会与教育》1933 年第 2 期，第 54 页。

② 秀君：《教科书应除的弊病》，《三通月报》1940 年第 4 期，第 2 页。

③ 晋寅：《教科书问题》，《社会新闻》1933 年第 2 卷第 16 期，第 220 页。

④ 叶圣陶：《致夏丏尊》，叶至善等编《叶圣陶集》（第 24 卷），江苏教育出版社，1994，第 131 页。

⑤ 余家菊：《教科书革命》，《少年世界》1920 年第 1 卷第 1 期，第 62 页。

⑥ 陆松萌：《民众读物之研究》，《上海特别市教育局月刊》1929 年第 1 期，第 8 页。

众所周知，教科书出版的利润要远高于普通出版的利润，前者的平均利润高达 15%～25%，而后者的平均利润就极低了，不到教科书出版的 1/3，仅为 5%～6%。[①] 在商务、中华等大书局快编快出，名利双收的刺激下，大批中小书局也加入了教科书的出版行列，一时间冠以各类名称的各类各级教科书大行于世，形成了评论者笔下的"教科书洪水""教科书年"现象。在庞大的数量底下，质量优良的精品教科书所占的比重并不大，于是就产生了社会各界对教科书现状"数量贫乏"与"大肆倾销"的两极分化式的评价。其实也好理解，出版资源集中于教科书，一哄而上地重复出版，剽窃套印，今日一批中学教科书，明日一批小学教科书，各大中小书局出版的教科书如钱塘大潮般来势汹涌，漫溢泛滥。但教科书大潮中好书不少，坏书也不少，但平庸书更多，教师、学生仍然反映买不到自己需要的书，"坊间的教科书可合用的实在太缺了，不是装订不雅，便是插图难看，引不起儿童阅书的兴趣来。又不是文词枯涩，便是不合实际，使儿童观念错误。诸种弊病，不可胜数"[②]，在书店中找到一本适合学生心理，吻合学习程度，装订坚实，插图鲜美，印刷清晰的教科书殊为不易，简直是凤毛麟角，不可多得。如何从源头保障教科书质量，如何对现有的教科书改良和提高，这都涉及教科书编纂。教育界、出版界也对此进行了有效的探索。

2. 对教科书编纂的探索

每当时局变化、教育变革、学制变更，就会诞生新的教科书出版机构，也就会有新的教科书编纂发行。全面抗战之前，商务印书馆、中华书局都出版了十多套教科书，每套教科书使用的年限都不超过三年，对于教材来说，更新的周期可谓极短了。而每一次教科书的投入使用和变化革新，都会引发出版界和教育界的热议，褒奖声有之，批评声更多。这些富于建设性的探索，带来下一轮次教科书内容和形式上的改观与进步。

当时有出版评论认为民国成立后对学校、教育极力地提倡和改革，耗尽脑力、费尽心血却不见有多大的功效，教材未能完善是一大原因。文中列举了现在课本的三大缺点，第一是零星琐碎，不成系统。"第一二三课是

---

① 程三国：《理解现代出版业》，《中国图书商报》2002 年 10 月 11 日，第 30 页。
② 胡开瑜：《关于小学国语教科书的几点商榷》，《儿童教育》1930 年第 3 卷第 3 期，第 20 页。

'造屋'、第四课是'羊'、第五课是'手足'，各课都是零星琐碎，不相联络，这样的教材怎不令儿童莫名其妙"。第二是枯燥无味，引起不了儿童兴趣。第三是不合实际生活，"现今的某种教科书里竟插着一课'咨文'，这种文字是对政界的官长们说话的，完全不与儿童的实际生活发生关系，儿童读之怎不生厌"。同时破除人们对教科书的迷信，尖锐地指出"不要以为对于教育有研究的人，他所编出来的教科书便都是好的，都能适用的"①，一切不适用的教科书都必须改变。韦息予在《小学教科书的改善及其障碍》中也表达了同样的意思，认为枯燥是现行教科书的最大缺陷，内容浅薄空洞，文字艰涩无趣，插图简陋无个性。汪静之直言当时的国文教科书是"垃圾桶"，"都是白话文太少，太浅，文言文太多，太深太干枯无味。他们劣视中学生对于白话文中的思想艺术的理解能力，倒反以为中学生能够领会很难很深的古文。结果使得中学生不文不白，文言白话两样都做得不通"。他指出最重要、使用最广泛的国文教科书的编纂需要做到"以思想为中心，以白话为基础，以爱国为经，以革命为纬"。② 华狷公认为教科书的编纂并不是外界想象的那么简单，它不是一件容易的事情，责任重大，要求严苛，"教科书的编印比不得普通用书来得便当，编制要统一，结构要精深，意识要正确，文笔要畅达，倘使欠缺一些，给学生不良的影响，还堪设想吗"③，非编辑力量强大、财力雄厚的大出版机构不能胜任。

编纂教科书要做到与时俱进，适应社会发展的变化。"今后对于选择的材料，必须适合于社会之需要，时代之要求的"，"时代既易，则社会的需要亦必随之而易。所以说：从前是合于今社会需要的教材，未必尽合于现在社会的需要，墨守成规，徒事抄袭，是不对的了"④。当时的教科书对传承经典相当重视，其中诸子百家、唐诗宋词，元曲明清小品等传统文言作品所占的比重过大，其中有些篇目无论从审美还是启蒙等方面，都已经不能适应时代的需要。教育的目的是学以致用，如果教科书的知识远远落后于现实社会，全是陈旧因袭，如何适应日新月异的社会潮流。因此，有必

---

① 逸霄：《选择小学教材的我见》，《海灯学刊》1928 年第 3 期，第 19~20 页。
② 汪静之：《对于国文教科书的一点意见》，《海潮》1932 年第 2 期，第 4 页。
③ 狷公：《教科书潮》，《中国新书月报》1932 年第 2 卷第 8 期，第 1 页。
④ 苏维崧：《谈一谈小学教材》，《永川教育月刊》1929 年第 1 期，第 3 页。

要将教科书上那些过时的观点和落后的做法更换掉，始终以新时代、新思想、新潮流的面貌来传播知识和引导学生。

编纂教科书要组建一支高素质的编写团队，这是教材质量的保证。首先，编纂教科书的人员要有强烈的使命感和责任感，"试征诸各大书局，所编辑教科书，其教材完善者，自然有人采用。倘内容不充分，虽减值发行，亦将为人唾弃。故不佞对于'教科书'三字，希望编辑同仁应扪心自问，学识如何，经验如何。一旦杀青，付诸铅椠，是否为人采用，抑或被人唾弃，然后下笔较为妥当"①。教科书是教师的教师，是学校教学的基础。教科书的编制是泽被千万后学的大事，一旦教材有差错，被学生当成正确的知识点接受，就会影响其一生。所以编纂教科书必须身怀重任在肩的敬畏之心，小心谨慎，兢兢业业。其次编写人员的来源要广泛，包括教育界、出版界、知识界、政府管理部门等各社会阶层，"惟必广征海内外有学识经验之人，征求编辑教科书之意见及条例，为集思广益之谋，此最不可少者也"②。因为教科书的内容需要用到范围广泛、具体实际的第一手材料，而且要合乎世界发展趋势和国家现实情况，同时教科书的使用是通行全国，要有较强的适用性。集思广益，最大限度的收集有代表性的材料精选而用之。再次，编纂内容的负责人要有相当的学术造诣，或者是某方面的专家，综合素质强。"最重要的担任编辑者一定要对于所编的科目有透彻的研究和充分的教育经验，此外他们又一定要有优良的写作能力，把想说的话用流利清醒浅近有兴味的文字发表，这可以说是改进教科书的根本条件。"③ 中华书局教科书编辑金兆梓提出了教科书编辑应具备的三个条件，"我们编辑教科书的人，在编某科教科书的时候，第一要明了所以设置本科的社会目的，要分析本科包含着那些具有社会价值的，至少纯粹的教材。第二要明了所以设置本科的儿童目的，就是要研究儿童由本科的学习可以获得那些制驭事物的方法；第三更要研究这些具有社会价值的至少精粹的教材，要

① 陈无咎：《为编辑中医教科书者进一言》，《医界春秋》1929年第39期，第3页。
② 侯鸿鉴：《改定教科书之臆说》，《中华教育界》1915年第4卷第8期，第1页。
③ 赵廷为：《教科书在教育上的地位及其编辑问题》，《教与学》1937年第2卷第10期，第22页。

用怎样的形式表现出来，要怎样排列"①。他拥有丰富的编纂教科书经验，所提出的三个条件符合出版实际情况，目的明确，根据不同阶段的目标逐步推进，颇具说服力。

编纂教科书要着眼于教学，符合学生心理发育特点，注意知识难度的循序渐进。选择合适的内容进入教科书，"教科书里的材料，既须适合儿童的程度，故为儿童经验和智力所不易领悟的，概不可放入；至于收入的材料，务须有详细的说明，或详细指示研究的方法，务使儿童阅读以后，有豁然贯通之乐"。② 金兆梓强调教科书的编排要立足于学生的心理特点，并与学生的现实生活相联系，"教科书编纂方面最重要的，便是如何可以由浅入深，由简入繁，由具体到抽象，由常识而到研究的一种循序渐进的安排。能有这种安排，教科书才能尽到他工具的使命"。③ 宁造原在对基层学校的小学教材做了调查分析后，也认为"小学生所需要的教材是合乎他们心理的，最好是他们在日常生活里看到的东西，或是他们最喜欢的东西，教育收效比较大得多"④。

如上所述，编纂教科书并不是一种简易轻便的工作，除了注意内容方面的素材选择、体例安排、材料剪裁、用语修辞等，还需要对形式方面的要素如印制版式、插图安排、字体行距、封面装帧等进行精心的设计。不少出版评论对教科书的形式方面的改良也很重视。顾颉刚在改良教科书的论述中有相当篇幅是涉及形式方面的，希望各大书局不惜资本将书的形式（物质）方面加以改良。他对教科书的形式做了一些具体要求："最好是每页分为上下二段，每字上下相接的间隔，约当字体三分之一，各行间的距离，约与字体的宽度相等，总之行列之排列，要合于卫生，要不失美观"；"每册教科书内，必要有两三幅的颜色画和滑稽画"；"纸张不可太薄，不可有反光，不可不洁，白纸或稍带点黄，或绿的均可"；"封面最好用布做，

---

① 金兆梓：《从教科书的编纂说到教科书的使用》，《中华教育界》1931 年第 19 卷第 4 期，第 51~67 页。

② 徐尤昭：《对于编辑教科书和教授书的意见》，《国立中央大学实验学校教育研究汇刊》1932 年第 2 期，第 23 页。

③ 金兆梓：《从教科书的编纂说到教科书的使用》，《中华教育界》1931 年第 19 卷第 4 期，第 57 页。

④ 宁造原：《对现有小学教材之研究》，《吴县教育》1942 年第 2、3 合期，第 114 页。

否则亦要用厚实的纸做。他的色彩，也要秀美悦目，最好是加以图画，书名的写法，亦要有适当的位置"①。有作者调查各书局出版的小学教科书之后，指出在形式上存在太多问题，如字体都略嫌小，字与字之间的距离太接近等，亟须改善。接着对教材形式包括字体大小、行间距离、行列长短、印刷用纸做了深入的探索，极其专业地推算出儿童用书印刷字体的大小："一年级用的字体，至少 1 厘米见方；二年级用的字体，至少 9 毫米见方；三年级用的字体，至少 8 毫米见方"，以此类推；字的疏密方面，"中文字大小比西文字大约加一倍多，是以行距当然亦须加倍"；横行或直行方面，"阅读横行排列的文字，的确比较阅读直行排列的文字来的适合"；行列长度方面，"各家都以为较短为好。行列太长最易使读者产生疲倦"；印刷用纸方面，"用纸颜色以纯白色适宜，需较平常书籍用纸加厚印刷"②。这篇评论有理有据，引用了国外不少专家的最新研究成果，并根据中国教育和学生的现实情况进行了相应的改变，对于出版机构改善印刷质量，美观教科书的形式有十分显著的实用性价值。

活页式教科书被认为是教科书出版的一大创新，自从开明书店章锡琛在 1928 年创新性的突出活页式教科书后，新颖的形式、短小的篇幅、低廉的价格让它很快盛行一时，并得到业界的好评。其实早在十年前，钱青就在其对小学国文教科书的评论中提到了"活页教科书"出版的设想。"余犹有望于各印书馆者，夫印书馆固以印书是务，而小学校国文教科书又其大部分也。如停印该科教科书，则营业问题必致大变更。苟能各书馆之营业，因是阻碍，岂教育之幸福哉。余以为不若改良固有教科书，而印以每课一纸，则学校既受其益而营业问题亦无妨碍矣。"③ 自开明书店活页教科书系列出版并得到学校、教师和学生的热烈反响后，王同寿、陈省孺、吕伯攸等在提到教科书的装订问题时，都极力宣传教科书采用活页的好处，主张将所有的小学教材改成活页形式，活页教科书在学校里逐渐普及。

---

① 顾颉刚：《改良现在小学国文教科书的商榷》，《教育杂志》1922 年第 14 卷第 4 期，第 8~14 页。
② 周法均：《教材形式与健康之研究》，《大上海教育》1933 年第 1 卷第 34 期，第 113~118 页。
③ 钱青：《小学国文教科书之研究谈》，《教育周报》1918 年第 217 期，第 11 页。

值得注意的是，以上所有的教育界、出版界对教科书编纂的实践经验总结，及其改善、提高教材质量的探索是内部的一种"自律"行为，并无严格的约束机制。这种"自律"在严酷的市场竞争和逐利的市场规则面前，作用是相当有限的。教科书出版长期呈现出一种无序性，质量无从保证是不可否认的事实。这时候，外部管制力量的介入如教育、出版部门对教科书出版的管理、调控就显得必要和重要。于是对教科书出版的准入、编写、审查、发行制度的讨论也就纳入了出版评论的视野。

3. 对教科书出版审定制度的讨论

我国现代新版教科书出版的管理一直依据1912年教育部颁布的《审定教科用图书规程》的相关规定，容许个人自行编写、自由出版，但在出版上市之前必须经过教育部审定，即实行的是"教科书出版审定制"。各级各类学校的教科书必须是经过教育部审定通过公开出版的图书，审定的内容包括书名、册数、定价、使用对象、编辑发行人姓名等。1929年南京国民政府教育部相继公布了《教科图书审查规程》和《审查教科图书共同标准》作为补充，强调和完善了教科书审定制度。教育部下设的编审处、国立编译馆先后成为审定教科书的负责机构，并有相应的《办事细则》出台，教科书出版的审查、核定有了具体的管理部门和完备的工作程序。

教科书出版审定制度最大的特征就是允许个人编写教材，当然由于条件和精力的限制，单独个人编写出版的教科书极其罕见，教科书基本上由出版机构组织人员编纂完成，"这就为出版机构尤其是民营书局获得教科书出版的利润提供了广阔空间。它不但调动了各家书局编辑出版教科书的积极性，更重要的是在制度上鼓励了出版机构和学者文人积极投身、参与到教科书出版中去"。[①] 因而中国在20世纪二三十年代形成了教科书编纂和出版各具特色、别创新格的局面，共和国教科书、新制教科书、实用教科书、新式教科书、简明教科书、新标准教科书等轮番涌现，各领风骚一二年，可以说教科书出版审定制度保障了教科书出版的自由竞争和平等开放，为教科书编纂与出版的繁荣奠定了基础。

教科书出版审定制的确立，舒缓和解除了民营出版机构身上的重重压

---

① 宋军令：《近代商务印书馆教科书出版研究》，硕士学位论文，四川大学，2004，第15页。

制。自由竞争刺激了教科书出版市场的活力，实现了出版资源的优化配置和出版主题的优胜劣汰。江梦梅曾在《论现行教科书制度及前清制度比较》一文中，提到了审定制度的优点和成绩。

> 现行制行未经年，成效业已大著。其尤彰彰在人耳目者，则以竞争之故，内容益进步，定价益低廉，供给益充足。吾谓教育部之大功有二，即废国家编教科书及删去读经是也。当民军起义之初，海内书肆停止进行。统一尚未告成，中华书局忽涌现于国内。编辑方法，大有进步，耳目为之一新。继起者十余家，或方组织，或正编辑。此后教育界中之新出品，可卜月异而岁不同，此自由竞争之成绩一也。往者一册教科书定价率在二角以上，且多不肯零售，学者苦之。中华书局各书每册定价不过六分至一角五分，旧书肆大受影响，乃竞相廉价。最近中华书局遵教育部新章编辑之新制教科书，每册定价六分至一角，且售对折。实则每册不过三分五分而已，较之前清时代低减倍蓰矣。此自由竞争之成绩二也。往者学部之书再四翻刻模糊之不可辨，坊间一二大书肆亦以竞争不烈之故，偷减成本，任其芜陋。今年则竞求精美，绝鲜模糊恶劣之弊。此自由竞争之成绩三也。夫编辑完善、定价低廉、印刷精美，教科书之原素尽于此矣，此实现行制优点也。[①]

尽管成绩斐然，效果突出，但因为幅员辽阔，自然环境和文化发展复杂多样，教科书的出版审定制度不能够一致严厉执行，一部分未经审定粗制滥造的图书，也能出现于市场里，并也有它的销路。即使已经审定的教科书因审查标准不严格，审查工作不周密，仍有较多疵议谬误之处，所以审定制度下的教科书出版仍有不少批评、非议之声。

> 我国自有教科书以来，亦即采用斯制。然名虽容许私人竞争，而实际则由二三长袖善舞之书商，操纵垄断，绝无自由之余地。二三书

---

① 江梦梅：《论现行教科书制度及前清制度之比较》，《中华教育界》1913年第1期，第21页。

商以小学教科图书销路极广，乃大利所在也。于是编辑则以极微之工资，佣雇无以为生之笔工，支配工作，限以时间，只求抄袭旧本，迅速成书，不顾时代需要、儿童心理，亦茫无理想目的。印刷则插图简陋，彩色绝无。课文忌长，纸张务减，以使成本愈少而获利愈多。发行则广设推销员，贿赂教育界，四出运动，百计钻营，但期广销，不择手段，故其出品名目虽多，内容未改，陈陈因袭，迄于今兹。①

除了垄断市场、抄袭拼凑、质量粗鄙、营销贿赂之外，出版商还压榨、剥削教育家的劳动果实，强买抢夺其呕心沥血编纂的优良教科书的版权，以至有志于编纂教科书的个人逡巡却顾，不敢尝试，断绝初心，加剧教科书市场的集中化和垄断度。

教科书审定制度的调控、监管不力，且存在诸多漏洞，导致教科书出版市场一定程度上的无序与混乱。第一，出版机构过度追求自身的经济利益，市场上产生一些不正当的行为。如粗制滥造、权钱交易、扰乱市场秩序等。第二，教科书出版存在着盲目性。出版机构一哄而上，集中于课堂教材、课外读物的生产，造成一段时间和一定空间内的供应过剩。第三，教科书的供应过剩造成市场价格的波动与震荡，恐慌性地打折降价出售，扰乱了市场正常秩序，使一部分实力不够的出版商亏本、破产，造成出版资源的浪费。

由于审定制在实际应用中弊病丛生，1933 年曾任教育部长的朱家骅主张部编教科书并组织了教科用书编辑委员会从事编纂工作，这时期部编教科书与民间自编审定教科书并行，学校和教师可以根据实际情况选择使用。后来全面抗战爆发，教科书的编纂与出版遭遇困难，产生了教科书荒，国民政府借机强化教科书管理，部编制取代了审定制和并行制，禁止个人或书局自行编定出版教科书，强令各省市统一采用教育部自编的教科书，并与商务、中华、大东、正中、开明、世界等七大书局订立契约，由它们负责印刷营销，组成"七联处"，垄断了国定本市场。

① 《改善小学教科书之提议及其反响》，《中国新书月报》1932 年第 2 卷第 9、10 合期，第 75 页。

　　国定本的编纂先照课程标准确定纲要，然后收集资料完成初稿。初稿经由教育部编译馆各科专家审阅修改后，送到馆外专家处进行校订。中间需要往返修改多次，最后经过教育部审查确认无误、教育部长核定签字后就可出版发行了，称之为暂行本。暂行本出版后还要征求教育专家、出版编辑、国内师范院校、教育管理机构的意见，并在指定的学校进行实验教学，查看效果。经过反复几次的严格修订，最终才形成标准的国定教科书。从生产过程来看，国定本是用国家的力量，集合全国的优秀人才和业界专家而编辑审定的，选材精审严正、博采众长，内容富于广泛性，编排方法也追求教育潮流，力求新颖。印刷质量有保证，清晰精美。国定本因其特殊的"身份"，很快就在国内学校和出版市场推广开来。据统计，1944年秋季开学时各类国定教科书已经有210种了，至1946年秋季开学，七联处国定教科书的印刷数量达八千万册。①

　　随着抗战的结束，国内暂时和平，国定教科书的生存环境发生了变化，社会上出现批评国定本，要求取消部编制的声音，并渐成声势。董任坚、张霆潮等人称国定教科书"与民争利"，政府始终以少数书局承印，置教科书荒于不顾，是官僚资本主义侵入并垄断文教出版事业的一种特殊手段。王芸生批评国定教科书"一窍不通，误尽苍生"，邓恭三则更声色俱厉，认定国定教科书是"荒谬绝伦"，"在一切课本当中再没有比这一套国定本编得更坏，违反三民主义更甚的了"，并直指国民党政府出版统制政策的实质，"政府的教育当局即特别设置了机构，聘请了专任人员，来从事于这一套国定本教科书的编制，其用意所在，不必讳言，是认为前此各书店中所编印的课本，虽都已经过教育部的审定，其党化的程度却终嫌不够充分，因而特地编定这一套，加强其党的色调，使全国的中小学生的头脑，普遍地受一番国民党的理论的洗礼，庶可收取万姓万民一心一德的良好后果"②，一针见血地揭露了国民党当局坚持教科书的部编制，迟迟不肯开放教科书的自由编纂的真正目的。还有评论指出教育宜富于弹性，统一课本内容弊多利少。"教科书绝不是可以定于一尊的东西，即使政府要利用，难道教师

①　魏冰心：《国定教科书之供应问题》，《教育通讯》（复刊第1卷第30期）：15。
②　邓恭三：《荒谬绝伦的国定本教科书》，《大公报》1947年2月2日。

们就不会活用？到了秦始皇死后已两千多年了，竟还要师其愚黔首的伎俩，我觉得似乎太落伍了吧。"① 徐天震在《所谓"国定本教科书"》中归纳了各家批评国定本教科书的九条缺点（原文中是十条，但实际上只出现了九条），即：一、国定本不是"统一"，只是"统制"，不合民主精神；二、国定原为适应战时后方教科书贫乏时的急需，复员以后，此项需要已不存在；三、国定本恪于功令，不能配合时代需要；四、国定本范围狭仄，不能适应地方性；五、国定本编制草率，内容穷陋，而且谬误百出；六、修订本，标准本徒具名目，除形式外，内容仍不足道；七、国定本全凭主观注入，不能适合社会需要，不能引起儿童学习兴趣；八、国定本形成专利品，教师无选择余地；九、国定本多剽窃各书局原有课本，削足适履，反失精粹。② 这些弊病，应该说是在部编制的出版制度下，政府介入干预并控制教科书出版市场，取消自由竞争所造成的结果。

面对不绝于耳的来自各方面的质疑和批评，虽然国定本主委陆殿扬发表了多篇文章，澄清和解释国定教科书编印经过及其现状，并针对邓恭三的批评文章直接做了回复，一再替国定本辩护，但也掩不住国定本教科书在使用过程中存在诸多欠缺的事实。时任教育部国民教育司司长、主持国定教科书编制工作的顾树森也不得不承认"教育部再想维持国定制，确是势所不能，一方面因为各党派参政之后自然大家会反对国定制，另一方面国定本不易有进步，所以我敢说国定制的寿命，必然不久"。③ 果不其然，当年七月，部编制瓦解，国定本教科书放开版权，各出版机构皆可申请印行。

平心而论，部编制和国定本并非一无是处，在某些方面还是存在优势的。如交通便利的地方书本过剩，而交通阻塞的地方闹书荒，通过政府统一调控可以解决教科书地域分配不均的问题，还有政府指定的大书局印刷较精美，一旦放开，许多小书店也参与印刷，教科书质地就无法保证了。如能将审定制和部编制相结合，根据各省市的实际情况自行选择，政府宏观调控与市场自由竞争相得益彰，教科书市场将更为开放、公平和规范，

---

① 兆梓：《我也来谈谈国定本教科书》，《新中华》1947 年第 5 卷第 4 期，第 4 页。
② 徐天震：《所谓"国定本教科书"》，《大夏周刊》1947 年第 24 卷第 7 期，第 2 页。
③ 尼龙：《教科书自由开放是中国教育界福音》，《活教育》1947 年第 4 卷第 2 期，第 45 页。

教科书的编纂将更加完善和提高。但当时的国民党政府忙于内战，既无财力，更无精力来进行教科书编纂出版制度的改变和创新，这一切都只能是空想和美好的愿望而已。

二　大众通俗出版物出版

在现代出版业的产品中，以教科书的规模与数量为最多，其次就是大众通俗书刊。相较于教科书，大众通俗出版物是一种"软性读物"，它富有烟火气、人情味、趣味性和阅读快感，与读者的切身利益并无直接关系，侧重于向读者提供娱乐、开阔眼界、增长见识、提供谈资等。从宏观上看，大众通俗读物的形成与滋长是由于工商经济发展、都市日渐繁荣、市民群体的扩张所致，但从微观考察，这类出版物特别是深植于民间阅读的通俗文学作品，它的产生、传播与接受直接受到新式出版业的催助和促进，媒体性是附着其上的最显著的现代性特征。正如范伯群所言"在硬件上有赖于印刷机械的引进和造纸业的革新，在软件上当然是依托新型编辑人才和书商等管理、印刷人员的栽培和养成"[1]，大众通俗读物或者更确切地说现代通俗文学是由多种机制共同作用而形成发展的，这其中出版业在硬件、软件上的进步与革新是最基本最重要的因素，与新式出版业的无缝结合是现代大众通俗文学读物的独特风貌。

五四之前通俗读物市场的主体是在文学界和出版界都拥有巨大势力的"鸳鸯蝴蝶派"。他们一方面是通俗文学内容的提供者，创作出版的长篇言情小说、社会小说就有 1043 部，加上武侠、侦探、历史宫闱小说在内总共有 1980 部之多，另外短篇小说结集出版 80 多部，[2] 在各类杂志、报纸上出现的短文更是难以胜数。即使到了其式微的 1930 年代，这一派的通俗作品仍然占有很大的比重，据估计约占近代小说创作数量的一半。[3] 另一方面，"鸳鸯蝴蝶派"又是新式出版业的直接参与者和实践者，其中的主要成员王钝根、包天笑、周瘦鹃、徐枕亚、范烟桥、恽铁樵等都长期把持着十几家

---

① 范伯群：《清末民初出版业的繁荣及其黑幕》，《社会科学》2015 年第 11 期，第 163 页。
② 王建辉：《鸳鸯蝴蝶派与中国近代出版》，《编辑学刊》2001 年第 6 期，第 90 页。
③ 钱理群、温儒敏、吴福辉：《中国现代文学三十年》（修订本），北京大学出版社，1998，第 337 页。

大大小小的书局、报馆的编辑出版工作，由他们主办、编辑的期刊约 13 种，小报和大报副刊不下 50 种，① 仅包天笑一人参与编辑的报刊数量就有 18 种之多。商务印书馆的《小说月报》、《申报》著名副刊《自由谈》都曾长期作为"鸳鸯蝴蝶派"的重要阵地，世界书局、大东书局、泰东书局、民权出版部、中华图书馆等出版机构都通过徐枕亚、张恨水、程小青、向恺然等人的言情、黑幕、侦探、武侠诸种通俗化类型小说和严独鹤、赵苕狂、周瘦鹃、包天笑等主编的通俗期刊而名利双收，壮大了实力。世界书局更是借此跻身书林，具备了与商务、中华竞争的实力，"世界书局创业之初，势单力薄，赚钱立足是其第一要旨，故最早一二年的出版物，多是迎合小市民低级趣味的社会新闻报道、礼拜六派的哀情小说、武侠黑幕小说和迷信命运等书"，"这一招帮助世界书局获取丰厚的利润，短短几年内，与商务印书馆、中华书局鼎足而三"②。通俗文学和大众消闲读物以潮涌之势席卷了整个出版市场，抢占了新兴的市民读者群体，几乎所有的书局、书店都涉足其中，不亦乐乎。担任过多家报刊编辑的世界语学者萧聪对五四之前"鸳鸯蝴蝶派"通俗读物的盛况有过生动细致的描绘：

> 民元以后，鸳鸯蝴蝶派的文艺杂志兴起了，曾经盛极一时……这些杂志的形式，大都是十六开本，两百面左右，五彩石印美女封面，四号字排印，只有比较不重要的短文和长篇连载间或用五号字。但《礼拜六》是三二开本，《中华小说界》是廿五开本。售价大部分是四角，《小说月报》和《中华小说界》因为出版者资力雄厚，广告收入较多，所以廉价倾销，只售三角。《礼拜六》是小型的，只售一角。
>
> 说到内容，大概是差不多的：首先是铜版加彩色印的铜版插图，不外是些平剧名伶和文明戏巨子的剧照，著名长三堂子妓女的相片，名胜和画画的摄影，有时也有几张作家的照片。以后便是短篇小说，笔记，平剧，传奇，昆曲，游戏文章，诗词，诗钟，谜语，杂组，最后是二三种连载的长篇小说。短篇小说似乎是最重要的部分，约占篇

---

① 田本相：《鸳鸯蝴蝶派言情小说集粹》，中央民族大学出版社，1993，第 1 页。
② 王余光、吴永贵、阮阳：《中国新图书出版业的文化贡献》，武汉大学出版社，1998，第 71 页。

幅三分之一到二分之一，每篇图目上面必定加上"言情小说"、"写情小说"、"艳情小说"、"哀情小说"、"社会小说"、"侦探小说"、"武侠小说"……等等类别。长篇小说大都多是章回体。文字是文言的居多，白话的偶然也有一二篇，但长篇的章回小说大都用白话。作品十之七八是创作的，写的不外乎鸳鸯蝴蝶，卿卿我我一类的东西。翻译的作品比较少，大概是由于当时懂外国文的投稿者不多吧。

与上述的那些杂志同时，文化街上也出现过不少种写鸳鸯蝴蝶派的单行本小说，大都是长篇的，自然也是出于那些杂志上投稿者的手笔了。这些小说的题名多半是"××梦"、"××录"、"××魂"、"××恨"、"××怨"、"××××录"、"××××记"之类。稍后一个时期的流行读物是所谓的"黑幕小说"。这是一些专门描写当时社会黑暗面的短篇故事，诲淫诲盗，浅薄无聊是它的特色。此后，"武侠小说"抬头了。开始流行的是一些笔记式的短篇，如《技击余闻》、《武侠丛谈》之类。接着出现了个人传记式的小册，如《甘凤池》、《霍元甲》等等。最后，综合许多神怪武侠故事的章回体小说也出来了。[①]

上述引文在描绘通俗出版物形态特征的同时，也透露出书业潮流和民众阅读兴趣的转移过程。书商们紧盯社会变化，对受众阅读需求的变化感知相当敏锐，总能制造出阅读热点。言情热、黑幕热、武侠热、财运热、都是当时世间万象、社会焦点、民众心理的折射。言情、写实小说反映的是新旧婚恋观交替时期的矛盾与冲突，黑幕、武侠作品体现的是对社会黑暗的猎奇探秘心理和对侠客奇人除暴安良、匡扶正义的精神寄托，通俗读物正是迎合了社会环境、民众心理才真正具有了"大众性"，起到了"解闷、解气、解乏"的积极作用，成为普通民众消闲娱乐的必需品。供给和需求是相辅相成的，有需求必然会有供给的动力，"供给总要跟着需要来的。社会不需要这些东西，它们怎么会日盛一日呢？肉欲横行的中国呀！浅薄的享乐主义是如何坚固地占据于现代青年的脑海中呀"[②]，正是社会中

---

① 萧聪：《文化街沧桑录》，《读书与出版》1946年第7期，第10~11页。

② 郑振铎：《肉欲横行中国》，《郑振铎全集》（3），花山文艺出版社，1998，第492页。

弥漫着的享乐主义、消闲风潮侵蚀了民众特别是青年人的头脑，造就了通俗读物的流行。同时，这种社会环境也决定了通俗读物的品质，"有此卑劣浮薄纤佻媟荡之社会，实得而不产出卑劣浮薄纤佻媟荡小说，供求有相需之道也"①，道德沦丧、纸醉金迷的颓靡氛围，又怎能不产生寡廉鲜耻、秽恶腐毒的低级读物呢？周作人在论及黑幕读物越出越多的问题时也认为这种现象的发生，是中国社会自然的趋势，"社会上对于这黑幕的需要与供给，决非偶然的事"，因为像黑幕这类读物契合了中国的国民精神和社会潮流，"第一，黑幕与现代中国所谓'文学'的潮流相合"；"第二，黑幕与现代中国社会的思想潮流相合，顺应社会的需要，迎合社会的心理"；"第三，黑幕与中国所谓'人生'问题相合，因其代表一般人的'人生观'"；"第四，黑幕与中国所谓'道德'不相冲突，因其标榜劝戒，与善书淫书的宗旨相合"。②

时者，势也。势谓流也，无流则舟不行。尽管外部环境是造就各种"鸳鸯蝴蝶派"式通俗读物盛行的重要因素，但不可否认的是，书商巧妙借势，迎合大众阅读趣味，并遵循商业逻辑引领和操纵这种趋势，制造出接续不断的畅销书潮，强化、巩固了通俗读物在大众市场上的主导地位。出版应该是富有文化理想和人文精神的职业，出版物起到增长知识、陶冶情操的作用，但在通俗读物市场上，出版机构以及出版人在追求利润的商业逻辑与图书出版的文化目标之间被撕裂了，在相当程度上产生了深刻的背离。性的桃红色和钱的铜绿色成为通俗读物的基调，低级趣味、海淫海盗的出版物满目皆是，传布广泛，为害不浅。这种现实，引发了知识界普遍的不满，甚至教育部通俗教育研究会发出官方通告，指责黑幕一类的小说"无非造作暧昧之事实，揭橥欺诈之行为，名为托讽，实违本恉，况复辞多附会，有乖实义，语涉猥亵，不免海淫之讥"，"暴扬社会之劣点，诱导国民之恶性，流弊所至，殊难测想"③，要求创作者珍惜名誉，勿贪微薄小

---

① 包天笑：《〈小说大观〉宣言短引》，芮和师、范伯群、郑学弢编《中国文学史资料全编·现代卷·鸳鸯蝴蝶派文学资料（上）》，知识产权出版社，2010，第12页。
② 仲密（周作人）：《再论黑幕》，《新青年》1919年第6卷第2期，第87页。
③ 《教育部通俗教育研究会劝告小说家勿再编黑幕一类小说函稿》，《东方杂志》1918年第15卷第9期，第172页。

利，多著有益之文。以此通告为导火索，文化人尤其是新文学提倡者站在不同立场以不同角度对以黑幕小说为代表的大众通俗读物发动了猛烈的批判。

邵力子将不切实际、天马行空式的通俗读物斥为"黑幕读物"，"今日流行之出版物，厥惟《黑幕》。实则此种黑幕，多为虚拟悬构之小说"①，认为书中黑幕描写明目张胆，毫无顾忌，妨害、腐化风俗人心。吴宓分析说"吾国今日所最盛行者，写实小说也。细分之可得三派：（一）则翻译俄国之短篇小说，（二）则上海风行之各种黑幕大观及《广陵潮》《留东外史》之类，（三）则为少年人所最爱读之各种小杂志，如《礼拜六》《快活》《星期》《半月》《紫罗兰》《红杂志》之类。惟叙男女恋爱之事，然皆淫荡狎亵之意，游冶欢宴之乐，饮食征逐之豪，装饰衣裳之美，可谓之好色而无情，纵欲而忘德"。② 更有人表达了对旧式文人把持的文艺副刊的不满，"我们打开报纸一看，其中至少三四篇小说，这些小说的内容，大部分是性欲的描写，荒谬绝伦，神神鬼鬼的迷信记述，以及江湖奇侠，绿林强盗等生活的描述"，"红男绿女才子佳人的小说，约居八分之一，此外便是捧伶人、捧电影明星的文学，还有则为那种不值识者一笑的谈相说命，扶乩占卦，以及记载鬼怪的东西，质言之，完全是封建思想的结晶！"③

以游戏心态从事文学创作和编辑出版工作，对待作品缺乏崇高感、责任感和畏惧心，始终抱着玩赏、嬉戏的态度，必然导致通俗读物格调不高，始终局限于旧式文艺和有限的奇情奇事题材里。茅盾讥讽这类读物的作者中了"游戏观念"的毒，创造出"游戏的消遣的金钱主义的文学"，在思想方面毫无价值。"小说家本着他们的'吟风弄月文人风流'的素志，游戏起笔墨来，结果也抛弃了真实的人生不察不写，只写了些佯啼假笑的不自然的恶札；更甚者，竟空撰男女淫欲之事，创为'黑幕小说'，以自快其'文字上的手淫'。"④ 周作人从新文学的角度批驳黑幕文学是"写实文学"，属

---

① 邵力子：《黑幕》，《民国日报》（上海）1918 年 3 月 27 日。
② 吴宓：《写实小说之流弊》，《中华新报》1922 年 10 月 22 日。
③ 东生：《封建势力在报纸上》，张静庐编《中国近现代出版史料·丁编》，中华书局，1959，第 189 页。
④ 茅盾：《自然主义与中国现代小说》，黄健编著《民国文论精选》，西泠印社出版社，2014，第 76 页。

于新文学的观点，指出"黑幕不是小说"，"至于文学上的价值，却是'不值一文钱'"①，不存在改良的价值和意义。

钱玄同对当时"艳史""秘史""奇案""奇谋""赌窟""娼妓"漫天飞的出版潮流做过深入的分析，探究其产生的原因：

> 此种书籍盛行之原因，其初由于洪宪皇帝不许腐败官僚以外之人谈政，以致一般"学干禄"的读书人无门可进，乃做几篇旧式的小说，卖几个钱，聊以消遣；后来做做，成了习惯，愈做愈多。别人见其有利可图，于是或剪《小时报》、《探海灯》之类，或抄旧书，或随意胡诌，专拣那秽亵的事情来描写，以博志行薄弱之青年之一盼。适值政府厉行复古政策，社会上又排斥有用之科学，而会得做几句骈文，用几个典故的人，无论那一方面都很欢迎，所以一切腐臭淫猥的旧诗旧赋旧小说复见盛行；研究的人于用此来敷衍政府社会之余暇，亦摹仿其笔墨，做些小说笔记之类，此所以贻毒于青年之书日见其多也。②

钱玄同认为"复古"是低级通俗读物泛滥的根本原因，属于明清以来大众阅读市场颇受欢迎的所谓名为劝人守正戒淫，实则溺于情色描摹的"淫书"的嫡系。这个观点与周作人的意见不谋而合，"这两年来，中国忽然盛行一种书，名叫什么'黑幕'……这种风气，并非近时才起，却是'古已有之'"，周氏在《论黑幕》中溯源了"淫书""黑幕书"的历史，嘲弄创造和出版黑幕类书籍的人，无非是又复了古罢了，并调侃道"譬如先天梅毒性的人，一到成年，免不了发病，掉落鼻子"③，形象生动，而又深刻淋漓地揭露出这类读物的本质，并对炮制此类出版物的个人和机构用一种滑稽可笑的方式进行了否定，显示了作者高超的洞察力和高明的写作技巧。

原本抱着暴露社会黑暗，警诫民众目的而大量出版黑幕、奇情、武侠、侦探作品的出版机构，不自禁地走偏，由讽刺谴责渐渐趋向秘闻与狎赏，

① 仲密（周作人）：《再论黑幕》，《新青年》1919年第6卷第2期，第87页。
② 钱玄同：《"黑幕"书》，《新青年》1919年第6卷第1期，第58页。
③ 仲密（周作人）：《论黑幕》，《每周评论》1919年第4期，第3页。

陷入歧途，其出版物简直成了流毒不尽的犯罪教科书和狎妓指南。"黑幕二字，今已成一海淫海盗之假名。当此二字初发于某报时，小凤奉之若神明，以为得此慈善广大教主，将地狱现状一一揭布，必能令众生目骇心惊，见而自戒。及见其渐近淫亵，则喟然叹曰，洪水之祸发于此矣。"① 当读者指责《小说新报》刊登妓女照片有碍风化，提出裁撤时，主编许指严竟然一口回绝，"小说界印刷物之营业更必以美丽悦目，引起中下等社会兴味而后销路广畅乎，宁惟是女子以色惑人之风一日未绝，则此等相片即一日不绝于世界，在正当之道德法律家尚无术以取缔之，使不接于众人之心目，而何独责小说印刷物之营业者"②，只考虑到出版营生和广开销路，对出版内容社会影响的好坏毫不在意，无视对青年受其诱惑而至堕落腐化的现实，这样的出版人置出版价值、规范、道德于不顾，将会导致功利化、享乐化、庸俗化、低级化的出版物泛滥，最终伤害的是整个出版行业的职业声誉和精神尊严。而为了抢夺书稿、抢占市场，书商之间也像黑幕小说描述的一样钩心斗角，互相倾轧。正当的竞争是跟风出版，"你出一部单行本，叫做《中国文学史》，他便放大范围，出一部《历代文学大观》把你罩住，假如你出的大部著作《中华全国名胜志》，他摘取菁华出一部《中国名胜要览》，你卖三块钱，他只卖三角小洋"，不正当的竞争是剽窃抄袭，"你倘出一部《诸葛亮全史》，你文言他白话。你倘是出一部《武侠大观》，他跟出一部《武侠巨观》。你定价二元，他定价二角。更有你叫'公民书局'，他叫'百姓书局'"。③ 更有甚者，反咬一口，贼喊捉贼，被抄袭者反而被登报诬为无耻之徒，鱼目混珠。就连商务印书馆也未能免俗，有评论指责商务印书馆的《小说月报》中含有大量攻击《礼拜六》《快活》等杂志的内容，充满了下流、无聊的贬斥字眼，是一种同行攻击的不正当竞争手法，"商务印书馆此刻最大的嫌疑，便是'同行嫉妒'四个字，自己要出同性质的小说周刊，先教人在杂志中痛骂一顿，这是人人心中应有的一个怀疑，但是因同行嫉妒而见之于出版品中，商务印书馆无乃不智"④。出版界之间不择手

---

① 叶楚伧：《小凤杂志》，上海新民印书馆，1935，第31页。
② 范伯群主编《中国近现代通俗文学史》，江苏教育出版社，2000，第583页。
③ 范伯群：《清末民初出版业的繁荣及其黑幕》，《社会科学》2015年第11期，第168页。
④ 星星：《商务印书馆的嫌疑》，1922年9月21日。

段地"黑幕"竞争，最受伤害的是广大普通读者，他们无所适从，莫衷一是，书海茫茫无从选择有益读物，民众智识的提高就无从谈起了。

在新文化运动的影响下，由新文学为发端，中国的知识分子发动了各种形式的文化革新运动，各类标榜启蒙的读物渐渐挤压了过往的言情、黑幕、武侠、侦探通俗读物的市场，鸳鸯蝴蝶派的旧式通俗文学日趋式微。以顾颉刚为代表的知识分子发起了民间文艺运动，主张眼光向下，发现民间，关注民间文化和民众教育，主张新文化运动要同时影响和改造中国上层阶级和下层普罗大众，"弟之野心，欲使中国上层阶级因此刊（指《禹贡》半月刊）而认识中国，又欲使中国下层阶级因通俗读物而知道自己是中国人"①。与此同时，一些清醒的文化人士意识到新文化运动和新文学潮流只影响了一部分受过新式教育的人群，停留在都市中，和乡村民众基本处于绝缘状态，对最广大的底层大众影响甚微。这一现实也让他们思考怎样才能让更多的民众获得现代社会的基本知识，推进社会变革。形式各样的平民补习学校和民众教育实践在全国如火如荼地展开，民众读物的需求大增。尤其是20世纪30年代，严重的外患激起了知识分子对民族存亡的担忧，唤起民众、团结民众，集合全国之力抗战救国就成为知识界最重要的任务。民众读物就不再是娱乐游戏放松身心的消闲书刊了，而是启蒙民众、抗战救国的教育工具和宣传利器。全面抗战期间文化下乡，文章入伍的目标就是要让城市到农村，中原到边疆都响起抗战的歌声，奋起抗战的画笔，读起抗战的小册子。大众通俗读物由过去的鸳鸯蝴蝶特色的闲适文学转变为教育启蒙救国的民众读物，实现了大众通俗读物的转型，民众读物自然也就成为这一时期出版评论的重要议题，《教育通讯》还在1938年12月17日特别推出《民众读物专号》，专题探讨民众读物的编辑生产、内容特征、推广普及等问题。

民众读物在出版评论上有多种称谓，如大众读物、民间读物、平民读物、通俗读物等，其实都是指通俗易懂，形式多样，在民间或社会底层广泛流行的文本读物。早在1915年，黄远生就意识到中国欲求强大，民众的力量是不容忽视的，所以他大力提倡推广民众通俗读物，"当使吾国思潮，

---

① 顾潮：《顾颉刚年谱》，中国社会科学出版社，1993，第237页。

如何能与现代思潮接触，而促其梦省。而要其义，须与一般之人生出交涉，法须以浅近文艺，普遍四周"①，民众知识的普通提升，是一国强盛的基础，欲求中国的自由平等，必须唤起民众共同奋斗。"唤起民众的目的，不仅要使他们知道自己生活的贫乏，应当努力求知能来改进，同时要使他们了解此刻国家的危机，他们对于国家的责任，应当怎样为自己为国家打开险恶的环境，努力奋斗。并且在这个世变日亟的时代，尤其应当知道做一个现代国民必须有的基本常识。"②　民众读物是实施民众教育的最佳载体，也是唤起民众的最好方式，因为它们内容贴近民间，贴近生活，语言浅显易懂，易于传播也最容易被接受，"或者传出了人民的感情；或者记述了生活的经验；或者满足了生活的想象；或者提供了生活的方法"③，"它能向人民灌输新意识、新观念、新伦理思想，用具体的故事很容易指给人民一套新的抽象理想"④，天然具有潜移默化的教育功能和效用，所以从这个角度来看，在一个国家里，民众读物刊行越多，销行越广，其文化程度也就越高。有评论作者将民众读物与民族兴亡紧密联系起来，"社会上流行着何种民众读物，便产生怎样的国民。我们要是说国家民族的兴衰都系乎民众读物的良莠，也不为过甚"⑤。

　　民众读物意义和价值如此重大，但出版的情况却不容乐观，"似乎出版界不肯帮忙的样子，去年闹大众语文闹得厉害，可是出版界印什么名著，什么史，什么集成，什么珍本……也印得热闹⑥"，出版机构并不重视"下层智识"的普及工作，所以民众读物的"质"和"量"都不能令人满意，尤其是内容方面更是让外界不甚满意。陆松荫根据其对民众读物的调查，发现民间书局出版的民众读物数量逐渐增加，是一个良好的现象，但由于对民众读物的材料选择、形式大小等特点把握不够，造成民众读物因陋就简枯燥乏味的也不在少数。他指出民众读物存在的七大缺点，"内容枯燥，缺乏兴味；文词粗鄙，时涉淫秽；词句支离，别字杂出；印刷不良，有损

①　黄远生：《通讯一·释言》，《甲寅》1915 年第 1 卷第 10 期，第 2 页。
②　《通俗读物编刊社发刊词》，《申报》1936 年 3 月 19 日，第 4 页。
③　王泽民：《民众读物研究》，中华书局，1948，第 2 页。
④　好动：《平民读物改进论》，《青年界》1937 年第 11 卷第 2 期，第 108 页。
⑤　挹芳、以新：《民众读物的改革问题》，《教育建设》1942 年第 3 卷第 6 期，第 44 页。
⑥　黄照熹：《读者与出版界》，《现代出版界》1935 年第 1 期（新），第 13 页。

目力；事实陈旧，不合潮流；纸张恶劣，太不美观；大小不合，不便携带"，再细化到具体内容和主题思想，则存在六大不合时宜的类别，"侈言神怪，传布迷信者；描写淫亵，肆意诱惑者；夸张义侠，反致奖乱者；记述社会黑幕，助长民众为恶智识者；代表封建思想，违反近代思潮者；注重报复，过于残酷不可为训者"。① 阅读此类民众读物不但不能增加知识，陶冶品性，反而近墨者黑，受其负面影响易流入邪僻。有人对民间的流行读物进行了考察，得出的结论是民众读物的内容大都是封建意识和思想的产物，"内容尽是神仙鬼怪，才子佳人式的什么连环画、七字句、时调、滩簧、戏考、宝卷、旧小说等"，"处处诲盗诲淫，崇尚鬼怪"②。更有评论否定过往的一切民众读物，"已往流行于民间的读物，内容大都是些俗调小曲小说等，供作无聊的消遣；或是些术数符咒神仙灵异记等，引人入魔，荼毒社会实非浅鲜。书商们唯以营利为目的，迎合愚昧读者的低级趣味，毫不顾教育上的效用。在已往说是没有民众读物也不为过"。③ 在当时，比较客观、全面、理性的反映民众读物的出版评论非徐旭的《上海小书摊之调查》莫属。这篇评论基于作者对上海市小书摊的翔实调查的基础之上，在调查了所售民众读物的种数、出版机构以及何种书销路最好、何种人购买最多等情况后，徐旭认为民众阅读兴趣因环境不同而异，便利和适合是吸引他们阅读的最大原因。在文中，徐旭还明确了编辑民众读物的原则，如增加对白和图画；故事为主，时事为辅；思想要含劝人为善，修心养身等，并提出组织民众读物研究会和少建造贵族化的图书馆，多设置民众的阅书摊的建议。

无论是温和的批评、严苛的指责还是理性的建议，大家均认为民众读物在内容方面存在很大问题，必须尽快予以解决。在解决的策略方式上，社会各界形成了不同的看法。综合分析，主要分为三派观点。

（1）整旧如新。即对原来的民众读物进行"清扫"和"消毒"，使它与时代环境和社会思潮合拍，这是一种相当现实的方式。旧的民众读物种类繁多，在民间的势力极大。首先加以审查，"孰应提倡，孰应修改，孰应

---

① 陆松荫：《民众读物之研究》，《上海特别市教育局月刊》1929 年第 1 期，第 8~9 页。
② 刘子亚：《谈民主读物》，《社教通讯》1941 年第 1 卷第 10 期，第 3 页。
③ 盛文浩：《提倡民众读物的意义》，《中国出版月刊》1936 年第 6 卷第 5、6 合期，第 3 页。

取缔，孰应销毁，编成统计。一方积极宣传，使民众知其取舍；一方通知各书坊，各印刷所注意，凡应行取缔销毁各书，不准私自翻印，以免传布"①。其中如淫秽不堪的小说、迷信鬼神的读物，无论民众怎么欢迎，也必须把它们存在的秽物除去才能出版。将它们稍加删除润色，略为增减，便是很不错的民众读物，到民间去一点阻碍都没有，达到事半功倍的效果。具体做法是"将现在各地流行之小说、唱本、弹词之类，广为搜集，分别审查；其过于荒谬顽腐、孤陋可笑者，淘汰之，订正之……或择其内容文字较优者，汇为《平民文学丛书》，即用为施行简易义务教育之课外读物"。②

（2）以旧制新。即利用旧形式，配上新内容，以章回小说、大鼓词、剧本、故事、连环图画、教育年画等旧形式来表现新内容的创作。也就是顾颉刚提倡的民众读物改造的"旧瓶装新酒"模式，利用民众所喜闻乐见的传统形式，穿插新的思想和内容，"外观上要尽量通俗使每个能看旧剧本旧小说的人都能看得懂看得惯，体裁与用语可以仿效章回小说，也可仿效鼓儿词和弹词，甚至俚词土调歌谣谚语。但内容上则必须是革命的，科学的和旧读物不两立的"③。例如在民众听惯了的大鼓中，加入抗战鼓词。同样，在京剧里也能加入抗战内容。在民众熟知的历史故事中，多改写抗金、抗元、抗清的英雄故事以适应抗战的需要。《读书生活》杂志上的《五四演义》，《生活星期刊》上的《走私弹词》，《大家看》上的《陈桂荣弹词》，出版发行的书籍有童振华的《国难记》，钱亦石用故事写成的《中国怎样降到半殖民地》，施瑛的《国难的故事》，都是这一类很典型的例子。顾颉刚创立的北平通俗读物编刊社的出版工作就是以旧制新的典范。其民众读物的出版类别主要是画刊、丛书、读本等。丛书分为甲、乙两种，甲类是以章回小说的旧体式改编的英雄故事和国难痛史为主，乙类是以唱本、弹词、快板、大鼓词等民间曲艺形式写出的通俗小册子。还有就是年画、连环画

---

① 陆松荫：《民众读物之研究》，《上海特别市教育局月刊》1929 年第 1 期，第 8 页。

② 黎锦熙：《改进现代大众语文学的三派》，《山东民众教育月刊》1934 年第 5 卷第 10 期，第 71 页。

③ 顾颉刚：《通俗读物的时代使命与创作方法》，《辅导月刊》1936 年第 1 卷第 1 期，第 37 页。

等画刊以及普及性的国民读本。通俗读物编刊社民众读物的这种编纂出版策略相当成功，在1933年成立到1940年为止，出版唱本、戏本、图画超过600种，发行量高达5000多万册。①

（3）完全新创。这种观点主张彻底的重建民众读物，"抛弃一切旧的形式，旧的文体"，改良旧式读物的举动是削足适履，"在旧的酒囊里永远装载不了新酒；新酒只能装在新的酒囊里"，声称"旧的形式，旧的文体，像鼓词、弹词、宝卷、皮黄戏、梆子调乃至流行于民间的种种小调，概不适宜于用来装载新题材"，全新的民众读物会"如投炸弹，如掷巨石于大众之前，立刻便引起充分的注意，这一种新的刺激，也许有大多数的读者感到不合适……但至少给他们于新的刺激，新的感动，反倒比改良主义之无声无息的投入大众之间，不久便自己消灭了结果来的好些"②。可是这一类民众读物也最难成功，因为民众所有的知识基础、传统的观念与固有的欣赏习惯一时很难改变，全新内容和形式的民众读物如果不能在通俗的技巧上加以注意，难免要碰钉子。"新的文体固然可以如炸弹一般的惹起一般民众的注意，但炸弹也会扔在污泥里不生作用，甚至像木头段子似的生硬地出现在民众之前，民众是否接受还是个问题。"③ 著名通俗文学作家王向辰（笔名老向）以为这种方式最适合于科学常识的内容，"新创民众读物，原则上最好仿照佛经的小乘说法，诱之以利，晓之以害，也能促起民众的注意"④。老舍先生曾感慨民众读物编写的困难，因为写不通俗。这种不通俗不是文字语言上的不浅显不明白，"以文字而论，我以前写的那几本小说，比三国志演义还容易读一些"，但读者反映仍然看不懂，这是因为"文字俗还比较容易，意思俗才是真正的困难"⑤。从老舍的话中可以看出这种完全新创的民众读物形式上是通俗的，但其本质依旧是居高临下式的精英主义思维，充满了知识分子"救世主"式的宣教和启蒙色彩。形式和内容貌合神离，难以真正地进入民众的阅读视野。民众读物和民众生活有着有机的

① 顾颉刚：《我们为什么要办民众读物》，《教育与社会》1946年第5卷第34期，第12页。
② 郑振铎：《大众文学与为大众文学》，《郑振铎选集》（下），福建人民出版社，1984，第1179~1187页。
③ 阎哲吾：《论民众读物之戏剧化》，《山东民众教育月刊》1935年第6卷第7期，第39页。
④ 老向（王向辰）：《论民众读物》，《教育通讯》1938年第39期，第5页。
⑤ 老舍：《编写民众读物的困难》，《教育通讯》1938年第39期，第9页。

联系，而且是多方面的联系，是构成生活的一种成分。封神榜通俗演义故事对于民众来说，不仅是一个读物或者故事，更是和他们的生活联系着的现实，有瘟神、土地、龙王、灶君等木偶、牌位随处可见，有因果报应、善恶制裁、神的统治等故事与之相伴。脱离了这些语境重新制造的读物，文字再通俗，故事再有趣，倘不明了民众生活，也根本无法深入民间，真正达到其效果。

对于民众出版物市场而言，内容为王的前提是发行渠道的通畅，实现民众读物真正面对民众读者群体，打通"最后一公里"，是发挥读物效果和出版机构取得利润的重要环节。内容和渠道的完美衔接是民众出版物市场发展、壮大的基础。对于民众读物的发行、推广和流通，出版评论里面也出现了不少真知灼见。张天翼专门撰文论述了民众通俗读物的推广问题，认为民众读物仅仅交由书店发行是不够的，尽管这些书店的分销处数量多和铺设广，因为"通俗读物的真正读者不会跑进这些书店里去，他们没有这习惯，他们觉得凡是这些书店里所摆着的，没有一本是题目的读物。他们要买书的话，就只是去找大街旁边的地摊"，所以如果要让商贩、工人、农民、士兵等基层民众方便容易地购买适合于他们的读物，就必须"要设法打通一条路线，把这书放在地摊上去兜售，跟那些《十八摸》、《大补缸》之类陈列在一起"①。他还强调地摊应是民众读物最主要的一条发行路线，由大书店去销售是次要的。还有的评论建议利用旧式通俗读物的渠道来辅助新式民众读物的发行，指出陈列于书店里的民众读物无人问津，不是因为农民大众自惭形秽见而却步，而是因为这些书店与他们的生活几乎没有联系，他们也根本不知道这里面有他们需要的读物，"只有那些旧书庄，才会将这些读物运到各大埠、各城市、各乡镇，分散给每个小书摊、小书挑，借他们送到农民大众的手里"，所以民众读物"应当找到那些有网罩全国发行网而自己居在中心的好似蜘蛛的旧书庄，让他们负起散发的责任来"②。方白也指出民众读物的发行渠道具有特殊性，"它们并不放在新华书店里，任人选购；而是放在小书摊上，陈列在街头；或者挂在架子上，沿街叫卖；

---

① 张天翼：《通俗读物的推广问题》，《中苏》1939 年第 3 卷第 1 期，第 7 页。
② 仲济：《论通俗读物的散发》，《国讯旬刊》1940 年第 228 期，第 14 页。

或者装在小书贩的箱子里，走遍了四乡"①。民众读物的发行与售卖要与民众生活合拍，符合他们的作息规律。

值得注意的是，民众读物的受众除了部分手工业者、商贩、产业工人有初通文字的能力之外，其余大部分都是不识字的农民。据《申报年鉴》资料，1934年不识字者仍占全国总人口的百分之八十以上。② 文盲是无法直接阅读图书的，这决定了他们只能通过"听"来代替"看"，因此对这类读者而言，民众读物是典型的"两级传播"过程。所谓"两级传播"就是信息并不直接流向受众，而是要经过一个中间环节再到达目标受众，即"信息→中间环节→目标受众"。民众读物要到达不识字的受众那里，中间必需有一个将"看"化为"听"的转述者，这些转述者也就成了民众读物发行并流通的一个关键节点，也是民众读物完善渠道的重要补缺。张天翼也注意到这一问题，主张"所出的唱本之类，先要问有没有人唱演过"，"最好是当地的教育机关能够援助，去找些打渔鼓的，说书的，在茶店里或街头唱给人听，当地人如有这条路线的，也请他们来参加这一工作"，"我认为设法找人唱、演、讲，实在是万分必要的，通俗读物的写作出版，只是第一步工作，而这，是第二步工作"③。这些识字的民间艺人是唱本、弹词、簧调等民众出版物的最佳转述者和扩音器，也应是民众出版物发行的目标人群。同时，出版机构可以与民间艺人建立联系，听取他们对于民众读物的反馈意见，利于对出版物的修订、完善。出版者与受众的良好互动对于提升民众读物的质量，扩大出版物的影响力无疑是十分有帮助的。

三　儿童读物出版

儿童读物简称童书，一直是中国传统文化和教育的重要载体和组成部分。但直到民国时期，童书才真正地独立为一种出版物类型，在出版市场上占据一席之地。最早的新式儿童读物是晚清国门洞开之后，来华外籍教士为熏陶教化儿童而编印的宗教书刊。后来有识之士以中国传统蒙学教材

---

① 方白：《民众读物与启蒙运动》，《新人》1948年第2卷第1期，第10页。
② 舒新城：《一年来之我国出版事业》，《文化建设》1934年第1卷第3期，第112页。
③ 张天翼：《通俗读物的推广问题》，《中苏》1939年第3卷第1期，第7页。

为依托，效仿传教士开创了中西结合的儿童书刊，力图在普及推广新式教育、启蒙儿童的同时，又能传承和保留中国儒家文化。在维新时期，汪康年、汪钟霖、叶瀚、叶澜、卢子骏等人就致力于出版中西结合的改良的蒙学教材和读物，还编辑出版了《蒙学报》。维新失败之后，儿童书刊出版没有受到太过严重的冲击，仍然持续发展。进入民国，特别是在五四运动后，受政治、经济、文化等因素的推动，童书出版得以迅速发展起来，许多出版机构都积极参与儿童书报刊的出版。1922 年，商务印书馆创办《儿童世界》和中华书局创办《小朋友》，开创了童书期刊发展的新起点。而后大东书局推出《儿童良友》，儿童书局出版低、中、高三级《儿童杂志》，现代书局、北新书局分别有《现代儿童》半月刊和《小学生》半月刊。开明书店本以青年为主要对象，这时也出版了《新少年》半月刊。其他的一些出版机构如新中国书店也都相继出版儿童读物。1930 年代儿童丛书出版渐成风潮，商务印书馆的 500 册的《小学生文库》、200 册的《幼童文库》，中华书局 450 册的《小朋友文库》，世界书局 200 册的《儿童文库》、北新书局《小学生丛书》等相继出版。在生活书店编的《生活全国总书目》中儿童读物就有 3000 多种，参与儿童书刊出版的机构数量至少在 50 家以上。[①]根据中国现代出版业存在大量暗中发行，出没无定的书报刊的实际情况，这种估算肯定有所遗漏，实际数字应该会超过统计数据。

儿童读物出版的大发展是童书出版评论的产生与兴盛的直接推动因素，但全社会对儿童教育的重视也是一个不可忽视的重要原因。新文化运动使得西方教育思想逐渐渗透融入中国教育界，特别是杜威"儿童中心论"的教育理念在其来华多次演讲宣传后备受推崇。教育界提出"儿童是整个教育中的起点和中心，而且是目的"，呼吁教育者"必须站在儿童的立场上，以儿童为自己的出发点。"[②] 因此，童书作为儿童了解与认识世界的桥梁和文化启蒙重要辅助手段受到了教育界高度关注，作为童书主要生产者的出版机构自然吸引了不少社会各界投来的审视的眼光，报纸杂志上面的时评、书报评论栏目经常有关于童书出版的评论出现，不同阶段童书出版的热门

---

① 吴永贵：《民国出版史》，福建人民出版社，2011，第 498~499 页。
② 王泉根：《"五四"与中国儿童文学的现代转型》，《中国现代文学研究丛刊》1997 年第 1 期，第 169 页。

话题在出版评论中都有所体现。如 1920、1930 年代的童书编写规范、翻译引进问题，全面抗战期间的童书贫乏与供应问题、1940 年代后期童书的复兴问题等。每年年底，在全国或地方报刊上都有童书出版专题性回顾总结的文字，如《中国儿童读物的分析》《一年来的儿童读物》《儿童的读物问题》、《儿童节谈儿童读物》等。中华书局的著名教育刊物《中华教育界》在 1922 年和 1935 年分别推出儿童用书研究专号和儿童年专号，里面许多文章都涉及童书读物出版的不同主题。中国教育改进社主办的《新教育评论周报》1926 年 6 月刊也特设为"儿童研究专号"。1932 年山西《小学教育》杂志推出"儿童读物专题讨论号"，《开封实验教育》《天津市市立图书馆月刊》也都有儿童读物的研究专号问世。一些出版机构自办的专业期刊如《出版周刊》《中华书局图书月刊》《读书与出版》等更是如此。《中国出版月刊》第二卷第二、三期办成了"全国儿童图书专号"，里面刊登了龚宝善、陈独醒、叶林、俞子夷、孙福熙等人的多篇童书出版评论。当时的教育界、文化界、学术界、出版界人士都从不同视角自觉地对童书的出版活动进行臧否褒贬，撰写了大量童书出版评论，悉心研讨童书出版领域取得的成就、存在的问题、发展的走向等。在精心呵护童书出版物的同时，也对童书出版的不良现象提出尖锐批评。既有针对童书出版中的细节问题的深入考察，也不乏大规模的对普遍存在现象的集中讨论。可以说，中国现代童书出版评论在内容、体裁、语体和风格上多元丰富，呈现出百卉千葩、异彩纷呈的繁盛面貌。

1. 评价童书文本内容

1919 年后，那些文以载道、顺民教育类的《三字经》《千字文》等蒙学读物日趋式微，逐渐退出主流舞台。童书在内容和形式上都迎来了崭新的气象，出现了童谣儿歌、寓言小说、科学文艺、童话及连环图画故事等新品种，国外优秀的儿童文艺作品也被大量翻译引进，既有传播与宣传自然科学知识的普及性读物，也有很多动植物为主角的童话、寓言和故事。语言也以适合儿童阅读的浅显易懂的大白话式"童言稚语"为主。如商务印书馆在 1922 年推出的深受好评的《儿童文学读本》，共分八册，其内容就充分考虑到了儿童的接受能力，深浅适宜；在题材方面则除了考虑到思想品行道德外，还兼顾到儿童的学习、阅读兴趣，里面囊括了童话、童谣、故事、儿歌等多种体裁样式；在写作语言上，遵循儿童用字规律，语句通俗易懂，文笔生动活泼。

关于童书内容，教育界、文学界和出版界曾就童话及"鸟言兽语"问题，展开了一场激烈的论辩。何健首先提出在儿童读物的童话中出现"鸟言兽语"违背自然规律，不合情理，应予禁止。尚仲衣、张彰等人随之附和，力主在童书中禁绝"鸟言兽语"式的内容。这种观点一经刊登，立刻引起了吴研因、陈鹤琴、张匡为首的众多童书编辑出版从业者、儿童教育学者的批驳。在《"鸟言兽语的读物"应打破吗?》的评论中，陈鹤琴先从儿童心理学理论入手，引用丰富的儿童心理实践材料，阐述不同阶段儿童心理的发展特征，再和"鸟言兽语"的读物效果进行比对，证明了"小孩尤其在七八岁以内的对于鸟言兽语的读物，是很喜欢听、很喜欢看、很喜欢表演的。这种读物究竟有多少害处呢? 可以说是很少很少"[1]，得出"鸟言兽语"无害的结论，论证规范而标准，作者的观点不但得到了证明，而且获得了拓展和深化。吴研因认为不合乎情理的神圣故事，足引起儿童恐怖，疑惑或迷信，当然不可用。但"鸟言兽语"并不等同于神怪，明确指出"我以为鸟言兽语是一种作文法中的拟人法，有些是说明生活的自然故事，和《封神榜》《聊斋志异》截然不同，不能和神怪故事混为一谈。"[2]有的评论回避了"鸟言兽语"的存废绝对化争论，认为合用则存，不合则弃，"鸟言兽语只是形式上的事情，我们要特别留意的是读物的内容。凡写一篇东西，无论好的坏的，必然有作者所认为中心的内容，这个我们叫它做意思。意思正当的，就是采用鸟言兽语的形式的也不妨读。否则就是完全人言人语也不可读。"[3]

对翻译改编自国外的儿童作品，不少出版评论也纳入了批评的视野。在肯定童书翻译作品的丰富多彩和别有兴味后，也指出了很多需要改进的地方。如内容雷同，生硬的模式化，"童话及故事，在外国因取古代传说而

---

① 陈鹤琴：《"鸟言兽语"应当打破吗?》，《中华基督教教育季刊》1932 年第 2 期，第 167~170 页。

② 吴研因：《读尚仲衣君"再论儿童读物"乃知"鸟言兽语"确实不必打破》，《中华基督教教育季刊》1932 年第 2 期，第 166 页。

③ 味之：《儿童读物的选择》，《申报》1936-3-1。

然，多译已为不合，改造之作如此，似与时代相远。关于情节方面，大抵属于盗掠，吃人，报仇，杀敌，虐待季女，少弟幼妹良善，国王王子公主的遭遇。"① 翻译质量堪忧，译文晦涩，名词累赘，内容任意增丧失其原意。而且内容中"茶曰咖啡，酒曰白兰地"，洋味十足，未能针对中国儿童的特征进行本土化的改造，造成文化差距，影响了儿童的接受。

对当时儿童读物的质量，大多出版评论是很不满意的。茅盾就曾在分析儿童读物市场现状后直言"所以就初级儿童读物而言，现在的毛病不在书少而在书的内容辗转抄袭，缺乏新鲜的题材"②。贺宜尖锐地批评童书出版"不是一些散播封建意识的有害说教，便是一些宣扬妖魔鬼怪的荒诞奇谈"，"只知道把儿童读物以生硬古板的说教，枯燥乏味的知识作为内容，不知道把加以更艺术化的精炼。"③ 更可恶的是"书贾们为了金钱，更加大批制造。故事拉长，无中生有添些神怪的事迹、色情的事迹在里面"，以致儿童"在这低级下流怪妄中寻找趣味，更有因了这奇恶的启示而入歧途"④。童书出版市场的混乱无序和质量、格调不高出版物泛滥的现实，导致人们发出"杂志、新书，尤其是报纸上，更找不到一点关于儿童有利的，能看懂的东西"⑤ 的无奈感叹。

2. 评议童书的装帧设计

对于童书而言，装帧设计直接关系到它的受欢迎程度，与销售量、知名度、利润率等直接相关，所以当时的童书出版人和教育研究者逐渐认识到封面、插图、字体、纸张、装订等形式要素对童书出版的价值，对童书的装帧设计也进行了一定的探讨。

有评论提醒出版者要注意童书出版中纸张选择与装订方法等细节，"现在各地所出的儿童书，现象委实太坏。大者用报纸 16 开，小者 124 开；纸质上者用道林，次者用报纸，下者用油光；装订好者用双线，次者用单线，再下者用铁线；字模大者用头号，小者用六号，相差之甚，无以复加"，

---

① 李廉方：《编辑儿童读物应有的认识（下）》，《教育通讯》1938 年第 19 期，第 11 页。
② 茅盾：《孩子们要求新鲜》，《申报·自由谈》1933-5-16。
③ 贺宜：《儿童读物和儿童教育》，《今日的教师》1948 年第 5 期，第 11 页。
④ 洪毅：《由小人书谈到儿童读物》，《华文北电》1944，4，（7）：26。
⑤ 徐徽：《孩子们要求读物》，《文学战线》1948，1（2）：87。

"装订单线容易洒脱，铁线容易发锈，最好一列用双线订本，为欲求形式整齐，除图画范本，歌谱外。书本大小不妨一概改为 32 开本。以收便利美观失效"①。在童书出版用纸方面，"以白而无光者为佳，质宜坚韧耐用"②，出版时要留意"印刷纸张是否无光，不伤儿童目力。"③ 在童书的编排上，也要注意"字体不可过小；行间距要适当，标点要点好"，④ 应该避免对儿童视力有损的字体、行列编排方式，纸张颜色、光泽要和文字、插图尽量调和。另外印刷也要较平常书报刊要清晰一些。总之，童书出版的用纸、装订与编排要以保证儿童的健康为前提。

童书封面的装帧设计是另一个评论重点。封面是一本图书最好的广告，必须要有足够的吸引力。"儿童读物的外表应有鲜艳的颜色和奇特的格式，总要使儿童一见生情，有不得不去看的趋势"⑤，"封面最好用彩色图，能表现本书的特性。"⑥ 所以在童书的封面上，图案最好是色彩绚烂，活泼灵动，能激发起儿童的阅读兴趣。在童书内容图画比例的安排上，应尽量做到与文字并重，"儿童对于图画有特别的感情。把文字和图画合起来，使儿童见了图画，就引起阅读的需要。"⑦ 当时影响颇大的儿童书局陈潘合编的《儿童故事》，商务印书馆编辑出版的《甲乙种故事读本》，文字间有插图，每篇百余字至四百字左右，与图画相互映衬，相得益彰。

装帧设计在童书出版中的重要性是不言而喻的，童书的精美制作"这不仅是一本书的美观，还可养成儿童整洁的观念。"⑧ 总结起来就是一本童书的装帧设计，其封面应色彩绚丽；插图应生动有趣；字体、纸张、装订应科学卫生。

3. 呼吁降低童书价格

童书出版是各类出版机构赚钱的利器。"现在各地出版的书，除掉少数

---

① 陈独醒：《为儿童读物警告全国出版届》，《中国出版月刊》1933 年第 2 期，第 6 页。
② 杨公怀：《谈谈儿童读物》，《时代教育》1940，1（4）：152。
③ 褚子润：《儿童图书馆的图书研究》，《地方教育》1929 年第 6 期，第 1~4 页。
④ 杨公怀：《谈谈儿童读物》，《时代教育》1940，1（4）：152。
⑤ 王人路：《儿童读物的分类与选择》，《教育杂志》1929，21（12）：72-79。
⑥ 竺在勤：《怎样的儿童读物才算适用》，《进修半月刊》1936，5（10）：51-52。
⑦ 郑振铎：《儿童文学的教授法》，王泉根主编《中国现代儿童文学文论选》，广西人民出版社，1989，第 215 页。
⑧ 郑振之：《关于儿童读物的封面纸张印刷装订书价等》，《开明》1929，1（8）：499-501。

靠得住之外。不管通不通，顺不顺，只叫名人写上一篇序，要人题着几个字，就要卖它一元二元。对于儿童读物尤其认为生利之物，薄薄不上几页的书，竟然要卖到七分，一角，一角五分，要是把它的成本算一算，那真是惊人的赚头"，"所以这一二年来儿童读物的出版，一日千里，怒发不已，在量的上面果然蔚然大观。"①

对于童书的定价，当时部分书商采取"把书价定得太高，宁可留为将来打对折的余地"的销售策略，所以出现了一方面童书价格高企，使得当时清贫的广大普通民众无法承受，造成了童书积压，销售不畅；另一方面，在当时的报刊上，各大出版机构的童书"大倾销""大廉价""大拍卖"的广告甚嚣尘上，召唤和引诱民众和儿童购买。对于这种现实，人们在出版评论中普遍反感这种高定价、高折扣的销售方式，一面不断地论证童书对于儿童成长的重要性，关乎国家的未来，督促出版界要增强童书出版的责任感，应当"站在整个文化立场上为新文化的发扬而努力，切不可只贪图营业上的利润，专门出些迎合一般低兴趣的神奇鬼怪的儿童读物，著作家在写作儿童读物的时候，也应当为着千百万纯洁无邪的儿童设想决不应为着几百块钱一千字稿费，即昧着良心大写其麻醉欺骗蒙蔽等儿童的毒剂"②。一面大声疾呼童书应定价低廉。"儿童用书不应抬高价格，取价务须力求低廉"，"由于儿童的购买力薄弱，儿童读物的定价应低廉，以便更多的儿童能获得阅读的机会"，出版界对于儿童读物应"尽量减低定价，抱薄利多卖主义"③。按照郑振之的说辞，儿童身边的钱都由他的爸和妈供给的。大人们总是教他的孩子要节俭，孩子们也都能知道要节俭，不浪用，这且是一件好事。但孩子们看到了一本心爱的书，定想要买到手。如果那书的价格太高，他就觉得不能买，他心里就觉得不愉快，所以书价低廉是一件造福儿童的大好事。陈独醒主张童书的销售应薄利多销，定价能够按照成本最好，"不然至多也只可以打到一分利的赚头，设使成本太高，不妨把纸张用得劣点，万不可以忘了儿童的购买力。"④

---

① 陈独醒：《为儿童读物警告全国出版届》，《中国出版月刊》1933 年第 2 期，第 6 页。
② 碧云：《儿童读物问题之商榷》，《东方杂志》1935，32（13）：299。
③ 张匡：《读儿童读物》，《开明》1929，1（8）：405-407。
④ 陈独醒：《为儿童读物警告全国出版届》，《中国出版月刊》1933 年第 2 期，第 6 页。

　　针对这一呼吁和建议，在20世纪30年代，像商务、中华等出版机构多采用预约出版的方式。明确告诉读者的书名、内容、日期、具体价格等，然后根据预约的数量进行出版。这样就减少了童书出版的盲目性，减低了中间成本，而且读者也可以根据自己的需要进行选择性的购买，巩固了核心读者群体，达到了出版机构和读者的双赢。

　　4. 指斥童书出版乱象

　　童书出版有利可图，且发展空间巨大，大大小小的出版机构和书商都蜂拥而至。在潮水般出现的儿童读物中，格调高尚、优质精良的不在少数，但也夹杂着落后陈旧、粗制滥造的产品。包括鲁迅、茅盾在内的文化界、出版界人士都曾在评论文字中对那些哄骗的、"毒害小儿的药饵"（鲁迅语）的低劣读物提出过犀利的批评。这个时期的童书出版是一种纷繁芜杂的繁荣，童书出版评论一个重要目的就是对童书出版中出现的一些唯利是图、抄袭盗版、质量低劣等失范现象进行揭露、批评和鞭挞，以警示出版机构，督促其纠正错误，规范出版活动。有评论指出童书出版品种单一的问题，"现在一切都突飞猛进的，只有儿童文化是最落后，王子公主的童话猫弟狗哥胡闹一场的故事，直到现在还占着小朋友读物中的绝大百分数"①，认为现在的儿童读物"其上焉者不出中国有名之数种小说，次则神怪剑侠采药修道之迷信刊物"②，号召多编些，多出些不同品种的童书。这种呼吁起到了一定的影响和效果，童书出版的种类逐年逐步扩展。在《全国少年儿童书目》中除了文艺类的即童话故事以外，史地、自然、社会、生理卫生等也占据了较大的比例，这说明儿童知识性读物的出版力度得到了加强。

　　还有评论批评当时的童书出版是因陋就简、粗制滥造，"不管封面上是风筝，是女人，是大巡洋舰或小渔船的，里面都有难以言喻和心照不宣的共同特点，就是内容贫乏、题材不新奇。甚至于有胡吹乱捧，甚至于有把陈旧的文章当作新的资料供给读者的"③。张匡在《读儿童读物》中集中总结了童书出版"不合乎现代思潮""使用文言文的语言表述方式""改头换面、东抄西袭""童书成人化"的四大乱象，这造成了"目下各坊间所出版

　　①　叶林：《我们需要的儿童读物》，《中国出版月刊》1933年第2期，第7页。
　　②　冯与诗：《关于儿童读物》，《现代妇女（北平）》1945年第6期，第3页。
　　③　佚名：《关于儿童读物》，《女声》1944，3（3）：5。

的，认为十二分满意的创作，不易多见"①，告诫童书出版者要有针对性，要出版适合幼稚儿童的读物，切勿跟风，做读者兴趣的尾巴，盲目引进不适合中国儿童的世界名著。还有学者在出版评论中谴责当时出版机构正在不断地出版"像毒药，像鸦片烟一样的有毒的童书"，"那些书，什么滑稽，什么侦探，都是书商在美国的下流杂志中取来的。"②

1942 年，杨绚霄在评论中激昂地写道"著作者应不再以撰述骗和麻醉儿童的稿件为业，出版商不再以刊行欺骗和麻醉儿童的稿件为务"③，大声疾呼童书出版者应该站在时代变化的本位，为国家未来的主人出版合乎教育原则的优质好书，不可钻进金钱的牛角尖，只为利润做打算，丢掉出版的文化品格，放弃童书出版的责任和道德义务。

童书出版评论的主体很多是专业的童书编辑，熟谙儿童心理，对儿童读物的编纂工作也有自己独特的心得和体会。商务印书馆童书编辑张若英曾在一篇评论中总结了如何编辑一本优良童书的要点。在内容方面讲：要根据儿童固有的经验；要适应儿童心理；要适合儿童的程度；要具体的而非抽象的。从形式上讲：文字组织要简单，要明显，要简短；要注意词句反复，少生字，多变化；要有适当的篇幅；要有适当的字体；要有优美的插画；要有良好的纸张。④鲁迅曾指出儿童读物要符合儿童的思维特征，"孩子是可以敬服的，他常常想到星月以上的境界，想到地面下的情形，想到花卉的用处，想到昆虫的言语；他想飞上天空，他想潜入蚁穴……所以给儿童看的图书就必须十分慎重，做起来也十分烦难"⑤。童书编纂的标准在鲁迅的眼里应该是"浅显而有趣"，这是儿童本身的特征决定的，也是童书区别于其他图书的最大特征。茅盾和鲁迅的观点相当一致，坚持儿童读物的体裁要用"文艺气味浓厚的故事体"，文章要深入浅出，有味有趣，"太历史性了，他们嫌枯燥；太科学的了，他们听不懂。必须在历史与科学

---

① 张匡：《读儿童读物》，《开明》1929, 1 (8)：405-407。

② 陆洛：《一年来的儿童读物》，《广东教育》1941, 2 (3)：16。

③ 杨绚霄：《儿童读物的商榷》，《女声》1943, 2 (8)：13。

④ 张若英：《谈儿童读物》，《浙江小学教育》1931, 1 (7)：11。

⑤ 唐俟（鲁迅）：《看图识字》，《文学季刊》1934 年第 3 期，第 29 页。

的实质上加以文艺的外套，才能使儿童满足"①。

童书的编纂除了要有趣，还应当有益，突出指导性。因为儿童年龄小，尚不能分辨图书内容的好坏，只会沉湎于新奇怪异的内容，并一味模仿。所以"我们不能一昧地跟着儿童走，要知道我们编辑、作者是负有指导的责任的"，"儿童读物的另外一个很重要的使命就是使儿童养成一个良好的阅读习惯。"② 所以童书的编纂除了重视内容以外，还需要对形式和写作技巧等方面做出改进，用封面、图画把书中的精彩，淋漓尽致地表述出来，以引起儿童的好奇心和阅读欲，促使他们拿起书本进行阅读。

中国现代童书出版风起云涌，一派繁荣景象，但也泥沙俱下，良莠不齐。跟风出版、重利轻质、内容同质化、成人化的现象长期存在。对于这些乱象，在行政监管之外，出版评论作为外在的力量以其爱恨鲜明的态度、畅快淋漓地文笔、横肆泼辣的风格直指当时童书出版的弊端与痼疾，激起读者受众的共鸣，引导社会舆论，利用舆论的力量来保障童书出版走上健康发展的轨道，另外对童书编纂等方面的经验总结和规范探讨，也指导并鞭策着童书的编辑出版活动不断进步、创新，其意义和价值是不容忽略的。

第二节　关于出版业务的评论

中国现代出版一个最明显的"现代性"特征就是出版机构产业轮廓和市场特性日渐明晰，出版工作的内容早就大大超出了狭义的"编辑工作"的范围，它涵盖了从上游的内容创作到下游的印刷、运输、广告、销售等工作业务，形成了"编、印、发"三个主要环节。于是，出版评论的范围就覆盖到了出版行业的各个环节，既总结和交流编辑工作经验，又发现和指摘经营管理的失误与不足。这类评论是出版评论中最能体现行业特征的部分，具有即时的操作性和实践导向性，也集中表现了出版从业者清醒的危机意识和可贵的自律精神。

---

① 茅盾：《论儿童读物》，《申报·自由谈》1933-6-17。
② 黄庆云：《儿童读物的使命》，《家》1947年第16期，第185页。

一　业无高卑志当坚：反映出版工作的甘苦

"一国——不，这个范围太大，应该说一个地方——文、野的区分，当作传布事业之一的书肆经营，也常视为重要的标准。"① 许多出版评论特别是出版机构自办的讨论编辑出版、图书文化的专业期刊中的评论文章，主题都是针对编辑、销售中的某些具体工作问题进行总结或论证，旨在交流经验、提高工作效率、改善服务质量，具备浓厚的现实实践色彩。评论作者多为普通编辑、印刷工人、书店职员等出版从业者。从这些出版业务评论里可以窥见当时基层出版工作的面貌以及中下层出版从业人员对职业技能的高度关注。

在出版工作流程中，编辑是居于中心位置，是出版工作的核心环节。它既是精神粮食的制造者和创新者，"利用制造药物者的技术，把硬性的材料，用软性的外表装饰起来，使读者不觉厌倦；把各种必不可少的内容，用最经济的篇幅容纳着，使读者获得各方面的进步"。同时也是精神粮食的加工者和包装者，"怕吃苦药的人们，最好的办法无过于在药物的外面，替他们轻轻地糊上一层糖衣；怕看用意深长的文字的读者，最好的办法无过于在文字的形式上，替他们避去正襟危坐的说教的态度"②。好的编辑，是出版物质量的保证。市面上的出版物汗牛充栋，但"求一堪入目者，实在绝无仅有"，原因"固然是作者们日趋低下，但是多半由一般够不着做编辑，而不自量的硬要做编辑的先生们所使成"③。正是能力不够甚至是尸位素餐、滥竽充数的编辑普遍性的存在于出版行业中，才导致了大量质量低劣的书报刊充斥于阅读市场。面对外界对如何做一个合格或者优秀的编辑呢？何宝琛认为编辑应该具备四个信条，"（一）抱定一个宗旨。没有宗旨所做的文字便无系统，终究会自相矛盾的，而且所取的稿件便无去取的决心；（二）眼光要放大些。不当以私见来屏绝来稿；（三）注重阅者方面。一切文字登出来须问一问对于阅者有无益处；（四）多做有学理的文字，少做批评的文字。抨击的文章很容易得新人物欢迎，但这种文章是完全偏于

---

① 谢六逸：《大小书店及其他》，谢六逸：《谢六逸文集》，商务印书馆，1995，第29页。
② 卞其蕤：《编者与读者》，《健康家庭》1944，5（1）：12。
③ 炽甫：《怎样才能够得上做编辑？》，《三民半月刊》1931年第12期，第39页。

破坏一方面，于建设一方面很少功效。编辑先生们应多造基于学理的批评，不可肆口谩骂"①。只有在心中牢记这四个信条才能尽到编辑工作的职分和责任。也有人对编辑的应具有的职业素质做了论述，指出了够得上做编辑的人应具有的起码条件：

> 1. 判别力。当然要有丰富的学识，就是说要宏伟，要精微，还要脑筋清晰。不然，不是把昆冈之玉，认为他山之石；便是把臭鱼目，当作夜明珠了。
>
> 2. 忠实。对于作者来稿，总要平心静气，忠忠实实，深深刻刻的至少念读它三遍，然后才能玩味出它的好坏来。
>
> 3. 尊重作者人格。阅者对于这篇文论，就是认为不好，迳可退回叫他自己修改甚至拒不登载。不可擅自删改，若果忘自改篡，不但不啻戕贼作者人格，并且不是成了狗屎和砂糖，便就成为荆棘中之牡丹了。②

虽然是"起码"的基本条件，实则是对编辑出版工作的高要求和高追求。既是对工作能力的要求，更是一种强烈的编辑职业意识和高尚的职业道德的映射。从这个角度看，这篇出版评论中的"起码条件论"，一方面是作者心目中"好编辑"的标准；另一方面则更多的是对编辑职业精神的希冀和呼唤。在世界书局的编辑林汉达看来，编辑精神就是选择稿件以质量为唯一标准。当时出版界普遍存在"人情稿""关系稿""名气稿"的现象，得意之作和不刊之论被原璧奉赵，明明是狗屁不通的垃圾作品却大吹大擂刊登出版，"狗编辑"的骂名不胫而走。林汉达在评论中承认了两种所谓"狗编辑"的存在，一种是屈膝于所谓"名人稿"，无论质量一字不改照出不误，这是"跛脚编辑，他虽有脚而不直立"；一种是俯首于老板，只为保住自己的饭碗，排斥真理，将无聊的字纸拿来充篇幅，这是"没脊骨的走狗"。这都不是真正的编辑，真正的编辑内心是有精神脊梁的，"他鼓着

---

① 何宝琛：《论编辑者所应抱之宗旨》，《税务学校季报》1919，1（1）：87。
② 炽甫. 怎样才能够得上做编辑?》，《三民半月刊，1931（12）：39页。

勇气，坚着意志，不顾情面，不计利害，立定脚跟，竖起背脊，扫除无聊的只来搪塞的稿件"①，打破偶像主义和情面主义，打破文阀，这就是编辑岗位的职业精神。

编辑工作除了有高尚的编辑理念和理想，还需要高超的编辑技术和技巧。在当时编辑技术普遍不高的境况下，一些优秀编辑介绍和传播编辑技术和心得的文章就成为全国出版机构的编辑们交流和提高的机会。审查文稿是编辑工作的一个重点，直接决定了出版物的质量好坏，学者张素民提醒编辑们在审查出版物时应该注意三个工作，首先是"注意文字，审查稿件，无论其为创作或编著或翻译，应首先注重文字的简洁通顺"；其次是"注意内容，如材料之是否丰富及其来源若何，分析之是否精密及其方法若何，结论之是否正确及其逻辑若何"；最后是"注意校对"。②云涛在评论中主张编辑们要秉持"不问收获，但问耕耘"的精益求精的工匠精神，做到字字珠玉，篇篇可读，他在文中对编辑技术做了具体的描述。要有整体的规划和把握，"在每篇文字付排之前，必需有一番仔细的整理工作，例如篇幅的精确估计，标题的装置配备，以及版面的设计等，不然可能是一片凌乱芜杂，太不雅观，印出书来，又必徒然使读者望而生厌"。要注意编辑校对的配合，"我以为值得一提的：就是编辑与校对必须配合。编辑和校对，是二而一的工作，一个标准的编辑工作者，不但能'编'，而且能'校'，自编自校，当然工作合拍。总之，编校人员必须相互了解，配合无间，这在工作上是有极大裨益的"③。其他的一些编辑工作细节，如篇幅的疏密、版面的明暗、插图与广告的安排，作者也有所涉及，并做了相应的分析。这是一篇非常典型的工作业务的出版评论，有大量的工作经验的介绍，也不凡有理论的阐述和自身的工作感触，逻辑清晰，结构谨严，体现了作者深厚的学识素养和职业素质。

编辑工作的主要对象是书稿，是冷冰冰文字的排列组合。而作为最基层的出版工作人员——书店店员的工作对象就与编辑大不一样了，他直接面对的是千姿百态、各不相同的读者个体，是活生生的人。所以，书店店

① 林汉达：《编辑先生的精神》，《红玫瑰》1929，5（21）：1-2。
② 张素民：《审查出版物应注意的几件事》，《申报·出版界》1935-8-31。
③ 云涛：《关于编辑技术》，《中建》1946年第10期，第10页。

员的工作虽不及内容生产者编辑的重要，但作为与读者直接接触的终端岗位，代表着出版机构的形象和精神，其地位也是不容忽视的，"店员，是任何商店里专属于营业上底一种职员，营业底发展与否，关系于店员应付顾客底责任，不消说是很重大的啦"①。书局店员与读者顾客的关系是否和谐融洽，服务态度、质量的好坏，是出版业提倡的文化服务精神的直接表现，怎样当好店员就成了报刊特别是出版机构自办的专业期刊上的一个话题。关于店员的工作内容，绝不是坐着等顾客上门那样简单，"你必须要去穿插寻觅许许多多的关系，去尽一些目前不一定马上可以获得报酬的义务。如代读者寻找书目，如答复读者关于出版界的消息，不获酬报而受读者之托，代他订购书报"，"到了自己出了新书时，你以前的经常读者或本店杂志的'订户'，你都要在平时把他们的通信处登记下来，把新书目或单页广告寄去。出了一种新书，有些公共机关，尤其是各大学的图书馆，你应马上赠送一册"，还要注意为外地邮购的读者准时寄送图书，"大部分书籍是从邮局寄运，有些则找运输公司。总之要看水路和旱路，要看安全和'运脚'如何而定"；随时注意书店销售的情况，改变书架的图书种类，"好销的书无妨多添一些进去，不好销的书当少添一些，而改添旁的"；此外还要不断地学习新业务，"大概的目录学上的常识你是要知道的，而且各同业所进的目录册子与夫各报上所刊载的新书预约和广告等，你都得随时留意和收集"②；还需见机行事，灵活地与小偷斗智斗勇，"它偷窃方法很多，或者是进来的时候带一个申报纸的书籍包裹，到那不知不觉的当儿，它会将我们的书籍夹带而去；有的会将我们的书籍藏在衣服里面去，很从容地度方步而去"，所以店员在接待顾客时"要随时随地的注意，四面顾到，使偷儿无从下手"，③ 做到"口到、手到、眼到、心到"④。总之，要做一个称职的书店店员，绝不是一件容易的事情，专业专心才能成功。也正是工作事务繁冗，对店员的要求也在提高，最基本要学会国语，方便与各地的顾客交流，而且对图书的宣传有好处，"店员不但要做'一手交货，一手交钱'底呆板

---

① 《书店店员和国语》，《中华书局月报》1923年第6期，第1~2页。
② 继常：《怎样当书店店员》，《申报》1936年5月24日。
③ 沈锡钧：《柜员谈话》，《同行月刊》1935年第3卷第5期，第10页。
④ 黄仙岩：《柜员的四到》，《同行月刊》1935年第3卷第2期，第18页。

生活，对于本店底贩卖品，至少总得知道它一点性质、内容，或使用法底大概，国语的书籍，现在无论那一家书店里至少总有几种啦，店员如果懂得了国语，这在营业底推广上，你想，又有多少的益处"①；要具备充实的多方面知识，其中不可或缺的是"商品之智识、应付顾客之智识、店务之智识、普通商情之智识"②；对待读者的态度要和蔼、良善，"一逢顾客进门，书要让他自由检阅，买了最好，不买亦不可稍露愠色"③；这样和气待人，顾客就时常会来光顾，不但对营业有利，而且有助于店员自己的成长，"一个伙计，每天在店里要交接几十个客人，若能对人留心，对人客气一点，一年三百六十天，要见识得多少人，交友多少人，积年累月，自己的能耐，一定渐渐多了"④。《中华书局月报》设置了一个微专栏，命名为"小会话"，专门刊登店员接待顾客的标准对话，实际上就是一个变相的"工作规程"。当时书局的管理规范竟细致如斯，令人叹服。特摘录一则以示全貌：

> 顾客　唯！买一本国音字典。
>
> 柜友　先生！您要买国音字典？敝局有好多种，请您选吧！
>
> 顾客　好！就买这一种，打几折，要多少钱？
>
> 柜友　这种定价二角，打七五折，恰是一角五分，您还要别种书吗？
>
> 顾客　不要了，请你找钱！
>
> 柜友　发票、找钱，请您收好。⑤

伟大源自平凡，成就须靠众力。中国现代出版业的繁荣，除了出版领军人物们的运筹帷幄、开拓进取、苦心经营之外，还依赖于大量的中下层出版从业者的勤勤恳恳、兢兢业业的数十年如一日的认真尽职地工作。但

---

① 《书店店员和国语》，《中华书局月报》1923年第6期，第1~2页。
② 周文德：《柜员应备之智识》，《同行月刊》1934年第2卷第2期，第7页。
③ 行安：《书店店员应有的态度》，《同舟》1936年第4卷第5期，第10页。
④ 欠三：《书肆营业一夕谈》，《中华书局月报》1924年第25期，第3页。
⑤ 《小会话》，《中华书局月报》1924年第25期，第3页。

当时广大普通的出版从业人员的工作、生活环境相当艰苦，工作繁重，收入微薄。全面抗战之前，像商务、中华、世界这些大书局的一般编辑月薪就四五十元，校对员是二三十元，练习生是十二三元，"这个数目，似乎较从事其他各业为大，但他们老是坐冷板凳，只有这一点薪水，因此也很清苦"。① 胡适在调查商务印书馆时，在日记里也有"编译所中待遇甚劣"，"终年无假期，薪俸也极薄"② 的记载。这还是规模较大的出版机构的情况，在那些小的出版机构里的编辑、校对、印刷工、店员们的情况则更加不妙。中国共产党领导人林默涵早年从事过校对工作，描述过这项工作的艰苦，"校对是一项很费眼力的工作，每天在灯光下看校样，没多久，我的眼睛就近视了"，收入低而且不确定，老板经常拖欠工资，"每天几乎只吃一顿饭。这顿饭是零点以后上夜班的人的工作餐，不要钱，白天我就到街上买几个小生煎馒头充饥，两个铜板一个，买十个要花二十个铜板，或者顶多吃碗面，喝碗开水"③。收入低下与工作的强度、复杂度的不相称，让出版机构的从业者对其职业发出了"不平"之声。这边抱怨《编辑难》，"一人难趁百人意，尤其是当编辑，每天在夜间工作，夏日蚊虫进攻，冬日寒气逼人；排字房催命一般的要稿"，"对于选稿技术，稍有不慎，就能出是非，为东家惹事，登了甲的，不登乙的，就许接信受抱怨"，"对东家得格外尽职；对同人得工夫勤，不可失联络；对读者得应付周到"，"大家都称心合意，实在是难"④。那边哀叹《编辑之苦》，"右手执笔，左手搔着后脑，两眼不转的看那麻木不仁的油印稿件，点纂增删，在夏天自然弄得臭汗满头，若在冬天，那又该饱尝手冻脚冰的况味，试问这种埋头苦坐的生活，究竟有什么乐趣呢"⑤。总的来说就是《怨做编辑》，"编辑的生活，无论从生物的、生理的、历史的、甚至家庭的传统习惯上讲都是极端的不合理，极端的不自然"，"我们做编辑的生活，做编辑的'行为'，完全是为了换取一份薪水的'刺激'而产生的机械'反应'"⑥。基层店员的工作也是如此，

---

① 明戈：《书局里的编译们》，《青年周报》1938 年第 31 期，第 4~5 页。
② 曹伯言整理《胡适日记全编》（三），安徽教育出版社，2001，第 386 页。
③ 陆华整理《林默涵自述》，《新文学史料》2006 年第 3 期，第 61 页。
④ 逸：《编辑难》，《游艺报》1948 年第 5 卷第 12 期，第 5 页。
⑤ 阆仙：《编辑之苦》，《重庆晚报四周年纪念特刊》，1932，第 14 页。
⑥ 家南：《怨做编辑》，《申报馆内通讯》1947 年第 1 卷第 3 期，第 11 页。

"书店的生活是比较苦的，就营业这一部门来说，日常的工作都是相当繁忙的……这些既繁忙又琐碎的事情，真是很快地使人厌倦"①。一般来说，职业收入与职业意识紧密关联。职业意识是指从业者对其从事职业的意识，是人们对职业劳动的认识、评价、情感和态度等心理成分的综合反映，包括职业道德、职业操守、职业表现等。② 尽管收入不高，但出版这个行业的特殊性，让从业者能够从其他层面如精神生活、人脉积累、名誉声望等方面获得类似"外快"式的额外收获，补充了单纯物质方面的缺欠。所以，从出版评论上反映出偏低的收入对出版从业者的职业意识影响不大，他们仍旧保持着较高的职业认同感和职业自豪感。黄潮如抱怨编辑工作是"弄船、打铁、磨豆腐三苦"之后的第四苦，然后话锋一转，表明"话虽如此说，编辑工作还是有它的乐趣所在"。一是运用手中一支笔，把稿件截短补长，纂点修改，出版精品能够获得读者的赞美，"编辑们内心该是如何的愉快"；二是能够"教学相长"，"一个人如果做了编辑，肯在工作中用心学习、进修，那末，三年编辑之所得，比胜过读三年书"③。赵南柔同样表示"所谓编辑这事，是一种愉快的职业。因为这种工作，必须注意所有一切的人类活动，和所有一切方面的援助者接触，而学习很多的事之故。编辑生活者所得的真正的报酬，在这种职业必然会产生许多知己和友人"。④ 相对于编辑，处于出版行业基层的店员所得的收入仅能糊口，显然达不到养家的程度，因此店员不得不寻找另外的兼职来增加收入，而书店店员的身份为其兼职带来了极大的便利，这也一定程度上增加了其对职业身份的认同和归属感。当时有文章专门评论书店店员的兼职现象，提及店员可因地适宜、酌情从事的副业包括装订书本、校对文字、编辑小册、修理旧书等，由此推测当时出版业中书店店员从事兼职获取副业收入的现象是相当普遍的行为。但评论也提醒店员兼职要注意处理好主副业之间的关系，做到相互提升，"在从副业时，不可妨碍本店的业务，须要像绿叶扶持牡丹般的使本店因店员的从事副业而更有发展"，应特别注意避免副业对主业的冲击，

① 孟昭文：《书店生活的一面》，《青年生活》1943 年第 4 卷第 4 期，第 83 页。
② 贺小刚、刘丽君主编《人力资源管理》，上海财经大学出版社，2015，第 245 页。
③ 黄潮如：《怨做编辑》，《申报馆内通讯》1948 年第 2 卷第 4 期，第 28~29、36 页。
④ 赵南柔：《杂志编辑的要谛》，《读书通讯》1948 年第 148 期，第 11 页。

不能"私营与店方相同的业务，或借公营私，只图一己利益的增益，而不顾整个店务的安危"，否则就"欲求副业反丧失了正业，殊非正道"。①

二 唯愿长流暖众心：呈现出版商与著作者的纠葛

从生产流程来看，出版是一个典型的来料加工型行业。各种文稿是出版活动的起点，很大程度上决定着产品的质量和销售，与经济利益直接相关。所以出版商要生存、发展就必须拥有稳定、优良的作者资源。同时，著作家们也得依靠出版商，稿酬、版税是他们生存、发展的主要收入来源，两者应该是相辅相成、合作共赢的关系。事实上也是如此，商务印书馆、中华书局、开明书店等出版机构对待作者是十分宽厚体谅的，重金礼聘学者撰写书稿，竭尽全力地通过各种途径增加著作者的收入。并且在作者遭遇穷窘的时候，要么提前预支、要么慷慨解囊，要么提供岗位，在钱财物方面及时施以援手，留下了不少慧眼识珠、雪中送炭、扶危拯困的佳话。著作者也是感怀知遇恩德，将更多的精力投入到写作中，与出版机构精诚联手，出版了相当多的畅销图书和经典佳作。出版商和著作家尽管都属于出版行业不可分割的组成部分，但不可否认，他们是一对矛盾体，既有统一的一面，也有对立的一面。细察这一时期的出版活动，出版商与著作者之间的龃龉、不和继而相互指责、反目、对簿公堂的事情并不鲜见。这些现象都纳入当时出版评论的视野中，出版评论为我们全景呈现了出版商与著作家之间相爱相怨、复杂纠结的关系。

在一些激进的出版评论中，出版商与"书贾""奸商""市侩""吸血鬼"等称谓联系在一起，他们与著作者的关系不是平等的。出版商是强势的资本家一方，著作者是弱势的劳工一方，出版商对于著作者处于绝对的支配地位，著作者为了生计，不得不俯首听命于出版商。两者是赤裸裸的劳资关系，出版商是靠榨取著作者的劳动血汗的方式敛财的。因为商务印书馆少算了一万多字的稿酬，周作人还特意买了一册书，仔细的一一计数，查出具体数目，还去信索取。他揶揄地写道"结果要来了大洋十几元几角几分，因为那书店是一个字算几个钱，是那么样的精算的"，言笑间透露出

---

① 道祺：《店员们的副业》，《职业与修养》1941 年第 3 卷第 10 期，第 238~239 页。

出版商对著作者严苛和刻薄的不满与无奈。"掠夺""压迫"是大量出版评论中描述两者关系的高频词。

> 中国的著作家就是成了名，他终究还是穷的，他们的生活还只是勉强够肉体营养的供给。他们的报酬什九被书贾吞了去，不过吃到一些书贾唾余的一部份而已。他会把著作家绞脑苦思写出来的稿子压起两三年，在你梦想不到的时候又把稿子登了出来。
>
> 一班更奸恶的书贾，没有道德的书贾，他知道著作家是穷的多，他会把银子来要挟你做他所要做的作品。这非但消没了著作家的个性，连著作家的人格也带累了堕落下去。
>
> 他们会把著作家弄成一个沐猴而冠的傀儡，他们要造谣，著作家便要绞脑汁造像真的一样的谣言；他们要攻击谤骂那一个人，著作家便要去搜集材料去攻击谤骂那一个人，而著作家呢，究会被他们压迫得动都不敢动。
>
> 他们为着自己要赚钱，把书价定得非常之高，使书的销路减少；一方面又极力减小著作家的报酬，使著作家的生产力消退。有时候还会暗中用诡计，剥削著作家，毒害著作家。①

更有甚者，将出版商和著作家的关系比喻为"老鸨和妓女"，"著作家和卖身的窑姐并没有两样，出版家用最低廉的价钱购买著作家的作品，不论她是处女作还是寡妇作，照例替她修头修脚，画两条长眉毛，乱涂些胭脂花粉，再穿上一件长到脚背的旗袍，便把她当作摇钱树，叫她出去应酬贤愚老幼成千上万的顾客"②。这个比喻虽然未免说得过火，但可见著作家对于出版商压迫的愤慨与怨气。

出于竞争的需要，出版商们又会拼命拉拢、利诱成名作家，许诺重金或高额版税征求文稿。这就产生了出版商对于著作家两极分化的"嘴脸"：一面对待名作者是不惜代价，曲意迎合；另一面，对于无名作者则是百般

---

① 姜：《另一种革命》，《乐群》1928年第1卷第1期，第1~2页。
② 颂棣：《著作家·出版家和读者》，《中华书局图书月刊》1932年第13期，第4~5页。

压榨，摆足架子。"假若你只是一位未成名的著作家，假若你又没有名人给你吹嘘介绍，那么你的作品便只能在书局底编辑所中旅行，而决不能在书局底发行所里占得一席，于是你底著作家生活便只好宣告终结了"①，"名声大了而没有作品的人，自有一批书贾老板来和苍蝇一般的钉在你的头上。没有名声而有一两部自己愿意出版原稿的小卒呢，书店老板就先得来考查你的原稿的内容能否赚钱"②。高一涵曾抱怨商务印书馆不重视他，厚此薄彼，"只知敷衍有名人物，而薄待学者"③。有评论直接点名批评了商务印书馆、开明书店和创造社出版部，"（商务印书馆）不容纳外来的投稿，地盘观念"；"开明书店摆'绅士太太'架子，不是名人介绍，如果你这作者是无名作者，内容万分的完善美好，他是不要的"；"创造社的先生们一脚踏着偶像，背上也背着偶像。他们对无名作家完全是持压迫态度"④，大的书局如此，小的野鸡书店则更是变本加厉，出不起钱买名人的稿子，宁愿翻印古书或盗印名人著作，也不用无名作家的文稿。这种出版现实，简直让无名作家走投无路，普遍性地陷入困顿，要么改行，要么违背良心，创作些迎合市面的低俗读物赚钱糊口。这直接导致了出版界的一种恶性循环，"新的作者产生很少，而编者与读者也多少有些偶像观念，所以对于这般奇货可居的廖化之流，你也拉，彼也请，我们翻开上海的出版物来看，几乎只有这一批人在凑场面，于是形成了杂志舞台化，作者角儿化"。⑤ 名作者受追捧，但精力有限，难以应付，无法保障作品的质量，新作者受到出版商歧视与忽视，无法冒头，陷于穷苦，无法维持创作。如此状况，出版界谈何负起振兴和繁荣文化的重任呢！出版商如此势利，怎能不引起著作家们的隔阂和怨怼呢！茅盾对出版界这种"以名用稿""以名印书"的现象也深恶痛绝，"这种风气由来已久，我们戏称之为'明星主义'。我们认为这是不应该有的现象。我们认为这种风气对于青年作家或无名作家是十分不利的"。在分析了这种现象的成因后，提出最直接有效的挽救方法是出版

① 霆声（周全平）：《漆黑一团的出版》，《洪水》1925 年第 1 卷第 3 期，第 72 页。
② 士骥：《最近上海的出版界》，《申报》1928 年 6 月 15 日。
③ 中国社会科学院近代史研究所中华民国史研究室编《胡适往来书信选（上）》，社会科学文献出版社，2013，第 203 页。
④ 梅子：《无名作家与上海出版界》，《群众月刊》1929 年第 6 期，第 17~20 页。
⑤ 罗方：《几个有关出版界的问题》，《自由评论》1943 年第 1 期，第 7 页。

家、作家、读者三方合作，"如果出版家肯多冒点险，而又和作家们合作建立起一种权威的书评刊物，在读者群中打出个信用来，那么读者的习惯相信可以改过来，而贩卖商也会改变他们的'批书标准'了"①。

全面抗战期间，出版业遭遇沉重打击，出版商们流离失所，编辑部和印刷厂也是居无定处，四处迁移，书报刊都无法正常出版。在这样的环境下，著作者们赖以生存的稿酬和版税无法顺利支付，"书虽出了不少，而钱并没有拿到几个。战前的著作大致情形是这样的：商务的三本（《老张的哲学》、《赵子曰》、《二马》），因沪馆与渝馆的失去联系，版税完全停付……《骆驼祥子》、《樱海集》、《牛天赐传》、《老牛破车》四书，因人间书屋已倒全无消息……其余的书的情形大略与此相同，所以版税收入老那么似有若无"。② 而且图书、杂志、报纸的出版数量都急剧下降，相应的对稿件的需求就大幅降低了。"卖文为生"的著作者们因为丧失经济来源，境况就雪上加霜，更加困顿不堪。作家叶紫一个月曾断粮三次，写下"早晨摸米看空桶，中午寻柴想借扉。讨厌老天偏大雨，不能山后探新梅"③ 的悲哀诗句，描绘自己生活的贫困。甚至有些作家如叶紫、王鲁彦、江村、沈硕甫、李希达等长期苦熬于饥寒之间，潦倒流离，在贫病交加中遗憾辞世。著名剧作家洪深、阳翰笙的子女都因患病无钱救治而身亡，上演白发人送黑发人的惨剧，正如报章所论"生活倍加艰苦，稿酬日益低微，于是因贫而病，更病而更贫，或呻吟于病榻，或惨死于异乡，卧病则全家断炊，死亡则妻小同弃"。④ 吃饭问题和生存危机引发了著作者们的激烈反应，批评的矛头首先指向了出版界，不满的怒火直接烧向了出版商。

作家谢冰莹现身说法，用自己的亲身遭遇控诉了出版商的无良与无耻。首先是欺骗作者，"他们在问你要书出版时，什么条件都答应，而且合同上写的冠冕堂皇，可是书一出版，对不起，合同就成了废纸"，甚至瞒着作者，私下偷印，"像《军中随笔》一般，别人不得你的允许，竟擅自替你出

① 茅盾：《纠正一种风气》，《上海文化》1946 年第 8 期，第 20~21 页。

② 老舍：《八方风雨》，《新文学史料》1978 年第 1 期，第 29 页。

③ 唐正芒：《抗战后期大后方援助贫病作家运动》，《党史文汇》1998 年第 12 期，第 28 页。

④ 中华文艺界抗敌协会总会：《发起募集援助贫病作家基金缘起》，《新华日报》1944 年 7 月 15 日。

了书，不但不给你半文稿费，连一本书也不让你看到"。其次是盘剥压榨作者，"我在□□书局出版了《从军日记》、《前路》、《麓山集》三本书，至今整整地十年了，总共还没有拿到五百元的版税"，本应所得的版税有近六千多元，出版商只付了个零头，"每次写信向书店老板要钱时，不但没有钱付给你，而且连信都不回……可是跑到重庆的书店里一看，几种书都是从上海新运来的，翻开后面一看，也没有我的私章了，可见不知他们已加印了多少"。面对如此重利弃义，毫无道德的出版商，作者深感无助与绝望，"文人如果等着稿费来维持生活，最好首先买好棺材放在身边，什么时候饿死，别人只消把尸体往棺材里一丢，抬出去完事，否则一定会暴露尸骨，无人掩埋的"。[①] 在史意的评论中，出版商剥削著作者的伎俩昭然若揭。先是图书加价，稿酬不加反降，"出版商人嚷着纸贵了，排工贵了，印一本书的成本贵了，向读者要求五成、十成的增价，但是他们从读者那儿增加所得的钱，不但没有一文增加到作者的报酬上，而且在以成本的贵加紧对作者的克扣"，接着拖延交付版税，"作家书籍的版税却必须待卖去了书再算，而且据我所知，除了很少的几家以外，也几乎没一家书店按时把印出卖去的数目通知作家的，而向书店取稿费，领版税，差不多总是比讨陈年的债务还难，仿佛付稿费和付版税是一种额外的支出"。还有更为滑稽的算计方法，"稿费照字数计算，常常得除去空格，除去标点，把标点写在格内的文章是很难计算的，几家大书店甚至因此雇有专人，一天到晚在那儿一个一个的数字"，更可怕的是"许多无聊的书贾已经学会了剪报纸剪杂志，偷印和翻版，那是没有了作家一样可以开书店的了"[②]，在克扣和压榨著作者们的过程中，出版商们的钱包眼见着一天天鼓胀起来，著作者彻底沦落为出版商们的理想的劳动奴隶。如此情形招致了有识之士的强烈担忧，"我不敢菲薄现在的商人，他们在抗战中也有了不少贡献。但是在现在社会制度之下，既为商人，就不能不想赚钱，既想赚钱，就不能不想多赚。……书商固然也有知道文化重要的，但倘若文化和钱二者必取其一的时候，恐怕只有舍文化而取钱了。……作家们帮着书商多赚些，书商对作家们少克扣些，

---

① 谢冰莹：《关于"保障作家生活"》，《黄河》1940 年第 3 期，第 110~111 页。
② 史意：《作家的生活保障》，《文艺新潮》1940 年第 2 卷第 6 期，第 227~228 页。

但是倘若作家们如是操纵于书商之手时，文化的命脉却只有不绝如缕了"①，一场向出版商要求合理增加稿费、及时结算版税、切实保障作家生活的社会舆论迅即被激活和唤起，在报刊上轰轰烈烈地讨论起来。

《新蜀报》的副刊《蜀道》召开了一次有 26 名著作者参加的座谈会，主题涉及怎样提高稿费、怎样保障作家的版税和怎样强化作家的生活保障三个方面。参会的著作者们从各自的立场、各自的角度分别阐述了对这三个问题的观点和看法。王平陵主张著作者可以利用自身的知识优势，在中小学兼职，赚取补贴，缓解困难；陈纪滢直言首先需要唤起各方面对于作家生活的注意，才能"友谊"或"坚决"地向出版商交涉稿费、版税问题；阳翰笙建议文协要求政府修改出版法，在出版法上来积极保障作家的权利。这次座谈会通过重庆的《大公报》《中央日报》的报道，获得了舆论界支持，达到了吸引社会各界关注著作者清苦生活的目的。老舍率先响应，撰文诉说了著作者们吃不饱饭的现实，生产精神粮食的人却得不到物质粮食，指出了维持著作者们生活的五个办法，"（一）提高稿费；（二）恢复版税和确定版税；（三）修正并遵守出版法；（四）政府提供文艺贷金；（五）文艺协会提供救济金"，这样"写家的生活能维持，抗战文艺便有了着落，增高了抗战力量"。② 姚蓬子在《争取作家的生活保障》一文中提出作家稿费过低，难以维持基本生活的问题，"墨水涨到七八块钱一瓶，原稿纸卖到四五块钱一百张，一支钢笔更不是一二十元所能买到，一千字恐怕要化到近一块钱的成本，更不说写文章的地方至少要有一间破房子，一张破凳子，而写文章的人也至少要有两顿粗米饭吃。然而我却亲眼看到作家得到过这样微薄的稿费：一千字八毛钱！据说，甚至还有五毛钱"。如此入不敷出的境况，让著作者们被迫改弦更张，纷纷改行，穷困让文艺战线的战士们落荒而逃，导致"没有伟大的作品产生，千篇一律的抗战八股，艺术的水准比战前更加低落"。③ 孔罗荪也发表《提高稿费运动》阐述了提高稿费的必要性，"在今天所以必须呼吁提高稿费运动，并不仅仅是使得作家生活的相

---

① 李长之：《保障作家生活之理论与实践》，《星期文摘》1940 年第 2 卷第 1、2 合期，第 27 页。
② 老舍：《怎样维持写家们的生活》，《星期文摘》1940 年第 2 卷第 1、2 合期，第 24~26 页。
③ 姚蓬子：《争取作家的生活保障》，《抗战文艺》1940 年第 5 卷第 4、5 合期，第 82 页。

当改善，而更在于促使作家得以展拓文学活动的领域，生活的范围"，并发出团结全国作家，力争政府出面，"规定文字稿酬的最低数字，要求出版家必须履行"① 的倡议。有的评论认为著作者讨要稿费和版税，要团结组织起来才有效果，"现在要让文化商人低头，叫他们放出了一些良心，对于文化人慈悲一点，那是与虎谋皮……文化人单枪匹马去与文化商人个别谈判，那无有不遭失败而仍为商人剥削到骨枯血尽而后完结的"②，主张建立著作者坚固的联盟和属于自己的出版机构。在一片赞成声中，也有明确反对给予作家基本生活保障的意见，"写作完全是凭自己的技能，去取相当的代价。只要他的文章能够适合当前的需要，绝对不会被社会所摒弃，更不需要别人来给予生活的基本保障；要是他的写作不通，甚至现在还来一套陈腐滥调，那自然是无人过问。自己没有相当的技能而去要求给予生活的保障，那未免亦滑稽了"③，认为这种一刀切式的给予作家基本生活保障的方法会养育一些不合潮流的"迂腐"文人，对抗战文艺创作产生消极影响。盛年的评论客观理性全面分析了当时出版商和著作者之间的关系，先承认了出版商有压榨著作者的行为"书店欺负著作家的事实常常有的，例如谎报印书数目，压低稿费或版税，延不支付稿费或版税之类……出版者负著作家的场合远多于著作家负出版者的场合"，接着认为"两种关系不是对立的，是合作的"。纯然为谋利为目的的出版者固然不少，但扶植以发展文化事业为目的的出版者也不在少数，"专注意于提高稿费或版税率的之类，不一定能制止刻薄的出版者之刻薄，反而使忠厚的出版者站不稳。而忠厚的出版者之倒下，又非著作家所愿"，"照现在的环境，出版者实在很不风调雨顺，办法稍欠周密，便会抵触了发展文化事业的目的"。作者最后提出了一个愿景，著作者和出版商双方不掺入任何商业性的劳资谈判意味，纯然为发展文化事业而进行合作，"依据现实，共同商订一个既可杜绝欺负行为亦不妨碍文化事业的办法"是最合理的解决方法。④ 1943 年，在一场出版文化的大讨论中，提高著作者待遇再次成为中心话题。陶亢德的《对得起一

① 罗苏：《提高稿费运动》，《抗战文艺》1940 年第 5 卷第 4、5 合期，第 83 页。
② 《保障作家生活》，《上海周报》1940 年第 1 卷第 20 期，第 566 页。
③ 静和：《所谓保障作家生活》，《西北角》1940 年第 2 卷第 6、7 合期，第 1~2 页。
④ 盛年：《著作家与出版者》，《文化通讯》1942 年第 21 期，第 2 页。

点作家》、柳黛的《我的感想》、雨生的《稿费问题》、江邨的《文章与稿费》都认为要充实书报刊内容，发展出版文化的前提就是提高文化人待遇，首要的就是尽快提高稿费标准，以缓解著作者们困顿的生活境况。孚人在评论中竭力推广"千字斗米"的稿费标准，号召作者们团结起来争取自己的权益，"写稿者历来听人打发，简直受人宰割，一声不响"，"我不知道对于这个运动应该怎样进行、发展，但至少我们这些写稿者彼此通通声气，彼此约定，如果不到我们所定的标准，我们宁可不写"，① 表明了强烈的抗争决心。让向来斯文，耻于争利的中国文人为斗米抗争，这也说明了当时著作者们确实已经身处难以果腹、饥寒交迫的窘迫状态了。

著作者向出版商要求提高稿费、保障版税是相当合理的，但抗战期间的出版业已经奄奄一息，基本丧失了支付稿费和版税的能力，"希望以杂志养活杂志，已经是绝对不可能的事情"②。即使有法令规定出版商必须提高稿费和保障版税也是有心无力，难以负担。假如著作者不顾现实，单方面硬性地向出版商索要稿费和版税，容易招致著作者和出版商的纠纷与对立，激化本已尖锐的矛盾，反而不利于问题的解决。有评论也意识到了出版商和著作者是抗战文艺统一战线里的战友，解决著作者的生计问题对于出版商也是有好处的。邵荃麟高屋建瓴地指出在稿费和版税这两个著作者权利的问题上，也包含着一个出版界的整饬风气与出版商与著作者团结的问题。"目前出版偷税的及剪编抄袭的市侩风气，已经形成出版界一最卑劣的现象。这种嚣张的风气，将使战时中国文化事业蒙受极大的损害，而使文化市场日益受无耻的市侩所操纵，这不仅是作家的损失，而同样也是忠实的出版商的不利。此种风气的延续，并且更易增加作家与出版家之间的对立与纠纷，唯有加强对于此种市侩主义的打击，确保作家应有的权益，一方面是健全了出版事业的本身，而另一方面在整饬出版界风气这一点上，必然会增进了作家与出版家之间的感情，而使文化界的团结更形巩固。"③ 中华全国文艺界抗敌协会在公布的旨在多项解决稿费、版税办法的意见书中，

---

① 孚人：《提倡千字斗米运动》，《杂志》1943 年第 11 卷第 5 期，第 31~32 页。

② 《如何保障作家战时生活》，文天行、王大明、廖全京编《中华全国文艺界抗敌协会资料汇编》，四川省社会科学院出版社，1983，第 294 页。

③ 荃麟：《关于保障作家生活问题》，《半月文萃》1943 年第 2 卷第 1 期，第 33 页。

也明确显示出著作者对当时出版商苦境的理解，表达了希望出版商和著作者相互体谅、共度时艰的意思，"同人等深知今日之经营出版事业者，其艰难并不减于作家，故保障作家合法权益问题之提出，并非与出版家处对立之地位，而系以妥适之原则，及出版家之协助，以期获得合理之结果而已。同人等并愿竭尽微薄，向政府机关恳请，尽量减少出版物审查与寄递之困难，以利图书杂志之出版与运销；同舟共济之谊，谅亦为出版界之所乐许"①。尽管这份意见书究竟被多少出版商所接受还是存疑，但至少显示了著作者的力量，推动了出版商对著作者的正确认知，促进了两者关系的平等化。胡绳撰文论述著作界和出版界的关系时非常强调出版界对著作界的积极影响，"出版界怎样估计读者的需要，怎样向著作界订货，怎样来发行和推销它的各种各样的书……往往能影响到著作界的空气"，两者应该"好比是同一车子的双轮，在文化事业上相互辅助，相互推动"②。

三　张目洞观察毫末：审视书业广告的运筹

广告是现代出版业最重要的营销和宣传手段，带有浓厚商业化气息的出版机构甫一登上书业舞台，就自觉地运用各种大众传媒刊登广告。早在1904年商务印书馆就利用《东方杂志》的余白刊登本馆出版的图书广告，1906年组织参加了类似于现代商品展销会性质的天津劝业展览会，1910年创办了体制完整的机构宣传刊物《图书汇报》。民国建立后，出版业得到快速发展，书业广告借此蓬勃兴起。"当时的一些大的出版机构如商务印书馆、中华书局、世界书局等，几乎做到了有新书出，必然广而告之的地步。中小型的书局书店也大多在结合自身的出版实力和书刊品种规模的基础上，设法利用各种方式进行广告宣传。"③ 广告研究者将现代广告分为准备期、诞生期和发展期三个阶段，其中的诞生期是1918～1937年，主要特征是广告媒介不断丰富，广告影响显著扩大，广告业蓬勃发展并收获了难得的

---

① 中华全国文艺界抗敌协会：《保障作家稿费版权版税意见书》，文天行、王大明、廖全京编《中华全国文艺界抗敌协会资料汇编》，四川省社会科学院出版社，1983，第303页。

② 于田（胡绳）：《著作界与出版界》，《店务通讯》1948年第2期，第32页。

③ 吴永贵：《民国时期书业广告的组织与运作》，《编辑之友》2009年第5期，第74页。

"黄金十年"。① 这个时间段正好与现代出版业勃发的黄金十年契合，这也从侧面证实了书业广告的繁荣与兴盛。

广告是广告主为了推销其商品、劳务在付费的基础上通过媒介面向社会公众进行的信息传播活动。② 因此，书业广告性质是一种信息传播活动，是出于宣传营销推广，促进销售，增加利润的动机所进行的行动的总和。由于出版市场激烈的竞争和书商对广告、促销的重视，现代报刊上图书广告的出现频率是极高的，商务日出一新书，中华、世界、大东等一周出一新书不成问题，再加之其他的出版机构，每年有千百种新书出版发行。为避免新书悄无声息，刚入市便倒回仓库，就必须推广宣传，对广告就相当依赖了。"就本国日报广告数量言，药物占首位，烟草占次位，再次即为出版业。若并入他项宣传品，如目录、小册、传单、函件等等估计，纵无确实统计，其首位殆为出版界所占，可无多疑"③。而广告宣传确实能够在一定程度上增加图书的销量，"即使出版的书是并不十分好，而由宣传的力量可以推广销路……如同世界书局的一时获得相当的成功，全是广告的力量"④。鉴于此，不仅新书出版要刊登广告，出版机构还借助其他事由如1931年商务、中华就以成立三十五周年、二十周年为由大肆开展促销活动，不惜重金在各大报纸上刊登全版的图书广告，一时引得街谈巷议，风头无二。商务印书馆还曾经在其出版的教科书和其他书籍中，夹上一纸精致书签，书签上边多印一只飞鸟或数朵鲜花，下面印上其新出版书籍的名称、册数、价目等。这种书签广告虽也曾引起一些人的注意，并引得不少同行效仿，但终因其所显露的广告气味太重，为人所摒弃。另外还有些出版机构反其道而行之，假借征求读者批评，以求宣传推广之实效。像北京海音书局出版的书籍和开明书店出版的书籍后边大半附以一张批评纸，上面印上批评纸专为读者对于本局出版各书籍批评之用的字样，有时还会附上邮资，让读者能方便地反馈信息。

出版机构为了销售，热衷于宣传，极尽推销之能事，一定程度上造成

---

① 武齐：《中国广告学术史》，知识产权出版社，2014，第4~5页。
② 陈谦、刘芳：《广告新论——若干问题的学术探讨》，中国社会科学出版社，2010，第9页。
③ 戴孝侯：《出版业与宣传》，《同舟》1936年第5卷第1期，第12页。
④ 岂凡：《书店流行的一观察》，《一般》1928年第6卷第2期，第302页。

了出版物广告的泛滥，引来外界的批评。有评论责备书局滥登广告，徒耗金钱，"大的书店，资本动辄千万或是几百万，他们的营业也做得很大，所以每月花上几千元或是万元的广告费，决不会感受什么影响的。普通书店，资本不过数万或数千，营业也远不及大书店之广告，每见大书店在报纸上刊大幅广告，于是相率效尤，想借广告之力，发展自己的营业，殊不知一大幅广告之刊费，即耗去一书之本利数十倍。即白送去数十本书，还不能收回一天之广告费"①，认为这种不顾自身资本实力，盲目跟风大打广告战的行为是造成出版业不景气的重要原因之一。更令人担心的是，在泛滥的广告潮中裹挟着一些低俗、出格、污浊的图书推销的不正当手段。书商沈知方玩弄过一个双簧噱头来宣传《管辂神相术》，他事先安排二人先后刊登对这本书的版权所有的声明，在报纸上演出一出版权争端，然后再以书局的名义登出广告说明《管辂神相术》的版权已经被书局购买所得，将于近日出版，因此版权争端得以顺利解决。这一出双簧的炒作，让《管辂神相术》未出先红。正式出版后销量惊人，盈利丰厚。在创办世界书局后，沈氏变本加厉，赠券、赠品、摸彩，图书推销的手段花样翻新，层出不穷，而且其赠品的种类极其昂贵，包括金戒指、留声机、皮袍等，完全突破了出版界的常规，竟也获得不少读者的追捧。上有行之，下必效之。世界书局的这些手段很快被其他书商所效仿，一时间各种旁门左道的图书宣传推销手法不断涌现，平襟亚在《六十年前上海出版界之怪现象》中扒下那些书坊老板推销图书的重重黑幕，将这些见不得人的推销伎俩称为"黑幕中的黑幕"。书业广告市场乌烟瘴气，嘈杂混乱的情况可见一斑。鲁迅猛烈地抨击了出版界的这种乱象，批评书商们先是使用金钱手段诱惑读者，"花色一点的还有赠丝袜，请吃冰淇淋，附送一只锦盒，内藏十件宝贝，价值不资"，还有就是"定一年报或买几本书，便有得到'劝学奖金'一百元或'留学经费'二千元的希望"，比赌场里的轮盘赌金额还要大几倍。照此，买书比赌博还要刺激，书的价值完全体现了"博彩"式的购书上面了。接下来又不无讽刺地提到书商的推销还有"书中自有颜如玉"的招数，"买书

---

① 器重：《出版业衰颓之检讨》，《申报·出版界》1935 年 9 月 21 日。

一元，赠送裸体画片"，"在文艺上，'女作家'分为一类滥用了体质的差别"。① 整篇评论利用讽喻的笔触，尖刻地披露了书商的广告活动低俗情色化，使用"拜金主义"和"香艳肉体"的手段赤裸裸地直指人们内心的原始欲望。这种广告充当了财色与书籍之间的"捐客"，将这两种风马牛不相及甚至相悖离的价值观联系起来，财色的威力让书籍相形见绌，书籍担负的陶冶和培养高尚情操的文化使命被迫退避三舍，服从于强大的商业逻辑和市场规律。在另一篇评论《大小骗》中，鲁迅揭露了出版商"名人书签、特约编辑、特约撰稿"的欺诈广告手法，"许多所谓特约撰稿者的东西一个字也不见。是并没有约，还是约而不来呢，我们无从知道；但可见那些所谓亲笔签名，也许是从别处剪来，或者简直是假造的了"②，图书的攀龙附凤、欺世盗名之举最终受损失的却只有读者。鲁迅长期生活在文化界和出版圈中，自己本就是图书广告的行家里手，对此自然是洞若观火，了然于心，所以他的评论入木三分地揭露了不良书商不择手段，带坏社会风气的推销手法和他们盈利至上，毫无品格和商业信用的丑陋面目。

教科书作为大大小小书局的生命线，广告竞争的硝烟也甚嚣尘上。折减、廉价、奖券、赠品甚至筹钱买飞机救国等都与教科书广告相关联。教科书广告不仅成为推销的工具，并且在一些书商的手里扭曲、异化为攻击、挫败竞争对手的武器。当时有评论举出中华书局和世界等四书局关于"南京各市小学评选之总报告"传单真假的事例，指出教科书的广告竞争完全变味，已渐超出正常商业手段。"海上各报大幅广告，几为教科书与香烟所包办"，"广告之不足，继之以请托运动，平素无人顾问之教师，骤高身价。请托之不足，继之以诋毁诽斥，以自显其货真价实"③。长此以往，教科书的采用与否的标准不在于内容质量，而取决于广告竞争的手段如何，甚至是利诱拐骗式的营销活动。书商将所有重点放在了教科书广告上面，忽略了教科书质量的提高，这对教科书出版无疑是相当不利的。作者强烈呼吁教育行政管理者积极干预教科书的广告，希望借助政府的强制力量拨乱反

① 鲁迅：《书籍和财色》，鲁迅：《三闲集》，人民文学出版社，2006，第 163~165 页。
② 鲁迅：《大小骗》，《申报·自由谈》1934 年 3 月 28 日。
③ 枫：《中小学教科书的竞卖》，《时代公论》1933 年第 77 期，第 3 页。

正，让教科书广告活动重回正轨。

现代广告学认为广告的概念除了"信息传播活动"论之外，还应该从信息本身探讨广告，即广告概念的"文本观"。这种观点认为"广告是特殊文本及文本的传递"，"广告的核心是概念和创意，即广告作品"①。这提醒研究者除了关注广告活动之外，还应重视广告文本。现代书业广告的文本形式也非常多样，除了主流的新书出版、在版销售、减价促销广告等硬商业文本以外，还有序跋、题词、声明、小引、告白、答问、启事、公开信等软广告文本。当时社会各界关于书业广告的文本的点评、议论、评估，甚至专门的研究并不鲜见，并通过在报刊上发表文章表达出自己的意见和态度，观点主要集中在两个方面。

一是批评书业广告的内容虚假，措辞夸张、失实。任何广告文本都应建立在真实性基础之上，才能让人信服，进而采取购买行动。然而为吸引眼球，扩大宣传效果，不少书业广告都含有虚假的内容，以此蒙骗读者。"出版界的广告已进化到同电影广告一样，片片都是'巨片'，'代表作'……将一本极平庸的作品说得如同世界上独一无二的名著。"② 周全平道出书业广告虚假成性的现实，"广告本是用来使人知道商品底真价值的，而习惯性成的虚伪的商人反利用它来混淆社会上底耳目。书贾当然不能例外。明明是一本蹩脚的翻译，偏说是译笔流畅；明明是一本不通的创作，偏说是空前巨制；总之，诚实两字在书贾中本来是找不到的"③。读者如果按照书业广告的指点去买书，无一例外地会大失所望。因为"无论怎样坏的书，一到出版家手里便成了非读不可的书。在广告里总是大吹大擂地说什么'文笔流利，内容充实，某名人校定，曾经某名人推许，无论先生、太太、小姐、公子都宜人手一编，既可作案头参考之需，亦可作为茶后消遣之助'"④。胡秋原先生就曾因为某一书店称其为"普列汉诺夫专家"而特意发表声明，澄清这是书店作的广告，他自己并非如此。鲁迅对于"文艺杂志广告的夸大"，也忍不住"前去刺一下"，他讥讽道"一看杂志的广

① 饶广祥：《广告符号学》，四川大学出版社，2014，第10~11页。
② 黄照熹：《读者与出版界》，《现代出版界》1935年第1期（新），第12页。
③ 霆声（周全平）：《漆黑一团的出版界》，《洪水》1925年第1卷第3期，第71页。
④ 颂棣：《著作家·出版家和读者》，《中华书局图书月刊》1932年第13期，第5页。

告，作者就个个是文豪，中国文坛也真好像光焰万丈"，这些所谓文豪都是出版商利用广告自行"商定"出来的，"商家印好一种稿子后，倘那时封建得势，广告上就说作者是封建文豪，革命行时，便是革命文豪"①。特别是一些出版机构自办的期刊，里面的图书广告更是如此，虚假吹捧之辞处处可见，"里面所写的人名，原来个个都好像大作家，并且每本作品都是杰作"②。一经对比书业广告中的杰作迭出与现实中有价值之作的稀少，就可见广告内容的"注水"之严重了。广告文本纯粹就是欺诈。在广告中宣传的是"避溺新法、胃病须知"最新技能，打开一看究竟，所谓秘籍竟是"入水不要淹过膝盖，包你不会溺死，胃病饿几天就好"③，令读者哭笑不得，大呼上当。叶方子揭露过这类欺诈的广告，并讽之为"异想天开的推广营业的妙法"，"'剪报并付邮票×角，可得值××元之书若干册，并附赠××画片若干种'这类广告是常见的……报纸上登得极诱惑之能事，而无知的青年便照办法附寄邮票，结果是石沉大海，毫无信息"④。

二是批评书业广告含有低俗、海淫等违背公序良俗的内容。在一些通俗读物的广告文本上含有海淫性内容，像大东书局《星期》杂志的广告、世界书局《特价千部书》的广告里面都布满了"娼门""节操""寡妇""痴女""丧心病狂""淫徒色戒"等挑逗性字眼，极力凸显"性"的元素及猎奇色彩。还有不少海赌性内容，像购书赠奖券、彩票的广告长年盘踞在各大报纸的显要位置，不断地撩拨、刺激着购书者的赌博投机心理。"令到一般血气未定的青年，趋之若鹜，此等广告，固含毒素……这一样来，风俗就日趋于恶劣了。"⑤此外，针对书业广告中出现的崇洋媚外趋势，不少评论也做了揭露和批判，"书业之广告，竟有白字发现，不加校正，实怪闻也……电话号数竟书为某ケタ番，不书号而书为番，书业先受日本化矣"⑥。鲁迅也批评译自日本的《皇汉医学》在中国出版时刊登的广告，指

---

① 鲁迅：《商定文豪》，鲁迅：《准风月谈》，译林出版社，2014，第163~164页。

② 清道夫：《读书乎？出版乎？》，《出版消息》1933年第9期，第24页。

③ 西冷：《夸大广告与诈欺》，《中华周报》1932年第9期，第22页。

④ 叶方子：《谈书店》，《潮声》1943年第2卷第5期，第39页。

⑤ 李锦成：《新闻纸登载广告的讨论》，李锦华、李仲诚编《新闻言论集》，新启明印务有限公司，1932，第162页。

⑥ 采：《书业广告之东洋化》，《东亚画报》1929年2月25日。

责这则广告突出作者的日本国籍，迎合中国受众心理，是非常不合适的。

各个出版机构除了自身的出版物需要做广告之外，其主办的杂志期刊也成了其他广告的载体。在市场化、商业化的出版业竞争中，任何一种刊物，除非资本非常雄厚，发行量能够保证盈利，否则刊登一定数量的广告，以广告费的收入，弥补发行亏损，进而获得利润是出版的行业规律。所以在现代报刊上有大量的其他广告存在，是再正常不过的事情。但很多杂志为了赚钱，不顾及杂志的内容特征，盲目地刊登广告，片面地追求广告条数，造成了杂志形象的损害。有评论专门探讨了杂志刊登广告问题，"刊登于杂志内的各色广告，虽非刊物本身内容，但其优劣的影响，亦不容忽视"，不良的广告内容会影响读者的阅读情绪，降低刊物本身的价值。广告形式处理不当，缺乏美感，也能对读者造成恶劣的印象。作者提出了一个编辑选择合适广告的原则，就是杂志内容、种类"均和所登载者相仿"[1]，即什么样的报刊内容最好选择相似或相近的广告内容和种类，因为出版物都有其相对固定的行销范围和受众对象，比如《申报》和《大公报》是盛销于知识界的，所以上面的广告以出版业广告为重心，《新闻报》为商界人士所看重，上面的广告就以香烟或其他各种同类广告为主。正如陆费逵在办《出版月刊》时指出的那样"《新中华》介绍政治、经济、文学书，《小朋友》介绍儿童书，《教育界》介绍教育书，《英文周报》介绍英文书"。[2]但现实令人失望，杂志主办者或仅为营利，或不懂广告经营，在宣扬文化宗旨的杂志上总能看到"饮食类大都市高贵豪奢的酒楼饭馆，医药类则几乎尽是与淫靡生活相联系的补剂、花柳病一类的事物"[3]，"满纸淋病、梅毒、生殖灵之类"[4]，触目惊心，既恶心读者，又降低品味。《大公报》上专门刊登的一篇评论对此行为大为不满，进行了严厉批评。"秘制药之广告多属虚伪假造，言过其实之辞借以欺愚民众而图渔利。一般民众因缺乏医学常识，多被愚惑既废金钱，复损健康，其为害殆有甚于毒蛇猛虎。新闻界之滥登秘制药广告，其罪孽等于放蛇纵虎，图此类广告费而自肥者，无异

---

① 田程：《关于杂志上的广告》，《读书杂志》1945年第1卷第4期，第3页。
② 钱炳寰编《中华书局大事纪要（1912-1954）》，中华书局，2002，第147页。
③ 田程：《关于杂志上的广告》，《读书杂志》1945年第1卷第4期，第3页。
④ 文夫：《报纸的广告》，《文化建设》1936年第5期，第3页。

于杀人成富。"① 对于这种现象，鲁迅一针见血地指出"看广告的种类，大概是就可以推见这刊物的性质的。例如'正人君子'们所办的《现代评论》上，就会有金城银行的长期广告，南洋华侨学生所办的《秋野》上，就能见'虎标良药'的招牌。虽是打着'革命文学'旗子的小报，只要有那上面的广告大半是花柳药和饮食店，便知道作者和读者，仍然和先前的专讲妓女戏子的小报的人们同流"②，他敏锐地觉察到刊物所登的广告类别是主办者和编辑者所属经济和政治阶层的体现，蕴藏其中的思想文化和精神归属也具有内在的一致性。

---

① 朱季青：《医学发展之责任问题》，《大公报》（天津版）1929 年 11 月 2 日。
② 鲁迅：《我和〈语丝〉的始终》，鲁迅：《三闲集》，北京联合出版公司，2014，第 149 页。

第五章　中国现代出版评论的
效果及影响

　　所谓评论是指主体对客体、主观对客观的一种判断、评价活动。这种活动所引起的感知、态度、行为的反应和变化就是评论产生的效果和影响，反应和变化的大小决定着评论主体意图或目标的实现程度。我国现代出版业一直处于发展变化之中，政治、经济、文化、教育、技术、民族等外界因素都是出版业风云激荡、兴衰起落的动因所在。出版评论作为外界的一种干预力量，无疑对出版活动的方方面面都存在着直接或间接的作用。传播学者戴元光认为报纸作为文化传播的工具具有独特的文化性，而且形成了报纸文化的三重结构：即表层结构，报纸的生产过程，从收集资料开始到新闻产品的分享；中介结构，就是报纸的运行体制、管理体制、制约体制及反馈系统；深层结构，就是影响报纸文化生产的各个因素，包括生产者的思维方式、文化素质及报纸文化的生产方式、指导思想。[①] 将此观点推及开来，如果将出版评论也当成一个媒介传播系统的话，考察它对出版业的效果和影响也同样可以划分为表层、中介、深层，即出版物生产、出版业管理、出版文化三个结构层面。总括来说，我国现代出版业的生产、经营、管理，政府对出版业的规制以及基于两者基础上出版文化的形成与变迁都和出版评论有着紧密的关联。从某种程度上来说，出版评论作为一种外在的介入、制约力量，引导并鞭策着现代出版业健康、有序、持续的向前发展。当然，我们无须夸大出版评论的作用，只需用客观、确凿的效果来反馈和验证。所以，本章所要解决的问题就是出版评论对当时出版业内部生产、外部管理这些正式规范制度以及出版文化这种非正式规则产生了

---

　　① 戴元光：《文化传播与媒介发展》，《戴元光自选集》，复旦大学出版社，2004，第205页。

怎样的影响，发生了哪些具体的变化。

第一节 出版评论引发出版机构
内容生产的革新

我国现代出版业是以民营出版机构为主体、国营和私营为重要补充的一种结构态势，形成了以企业化、市场化、职业化、竞争化为主要特征的高度商业性运作模式，出版物的生产、销售的好坏直接决定着出版机构是发展壮大还是萎靡关张。在这种环境下，出版评论所具有的直接影响读者选择的评判、导向功能以及间接的推动政府管制、企业管理和市场销售功能都会影响到出版机构的方方面面，引发出版业各结构要素的变革。这种变革直接而又集中体现在出版业内部的生产环节上，毫无疑问，出版评论是引发出版机构对内容生产进行深刻变革、全面革新的导火线，它猛烈抨击落后、保守、愚昧、低俗的书刊，热情讴歌民主、科学、自由、进步的读物，将出版业带入新文化、新思想的时代洪流中，随之引起了出版文化生态的震荡和改变。

内容为王是出版业颠扑不破的规律，只有不断推出内容质量上乘的精良图书，才能在竞争激烈的出版市场上站稳脚跟，获得发展先机。在出版业持续向前的过程中，出版评论从稚嫩走向成熟，不断地发出自己的声音，以批评的方式介入出版活动中。既能客观地反映出版现实，又能对出版活动做出理性的价值判断，成为外界与出版界对话与沟通的重要桥梁。考察出版机构在内容生产方面的某些变化如出版方向的转移、出版结构的调整、书刊内容的变革等，我们可以发现这些改变都与当时出版评论有着千丝万缕的关联，在出版业内容生产革新的背后显露着出版评论明晰真切的痕迹。

中国现代社会政局变幻无定，思想文化日异月殊，呈现出中西碰撞、新旧杂糅的状况，反映在出版业上就是不同出版机构守成或趋新的差异。守成者如文明书局、有正书局等俨然白首耆宿，执着于文化古籍的整理与出版。趋新者如中华书局、开明书店等仿若风华少年，大张旗鼓于新文化、新思潮的传播与宣传。而执中国现代出版之牛耳的商务印书馆则步入发展的成熟期，依旧按照其"在商言商"和"扶助教育"的出版方针不紧不慢地稳步前行。然而进入 1919 年后，商务印书馆从管理体制到编辑机构，从财务制度到人事组织，特别是内容生产方面的图书、杂志的出版都在经历着激烈的变革，显得异常匆忙而又急促。这种近乎颠覆式的大转变，如果没有外力的强烈冲击，这样疾如旋踵的剧变就让人觉得异常突兀和不解。

　　这种强烈的外力，首先可以肯定的就是经济因素。商务印书馆作为出版企业，尽管以倡明文化为己任，但经济利润仍旧是其生存发展的根本。皮之不存，毛将焉附，没有企业的盈利，谈何扶助文化。五四之后，激进勇猛，横扫一切封建残留的新文化浪潮兴起，与新潮社、北新书局、亚东图书馆等新出版群体积极加入，勇立潮头相比，商务印书馆明显一时反应不及，难以适应，只能不退不进，持隔岸观火、静观其变的态度，坚守着原来的出版模式，保持着旧有的出版风格，出版业务依然以教科书、工具书和古籍为主，所属的杂志言论四平八稳，老成持重。这种稳健的态度在追求彻底、极端变革的普遍性急躁的社会情绪里很容易被外界当成保守的立场，是与时代脱节的"不合时宜之举"。这直接让商务印书馆失去了一大批新文化阵营里的著作者和支持新文化运动的读者。同时由于出版的书刊落后于环境变化，不能及时回应社会文化思潮，丧失了竞争优势。更为难堪的是，因为没有具有社会号召力和引导力的新知识、新学说、新思想的著作涌现，导致了其作为现代中国首席知识传播、思想启蒙的文化堡垒地位的动摇，身后的竞争对手中华书局、世界书局、大东书局等不断地扩张出版业务，侵蚀着它的领先优势。所有的这些不利因素累积起来导致商务印书馆的出版业务进入下滑通道，书刊滞销，利润急剧下降。以旗下的杂志为例，被誉为"杂志中的杂志"的《东方杂志》，还有以往畅销的通俗读物《小说月报》的关注度不复以前盛况，销量不断减少，以至亏损。据张元济统计，1917 年商务版杂志的销量额是 1.46 万元，1918 年下降到 1.1 万元，[①] 按照当时杂志的平均价格计算，销售的册数也下降近 5000 册。而到了 1919 年情况更加恶化，滞销的书刊达到 60 多万册，总码洋超过 100 万元。[②] 从张元济在分馆减价售书发布通告时还特意嘱咐负责人"删去本版三

---

① 《张元济日记（下）》，商务印书馆，1981，第 505 页。
② 张树年：《张元济年谱》，商务印书馆，1991，第 162 页。

年滞销一项"① 足以反映出当时商务版图书积压的严重性。面对如此经营困境和逼人情势，商务印书馆的改革就箭在弦上，势在必行了。

尽管促动商务印书馆革新的外力是经济这个本质因素，但直接的导火索却是罗家伦的一篇著名的出版评论，亦可称之为批判檄文——《今日中国之杂志界》。在这篇炮火猛烈的评论里，罗家伦疾声厉色地点名批评了商务印书馆出版的刊物，认定《东方杂志》是"杂乱派"杂志的代表：

> 这派大都毫无主张，毫无选择，只要是稿子就登。一期之中，"上至天文，下至地理，古今中外，诸子百家"，无一不有。这派的名称举不胜举，最可以做代表的，就是商务印书馆的《东方杂志》。这个上下古今派的杂志，忽而工业，忽而政论，忽而农商，忽而灵学，真是五花八门，无奇不有。你说他旧吗？他又像新。你说他新吗？他实在不配。民国三二年黄远生先生在主持的时候，还好一点，现在我看了半天，真有莫名其妙的感想。这样毫无主张，毫无特色，毫无统系的办法，真可以说对于社会不发生一点影响，也不能尽一点灌输新智识的责任。我诚心盼望主持这个杂志的人，从速改变方针。须知人人可看，等于一人不看；无所不包，等于一无所包。我望社会上不必多有这样不愧为"杂志"的杂志。②

而且在罗家伦给杂志分类的第四类学理派里，商务印书馆所办的《教育杂志》和《妇女杂志》被列入"脑筋混沌的"，"名为谈学理，实在没有清楚的脑筋、适当的方法去研究学理的真相，只是浑浑沌沌的信口开河"，而且是属于"市侩式"的一小类，"上面高扯学理的大旗；就实际而论，做的人既对于学理无明确的观念，又无研究的热心，不过打空锣鼓，以期多销几分"。对这种刊物，罗家伦的态度是"最讨厌""极不堪"，断言"这类的杂志若不根本改良，真无存在的余地"。③ 罗家伦如此愠怒，对商务印

---

① 张元济著、张人凤整理《张元济日记（上）》，河北教育出版社，2001，第 670 页。
② 罗家伦：《今日中国之杂志界》，《新潮》1919 年第 1 卷第 4 期，第 72~81 页。
③ 同上。

书馆和《东方杂志》等不留情面，痛加批贬，其实是有源可溯的。这个根源就是以陈独秀为首的《新青年》杂志与商务印书馆杜亚泉主持的《东方杂志》之间发生的论战，这场论战的核心是中学、西学能否并存，协调发展的问题。这本是属于学术范畴的理论探讨，只是就刊物中的有关观点进行协商或批驳而已。但陈独秀有意将此论战扩大化，当成一个宣传新文化、新思想的契机，所以杜亚泉和《东方杂志》就被树立为守旧思想的复辟典型，被渲染成了新文化运动前进的"绊脚石"，必欲先除之才能保证这场新文化运动的顺利开展。陈独秀当时是北京大学文科学科长，罗家伦是其学生，再加之罗氏编辑的《新潮》杂志和《新青年》杂志是同道（傅斯年语），是兄弟孔怀的连枝关系，两者是同气相求，同声相应，所以《今日中国之杂志界》的发表可看作陈、杜东西方文化大论战的延续和扩大，突破了学术研讨的区域，演变为新兴的文化势力对实力雄厚但思想保守的文化出版机构的挑战与冲击。

《今日中国之杂志界》这篇评论渗透着罗家伦对当时杂志现状的认知和对编辑杂志的思考，见解深刻，颇具实践性和专业性。这份专业性就来自之前创立和编辑《新潮》杂志的经历，虽然只有几个月的时间，但足以让罗家伦对杂志出版有一个较为深入的了解，而就在《新潮》编辑部与当时的刊物负责人傅斯年共同办刊的这段体验，让罗家伦直观地感受到了批判的手段和评论的力量，这也是他自觉运用出版评论对商务印书馆进行批评的内在动因之一。《新潮》由傅斯年、罗家伦、徐彦之、顾颉刚、俞平伯等北大学生创办，以介绍西方现代思潮、批评中国学术、社会问题为主要内容。首期杂志在社会上很受欢迎，产生了一定的影响。第一期出版后不久，张东荪就在《时事新报》上发表了两篇关于《新潮》杂志的相关评论，在《新潮杂评》中赞扬《新潮》的同时，针对其书评栏目只介绍国内出版物的现实提出了自己的意见，指出"与其批评中国的出版物，不如介绍外国的出版物。日本文学博士中岛力造曾发起一个读书会，专读欧美新出的书；将书中的意见，详细解说出来，并将这解说做了一个出版物，名为《泰西新书梗概》。一般学者很受益了"，"如是批评中国书总离不了抨击，抨击有什么结果呢？还不是骂一回就完了吗？"① 批评中国出版物于新文化建设无益，还不如直接介绍引进西方图书。因此，张东荪建议《新潮》增添一个介绍西洋新书的栏目，用以传播西方最新思想文化动态。面对这样的批评和建议，《新潮》立刻做出了回应和改编，"多多介绍西洋文学、哲学、科学的门径书；设一个'西书研究团'，选择若干最精要的书籍，经每人自由任定，定日读完，作成提要；即以提要之佳者，登于杂志上；要给读这提要的人一个明白的、分析的、概括的知识；故书新评一栏，仍旧保留。最好是每期有它，若果不能，也要每两期有它一回"②，并将书评栏目分为"西书提要、故书新评、书报介绍、蒲鞭"四项，分别在杂志中不定期刊出。关于外界对《新潮》有"所载多哲学及文学之新潮，于科学之新潮，尚未能充分提倡"的批评，《新潮》编辑部也积极予以回应，"我们杂志上没有纯正科学的东西，是我们的第一憾事。以后当如尊命，竭力补正"③，并在杂志中热情邀请北京大学理工类学者赐稿，在杂志的第二卷、第三卷中就刊登了不少纯科学的文章，如王星拱的《科学的知识是客观的不是》和《物与我》，汪敬熙的《心理学之最近的趋势》，还翻译介绍了爱因斯坦的相对论原理。另外还有读者指责《新潮》中译名不统一和过于直接，不留余地的文章风格，编辑部也一一做出了解释，并承诺在以后的刊物中加以修正。罗家伦在这期间也以"记者志希"的名义对读者来信、外界评论做了解答和回应。作为主要编辑人，罗家伦全程参与了《新潮》根据外界的评论和反应，对杂志方向和内容进行调整的变革经过，这不但增加了其杂志编辑出版的实践经验，而且对出版评论这一重要的批判武器的作用有了切身的体会，强化了自觉运用的意识，并成为他攻击落后观念、宣传先进思想的重要文体形式。

果不其然，罗家伦的这篇气势凌厉、锋芒毕露的《中国今日之杂志界》一出世就震惊了出版界，在社会上影响很大。"罗家伦《今日中国之杂志界》一文，把商务各种杂志骂得体无完肤。……商务受到这样严重的攻击，

---

① 张东荪：《新潮杂评》，《时事新报》1919 年 1 月 21 日。
② 傅斯年：《致新潮社同学读者诸君》，《新潮》1919 年第 1 卷第 3 期，第 23 页。
③ 史志元：《致记者》，《新潮》1919 年第 1 卷第 3 期，第 25 页。

在文化教育界的声誉顿时一落千丈"①，《东方杂志》的形象崩塌，销量持续下跌，读者群体也逐渐流失。恽代英、张国焘、郑超麟等为代表的青年读者对《东方杂志》失去了敬意，将之视同复辟、落后的代名词，转而投向更有热情更加激进的《新潮》《新青年》的读者阵营。一般的杂志在受到批评之后，做些内容上的调整或改变即可平息舆论，重新获得读者信任。如著名的《时事新报》副刊《学灯》的一些栏目"黑幕""剧评"的内容就曾被钱玄同大加嘲讽和鞭挞，"那上海的一班'鹦鹉派读书人'为筹画嫖赌吃着的费用起见，或做鸳鸯蝴蝶体的小说，或做某生某翁体的小说，或画全身不相称的美人；其别开生面者，又有什么'黑幕'，什么'剧评'。此等人所做的东西虽然种种不同，而其价值则一，要之皆是脑筋组织不甚复杂的人所做的事业而已"②。最后一句话的评价，已近乎谩骂式的人身攻击了。《学灯》受其批评，立刻用行动上的回应表示对批评的接受，对副刊专栏进行了调整。首先，增加了"科学丛谈""思潮"等新栏目，登载最新的反映西方文化的论述或译作；其次，修改了部分栏目的名称和主题内容，改变专注于教育的用稿倾向，原"教育小言"变为"小言"，扩大了评论的范围，并尝试用连载的方式刊登长篇论著；最后，撤销了"黑幕"和"报余丛载"，将这些版面用于刊登思想文艺方面的内容。此外，还加密了《学灯》的出版频率，改为每周六期，只有星期日不出。这样的改变让《学灯》顺利适应了时代环境文化思潮的变化，并成为新文化运动中的一支重要的力量。然而当外部的批评铺天盖地的时候，商务印书馆并没有及时警醒起来。在迫于压力之下，商务印书馆撤换了《东方杂志》的主编，由陶惺存接替杜亚泉，但这并不代表商务印书馆完全接受了外界的批评，只是暂时的应对外界舆论的缓兵之计。当年七月，刚接任主编的陶惺存化名"景藏"发表了《今后杂志界之职务》的文章，对罗家伦的批评做出了回应和解释。针对罗家伦对《东方杂志》"杂乱"的批评，陶氏以"杂货铺"作喻，声称"杂志犹杂货店也，杂货店之货物最为繁琐细碎。其中既少贵重之品，亦多无甚价值之物"，所存之货乃是为人生日用必需品，微小如瓦罐、火

①　章锡琛：《漫谈商务印书馆》，《商务印书馆九十年》，商务印书馆，1987，第111页。
②　钱玄同：《今之所谓"评剧家"》，《新青年》1918年第5卷第2期，第187~188页。

柴、针线亦要齐备。所以编辑杂志就必须兼收并蓄，不得不杂。文中还对杂志的分类和编辑杂志的标准进行了论述，"犹抱琵琶"式地暗合了罗家伦的意见，但没有明确的表明刊物改革的意思。而外界评价为"本有保皇党臭味，提及革命总是摇头"①的时任商务印书馆总经理张元济起初也没有将外界的批评当成大事。他在传阅了1919年营业总表后指出，上一年度书业的不尽如人意是由于"新思潮激进，已经有《新妇女》、《新学生》、《新教育》出版，本馆不能一一迎合"②的缘故。从这表述中可以看出商务印书馆上层对于新文化运动的保留态度，也能体味出商务印书馆对于社会流行的反映新文化的新创杂志的些许不屑。只是迫于市场压力，挽回书刊销售颓势被动的采取一些措施而已。但事态的发展超出了他们的预估，罗家伦的出版评论引发了社会各界对商务印书馆乃至整个出版业后继的批评，让商务印书馆等出版机构深陷负面舆论的旋涡。宗白华就曾在《时事新报·学灯》上撰文批评商务印书馆在新时代里毫无进步，"一个大书局在社会上同别种商店不同。它营业而外还要负点文化责任……中国现在的大书局正相反。它们不仅丝毫不晓得有文化责任，并且还正是中国文化的障碍。上海两个大书局，如商务印书馆与中华书局就是这样。商务印书馆十余年不见出几部有价值的书。学理书等到现在还是严复的几本译本……新学潮的书籍月刊都不看见它代售"③。郭沫若在谈及国内杂志的情况时，对商务版的杂志也颇有微词，"我最不高兴的是商务印书馆出版的《东方杂志》和《小说月报》，那是中国有数的两大杂志。但那里面所收的文章，不是庸俗的政谈，便是连篇累牍的翻译，而且是不值一读的翻译。小说也是一样，就偶尔有些创作，也不外是旧式的所谓才子佳人派章回体，报章乱七八糟"④。孙中山也因商务印书馆拒绝出版《孙文学说》一书表示极大不满，"我国印刷机关，惟商务印书馆号称宏大，而其在营业上有垄断性质，固无论矣，且为保皇党之余孽所保持。故其所出一切书籍，均带保皇党气味，而又陈

---

① 蒋维乔：《创办初期之商务印书馆与中华书局》，载张静庐编《中国现代出版史料·丁编（下）》，中华书局，1959，第398页。
② 《张元济日记（下）》，商务印书馆，1981，第709页。
③ 宗白华：《评上海的两大书局》，《时事新报·学灯》1919年11月8日。
④ 郭沫若：《创造十年》，《郭沫若文集》（第七卷），人民文学出版社，1958，第37页。

腐不堪读。不特此也，又且压抑新出版物，凡属吾党印刷之件，及外界与新思想有关之著作，彼皆拒不代印"①，对商务印书馆的保守和在时代变革中的不作为予以严厉的批评。随着出版评论对商务印书馆批评的集中和深入，以张元济为首的商务印书馆领导层开始从心底接受新文化运动，并做出如前文所述的180度大转折式的幅度激烈、广泛持久的改革举动。

出版评论最直接的效果就是促使商务印书馆对旗下主要杂志的主编进行更换，由新派知识分子取代旧有人员，全面向时代趋向和世界潮流靠拢。陶惺存接任《东方杂志》主编后不久，旋即去世，由钱智修继任，对原来的栏目进行了裁撤并转，"文苑"等刊登旧文学的栏目被撤销，新设"新思想与新文艺""世界新潮""时论介绍"栏目，重点介绍西方文学和学术理论。此外还设立了"读者论坛"栏目，强化编读往来。并一度针对"月刊相隔太久，使人等得不耐；而且对于大事的评判和记载，不免过迟"② 的意见，将《东方杂志》变为半月刊，以增加时效性，适应读者需求；《学生杂志》由杨贤江负责，既革新杂志内容，又改变杂志风格。内容方面是以介绍基本知识、宣传新文化、新科学为主。风格方面是改变生硬说教面孔，注重平等、趣味和活泼。增加了学生发表园地的"青年俱乐部"，反映学校学习、生活的"写真""余兴"，引进新科学知识的"科学新语"，批评社会和学校的"时论摘要"。"通讯""答问"两栏目则主要就读者来信涉及比较多的问题进行解答，指点迷津，实现编辑对读者的引导，体现刊物的价值。李石岑任《教育杂志》主编，改革的方向主要是减少空洞理论阐述的文章，鼓励实地调查和反映基层教育实际的稿件。并积极扩充稿源，鼓励全国各地的大中小学教师、学生参与办刊，加大对本土教育的研究力量。《妇女杂志》是章锡琛担当主编一职，首先改变的是刊物的编辑方针，主张为女性发声，为女性真正的解放呐喊，改变过往男子代替女子说话的状况。其次，关注青年男女的婚恋问题，注重读者的需求。最后是强化杂志营销，采取降价策略进行促销扩大读者市场。《小说月报》则由沈雁冰任主编，与文学研究会合作，树立"为人生"的文学思想，强化文学的启蒙性，加大

---

① 孙中山：《致海外国民党同志函》，《孙中山文集》（第五卷），中华书局，1985，第210页。
② 罗家伦：《今日中国之杂志界》，《新潮》1919年第1卷第4期，第76页。

对西方文学特别是弱小民族或国家的文学的介绍与引进，并设立"论评"栏目刊载理论文章和文学评论，这些措施旨在将《小说月报》打造成新文学思潮和实践的重要阵地。

出版评论对杂志的批评和指责，其实并不仅仅是表达对刊物的不满，借以刺激杂志的革新，更深的意义还在于推动杂志背后的出版机构改变原来的出版方向，增加与民主科学和民众启蒙相关的图书的出版。当时杂志的膨胀式增长，让文化界又喜又忧。"乐观的定期出版物的发达"，"五四以前，受欧洲停战的影响，出产了好些定期出版物。五四以后，受了爱国运动的影响，新思想传播得更快，定期出版物，出现的愈多。就十一月一个月里而论，我所知道的，已经有二十余种的月刊旬刊周刊出现了"。郑振铎认为杂志的增多，对于宣传新知识、新思想、新主义是大有帮助的，是出版界一件非常值得高兴的现象，但也表示了忧虑，"虽然很热闹，而可以总评一句话，就是浅薄无科学的研究"，并指明了改进的路径，"诸君！杂志不过是供我们参考的，不能在那里做我们的科学研究的工夫吓！但是同时出版界要多有这类科学的书出版才好"。① 郑振铎的这篇评论既有全面回顾总结，也不缺乏前瞻性。他指出杂志所具有的媒介特性让其在传播新鲜信息方面确有独特的优势，但也正因为"杂""散""浅""乱"，让学理性、系统性的论著和学说难以传播，容易产生简单化、极端化的误读。所以成系列的丛书的出版也就成为当务之急。也有评论和郑振铎的观点不谋而合，"现今杂志第一个缺点，就是所介绍的知识，居多是片断的，仿佛是东鳞西爪，竹头木屑，既没有系统，又没有相互的关系"②。宗白华赞同"现在的文化运动是从杂志时期到了丛书时期了"的观点，主张"杂志虽是仍然有出版传播的价值，而我们尤重要的是具体地介绍西洋成系统的学说与科学的专论"③，并提出了编译出版丛书的策略，"丛书出版的次第，应该略有系统，先出门径的根本的书，后出名家的专著"④。罗家伦在总结五四运动的经验时也认为"近来的出版品种，有一种最大的通病，就是从研究方面来

---

① 郑振铎：《一九一九年的出版界》，《新社会》1920 年第 7 期，第 9 页。
② 邰爽秋：《敬告现在的新文化运动家》，《时事新报·学灯》1920 年 1 月 15 日。
③ 宗白华：《讨论译名的提倡》，《时事新报·学灯》1920 年 4 月 12 日。
④ 宗白华：《我对于编译丛书底几个意见》，《时事新报·学灯》1920 年 7 月 8 日。

的少，从直觉方面来的多"，就一个问题重复论述，互相抄袭，类似"菌的生长"的恶性泛滥。他要求定期出版物要有"成熟的学说、系统的介绍"，在内容质量方面进行提升。而要满足日益增多的刊物对"成熟的学说、系统的介绍"的需求就必须从速大批量的翻译引进"西洋大部有系统的著述"，"中国人看西洋人的学说实在可怜得狠，可以说是除了杂志而外，其余简直没有几个看过成部的著作，那能有成熟的学说发现呢"①。从批评杂志开始，出版评论就不断地在督促出版机构组稿丛书、编译丛书，实施系统化、专业化的出书计划，而不能仅仅简单地停留在定期刊物这种"短、平、快"的急功近利式的商业出版上，"少办些杂志，多编些丛书"成了出版评论对出版机构的呼声和要求。

　　出版评论的督促与诉求得到了不少出版机构的回应。商务印书馆的蒋梦麟早在1917年回国伊始就看到国内书籍饥荒的现象，就有意识地策划出版系列丛书缓解这一状况，"丛书之倡，有二原因：一则欲首尾衔接，出一部西洋基本文明的全书。二则欲其不散漫，使读者见其一而欲读其余"②，并力邀胡适担任丛书的编译职责。胡适比蒋梦麟晚四个月回国，在滞留上海期间，专门花一天的时间去书店云集的四马路调查了上海出版界的情况，结果和蒋梦麟的观察、感触是一样的，"上海的出版界——中国的出版界——这七年简直没有两三部上可以看的书！不但高等学问的书一部都没有，就是要找一部轮船上火车上消遣的书，也找不出"，中文书籍如此，外文书状况又是如何呢，胡适调查的结果也是让人失望的，"看来看去，都是些萧士比亚的《威匿思商》、《麦克白传》，阿狄生的《文报选录》，戈司密的《威克斐牧师》，欧文的《见闻杂记》……大概都是些十七世纪十八世纪的书……都是和现在欧美新思潮毫无关系的"，"东京丸善书店里的英文书目，那书目上凡是英美两国一年前出版的新书，大概都有。我把这书目和商务印书馆与伊文思书店的书目一比较，我几乎要羞死了"③。两人一拍即合，于是由蒋梦麟起意倡导，胡适、蔡元培、陶孟和积极参与，商务印书

---

① 罗家伦：《一年来我们学生运动的成功失败和将来应取的方针》，《新潮》1920年第2卷第4期，第68~69页。

② 孙善根：《走出象牙塔——蒋梦麟传》，杭州出版社，2004，第43页。

③ 胡适：《归国杂感》，《胡适作品精选》，时代文艺出版社，2000，第92~93页。

馆的大力支持之下，"世界丛书"自1920年10月开始出版，这是商务印书馆自新文化运动兴起后印行的第一套译印欧美日本著作的丛书。另外同时出版的"尚志学会丛书"及稍后印行的"共学社丛书"也有不少译著，三类丛书加起来总共出版107种，其中译著有93种，占87%。一年后王云五主持商务，更是扩大其编译丛书的范围，策划出版了"汉译世界名著"系列，初集就有100种，以后陆续出版了甲编、乙编等。继商务之后，"新文化丛书""新潮丛书""新人丛书"都云合雾集地竖起旗子来了。"统计他们所登的书籍出版预告，至少在一百种以上。在素与世界文化隔离的中国，忽然有这许多编译的书籍产生，把世界文化逐渐介绍来，这实在是非常乐观的事！"① 这些出版行为共同助推了新文化运动的普及与深入，正如王云五所言"实则为新文化运动继续工作而于无形中收效最宏者，当推彼时开始的各学术团体或出版家所编译的各种新丛书"②。而这一出版成绩的取得，与出版评论是分不开的。"商务印书馆有些暮气，只怕没兴致来干这事；中华书局有些衰气，恐怕没精神来办这事；亚东图书馆力量薄，恐怕不敢做这事。据我看来，这三个书局都该办这事。不过要他们办非得一番鼓吹不可。"③ 正是出版评论持续的鼓动、推动、带动，推石上山的不懈努力，加之出版界人士的响应、努力才营造出如此良好的出版气象。

从当时第三大出版机构世界书局实现"风雅转身"，改善企业形象的转折中，我们也能发现出版评论影响的印迹。"最早的五年，以投机的通俗的迎合小市民阶层低级趣味的读物起家，中间的二十年以教科书建立地位，出版一批为资产阶级读书界服务的图书，也有少数进步作家早期的作品。"④ 诚如斯言，世界书局短短二十九年的历史，以1924年出版《新学制小学教科书》为界泾渭分明地显示出两个发展阶段。前一个阶段沈知方为了在激烈竞争的出版市场站稳脚跟，大量出版通俗读物和社会纪实作品，采取双管齐下的策略，一方面大力发掘鸳鸯蝴蝶派为主的作者资源和作品资源，用高额稿酬，独家买断张恨水、向恺然、严独鹤、程小青等作家的作

① 郑振铎：《我对于编译丛书底几个意见》，《民国日报·觉悟》1920年7月8日。
② 王云五：《五十年来的出版趋向》，见王云五《旅渝心声》，商务印书馆，1946，第239页。
③ 《沈泽民致白华函》，《时事新报·学灯》1920年1月19日。
④ 朱联保：《上海世界书局大事记》（一），《出版发行研究》1987年第4期。

品，形成了世界书局通俗文学的三大板块：以张恨水为代表的社会言情系列，如《金粉世家》《美人恩》等；以向恺然为代表的武侠小说系列，如《江湖奇侠传》《近代侠义英雄传》等；以程小青为代表的侦探奇案系列，如《霍桑探案》等。另一方面，在出书的同时又大力推广通俗市民杂志，《红杂志》周刊、《快活》旬刊、《侦探世界》半月刊、《家庭杂志》月刊均在世界书局的鼎力支持下实现对阅读市场的全覆盖，并且形成了自己独特的风格和特征，"红色系列"期刊风靡全国。世界书局利用通俗书刊起家，成为颇具实力的大出版机构。然而，其何以果断放弃经济利润颇为丰厚的通俗出版市场，转向竞争更为激烈、管控更加严格、前途未卜的教育出版市场呢？里面涉及的因素有很多，其中出版评论起到的作用不可忽视。

出版评论对低俗书刊的大力度、集中化的抨击和指责掀起的社会舆论，对于通俗书刊起家和主要依靠的世界书局触动很大。虽然世界书局所出版的书刊相当市民化、通俗化，但远非"低级趣味"，与那些伤风败俗，诲淫诲盗的书籍截然不同，但也被贴上了"低级书局"的标签，招致外界非议。臧启芳批评出版界趋势卑下，贪婪浮夸，出版人是眼光短小，只知蝇头小利，出版机构只知迎合社会心理，图谋营业发展和金钱利润，将普及教育、促进文化的责任置之脑后。"书局是营利性质，我们原不必因其惟利是图而加责备，但是营利亦自有道……不囿于目前小利，而具一种提振文化的心思。"① 即使是鸳鸯蝴蝶派主将徐枕亚也清醒地认识到出版界存在着极大的问题，"若中国近代之出版品，舍一二大书局外，类皆视此为投机事业之一种。于是导淫之作、诲盗之书兴，夫绝无意识徒损学子脑力光阴之文字，但求一纸之风行，不顾影响利害者比比皆是"②。并有评论影射世界书局采用正、副牌书局出版不同书籍的既要面子又要金钱的取巧做法，贬损为"蝙蝠式书坊"，"为双方兼顾起见，一方面用一个名字编辑或发行关于新思潮的出版品，一方面用别一个名字编辑或发行黑幕派的出版品。于是尽可以名利双收，这不是蝙蝠式吗？"③ 外界对世界书局的经营手法也表示担忧，

① 臧启芳：《出版与文化》，《学艺》1923年第5卷第6期，第10页。
② 徐枕亚：《箴出版界》，《小说日报》1923年4月28日。
③ 汉胄（刘大白）：《蝙蝠式的编辑和书坊》，《民国日报·觉悟》1921年3月11日。

提醒世界书局"不必别出心裁的筹集资本",不要走入"大世界进锐退速","游戏事业的窠臼"①,以免陷入商业投机的金钱旋涡。这些批评让世界书局的出版从业者意识到,即使出版再多的通俗读物,获得再多的利润,都无法达到与商务印书馆、中华书局相提并论的地位和声望,因为这两家书局是以出版"正统"书籍即教科书、古籍名著、学术论著为主业的机构,被外界视为"文化传播机构",这种定位和形象是一种无法用金钱来估量的巨大无形资产。而且随着新文化运动的深入,阅读市场已经开始发生了变化,"近来《新潮》、《新青年》、《新教育》、《每周评论》销路均渐兴旺,可见社会心理已转移向上,亦可喜之事也。各种混账杂乱小说销路已不如往年多矣"②,同样以通俗读物声名大噪的泰东图书局经理赵南公也认为"这已是'回光返照'时代,再过下去所谓'鸳鸯蝴蝶式'的小说不会再走民国三四年的红运的了"③。作为一个经验丰富、嗅觉敏锐的出版经营专家,沈知方和善于捕捉阅读潮流的世界书局也觉察到了这点,"观察近年来的出版界,却不得不使人惊奇。就是我们只见出版界一片混乱,供给人人所必需的智识的书籍,不见增加,而只应供给少数人消遣的色情小说和海淫的书籍却大流行。造成这种出版界混乱状态的著作者与书商,其没落与孤立是运命的事实,只是迟早的问题罢了"④。在外部承受批评和鄙视的同时,出版业组织内部对于低俗、猥亵书刊的劝诫、批判、遏制、打击的力度也在升级。到1922年5月,已销毁淫书底版36副,淫书46396本。⑤上海书业公所还自行成立了旨在改良风俗、销毁淫书的"书业正心团",要求各个出版机构不制作、不代印、不发行低俗读物,共同维持公序良俗,净化阅读市场。在内外交加的压力和改变出版结构,扭转形象的需求下,世界书局借着学制改革的机会,硬生生挤进了由商务、中华垄断的教科书市场。同时开始对出版的书刊进行方向上的调整,减少通俗书刊的出版,增加知识普及性的丛书和刊物的出版力度。这点从定期刊物的简单对比就直观的表

---

① 郎当:《从世界书局想到大世界》,《时事周报》1931年第2卷第26期,第407页。
② 中国社会科学院近代史研究所中华民国史研究室编《胡适来信书信选(上)》,社会科学文献出版社,2013,第40页。
③ 张静庐:《在出版界二十年》,上海书店,1984,第92页。
④ 朱采真:《法律学ABC》,世界书局,1928,第2页。
⑤ 味憨:《为书业公所取缔淫书进一解》,《出版界》1922年第63期,第1页。

现出来了（见表5）。

表 5　世界书局定期刊物对照

1924 年前			1924 年后		
刊名	时限	主编	刊名	创刊时间	主编
快活 （旬刊）	1922.1～ 1922.12	李涵秋、 张云石	世界杂志	1931.1	杨哲明、 徐蔚南
红杂志 （周刊）	1922.8～ 1924.7	严独鹤、 施济群	当代诗文	1929.11	徐蔚南
家庭杂志 （月刊）	1922.1～ 1922.12	江红焦	社会学刊	1929.10	孙本文
侦探世界 （半月刊）	1923.6～ 1924.6	严独鹤、陆澹庵、 程小青、施济群	学术世界	1935	陈柱尊
红玫瑰 （周刊）	1924.8～ 1931	严独鹤、赵苕狂	剧学月刊	1932	徐凌霄
世界英华 周报（周刊）	1924.1～ 1925	谢福生	青年周报	1938	詹文浒、 胡山源

从表 5 可以看出，在通俗刊物方面，世界书局在 1924 年后只保留了象征自身书局"红屋"形象的《红玫瑰》杂志。1924 年之后出版的刊物几乎都与通俗无关，多属专门性、学术性色彩浓厚的刊物。

经历了"新学制教科书"、"新主义教科书"、"新课程标准教科书"和"ABC 丛书"、"世界名著丛书"、"文化科学丛书"、"世界百科丛书"等裨益大众的学科书籍的出版后，世界书局在全面抗战前完成了转型，一改"低级书局"的形象，真正地跻身于三大书局的行列。

第二节　出版评论推动外部管理制度的变化

任何行业要想正常稳定的发展，必须依靠一套完善有利的管理制度。出版业也不例外，以政府部门为主体，以正式成文的出版法律法规条令为依托的外部管理制度是出版业发展调控系统中不可缺少的组成部分。在国民政府时期，这套出版管理制度体系的主要目的是既要实现出版业为维护国家稳定和经济发展所承担的宣传功能，保证国家政令畅通、社会安定团结，还要规范作为市场微观主体的各个出版机构的商业行为，保障出版业正常规范的运营秩序。出版评论在关注出版机构内生产机制和经营管理体制这样的内部制度之外，也没有忽略出版业的外部管理制度。不夸张地说，出版业外部管理制度的点滴变化都离不开出版评论的影响。从政治经济学视野上考察，现代出版业外部管理制度更多是体现为一种"管制"，主体是政府，突出政治性和强制性，属于新闻出版统制政策的组成部分，体现着国民党一党专制的统治特征。所以，本节的内容主要是基于国民党政府对出版业管制的两个基本构成——出版法和出版物检查法令来展开，分析出版评论在这两个管制制度构成要素的变化中所起的作用和施加的影响。

一　出版评论与出版法制化

出版法治是近代社会出现的产物，是国家制定的一系列法律制度，对出版活动进行管理、规范的方法或手段。法治的前提是法制，法制的基础是法律，出版法律的基础就是《出版法》。《出版法》划定了出版自由范围的宽度和广度，是特定时代下出版业的外部制度环境的重要构成因素，它用强制力来维护出版活动的秩序化。《出版法》与出版业发展有着直接的、密切的联系，它的出台和修订都会引发舆论界和出版界的严重关切和现时反应。作为反映出版现实"轻骑兵"的出版评论，集中体现了每一部《出版法》颁布后各界不同的声音，特别是围绕着《出版法》的存废问题，正反双方发生了激烈的碰撞。有来自政府管理者解释、说明、维护之声，有来自法律学者的怀疑、批判之声，还有来自新闻出版业界的反对、废止之声，众声交织，沸沸扬扬，长久不息。

1911 年南京临时政府颁布了《民国暂行报律》，意图对朝代更迭下的新闻出版界进行管理和规范，但因主体、内容等种种不合，遭到抵制。一个星期后孙中山宣布取消。这场风波既说明了言论出版自由思想已经在新闻出版人中扎根，也说明了临时政府对利用法制管理新闻出版还不够成熟，失之草率。袁世凯当权后于 1914 年 12 月颁布了《出版法》，这个《出版法》是在清朝的印刷物专律和报律的基础上增删而成，在总共二十三项条款中，除去出版界定、生效日期等五条外，其余十八条均为限制、禁止、惩罚的内容，可以说这部《出版法》承继了清朝专制的实质。这与南京临时政府尊重言论出版自由，果断取消暂行报律的行为形成鲜明对比，自然遭到各界的批评和挞伐。著名记者黄远生发出"及于民国，极思尊重法律上之自由矣，顾其自由不及前清远甚，岂中国固只容无法律之自由，不容有法律之自由乎"① 的感叹，指责袁政府钳制言论出版自由之烈。袁氏政权垮台后，《出版法》在后来的北京政府仍然继续执行，这更激起了废止的一致呼声。有学者撰写评论指出"《出版法》的条文又多皆词旨空洞，所以政府得了这个武器，欲加我国民的言论以罪，又何患无辞呢"，② 批评现行的《出版法》与封建的言禁法令和腹诽之法毫无差别，号召国民向执政府要求废止《出版法》，以保护言论出版自由和文化进步。这一观点得到了其他评论的支持，孙百急发出"《出版法》是封禁人民言论自由的铁索，是袁皇帝准备登基的护符，只可于压迫人民的专制政府存在"的言论，③ 质疑以段祺瑞执政的北京政府自认为不是专制政府，为何却不取消《出版法》，并提出取消《出版法》不能依赖于政府，而要促起全民力争的可能，用广大民众的力量去推动。在舆论的推动下，包括上海日报公会、书业商会、书业公所等新闻出版界团体都联合起来，公开声称"昔袁世凯妄自称尊，阴谋帝制，擅自公布出版法，以压制舆论、钳制民口。此种剥夺人民自由非法之法，事前既未经合法国会通过，事后又遭全国国民反对，当然不能生存"，"务恳大部，尊重人民自由，即日通令废止，人们幸甚，国家幸甚！"④ 在社会各界的共同努力下，1926 年初，这部存在、施行了十多年的《出版法》被废止了。

1930 年底南京国民政府颁布了治下的第一部《出版法》，总计 6 章 44 条，较之袁氏《出版法》多出近一倍。次年，国民政府还出台了针对性的施行细则，对《出版法》作了更加明确、更为到位的解释说明。这部《出版法》相较于袁氏《出版法》最大的进步是放宽了对编辑、发行资格的限

---

① 黄远生：《忏悔录（节录）》，见程曼丽、乔云霞主编《中国新闻传媒人物志》（第二辑），长城出版社，2014，第 284 页。

② 叙肃：《出版法与出版自由》，《南大周刊》1925 年第 15 期，第 2 页。

③ 孙百急：《废止出版法问题》，《民国日报·觉悟》1925 年 5 月 7 日。

④ 马光仁：《中国近代新闻法制史》，上海社会科学院出版社，2007，第 153 页。

制，对私营、民营图书出版有积极的作用，但总的来看，党派主义色彩有所强化，权责不明晰，部分条款存在着概念不明、语句含糊的弊端，出现"意图""思想""必要时""特殊要求"等飘忽不定、无界定性的字词，给执法者留下了巨大的操作空间。也正因如此，《出版法》公布后，各界褒贬不一，议论纷纷。乐观者以为"现在，有了这五章一附则综计四十四条的出版法，从事出版事业的人便有所'依其所依'、'违其所违'了，什么'拘束'、'训话'姑且等到将来的将来再说。无论如何，便不致像过去提到马克斯三个字，宣扬也好，驳斥也好，笼而束之，扣留在邮局的一角了"。① 悲观者指出《出版法》条款苛细烦酷，不可缕数，"此法一行，将使著作出版之人，无一书可以应时出版，无一日不可陷于刑辟"，② "《出版法》确定人民有完全自由权矣，所谓《训政时期约法》亦在第二章中列举人民应享种种权利矣；然而人民之被压迫如故，人权之被剥夺如故，不自由之痛苦亦依然如故。"③ 观望者则相当谨慎，表示"不过政府此后是否能切实保障人民的言论出版自由，我们虽不敢以小人之心度君子之腹，但根据过去的经验，这似乎已成为一个问题。我们所希望于政府的是，凡事能立而行，贵能见诸事实"④；质疑者则针对具体条文发出疑问，"惟是'与三民主义不相容之主义'到底是那几种主义……'不利于国民革命之主张者'到底是那几种主张，我们从又未见以中央党部或国民政府之名，用正式公布的形式昭示大众"。⑤ 更多的是反对的声音，新闻出版界普遍认为《出版法》仅仅对人民的言论出版自由加了一个文字保障，毫无实效。而且"自从这法令施行以来，市上许许多多的书坊都被封闭了。还有，不合法出版物之被禁止，原来没有什么可惜，可是不幸的是因不合法的出版物而连合法的出版物也都被一网打尽了"。⑥ 有评论尖锐地批评了《出版法》名为法治，实为党治、人治，而且用语简略，适用上很多弊病，应予废除。同时文章还

---

① 郎当：《出版法》，《时时周报》1930 年第 1 卷第 5 期，第 65 页。
② 《上海出版业反对国民党反动政府施行出版法请愿》，见张静庐编《中国近现代出版史料·现代丁编（下）》，上海书店出版社，2003，第 413 页。
③ 诸青来：《言论出版集会结社信仰自由如何保障》，《民声周报》1932 年第 14 期，第 1 页。
④ 佳矢：《关于言论出版自由》，《上海青年》1932 年第 32 卷第 1 期，第 1 页。
⑤ 兰若：《出版家公开状》，《中国新书月报》1931 年第 4 期，第 1 页。
⑥ 《读书会与出版法》，《上海青年》1931 年第 31 卷第 12~16 合期，第 2 页。

指出了未来《出版法》制定的根本原则和基本准绳。

> 吾人以为制定出版法，应以保障言论思想自由为基本原则，不应以拘束言论思想为立法精神。此能确立，而后条文规定，字句斟酌，始有标准。现代立法，意在保障。但我国则反是，往往以法为维持政权之武器。致法文既失原旨，处刑亦背作用。法虽多而国不治，刑虽重而犯不减。出版法关系民族文化，国家进步，规定失当，出入甚大。……夫防民之口，甚于防川。古训昭昭，毫厘不爽。以法钳口，为害尤烈。是以出版法规定宜宽不宜严，条文字句宜详不宜简，处刑程度宜轻不宜重，惩罚场合宜少不宜多。①

1935 年经国民党内政部、中宣会等审议后，政府向报刊披露了修正后的《出版法》。甫一公布，新闻出版界立刻做出回应，意见出奇一致地表示极力反对。颇具舆论影响力的《申报·时评》专栏刊登了多篇文章关注修改后的《出版法》，明确表达出新闻出版界的失望与不满，"至修正内容，已见报端，决要各点，虽略有增删之处，而与新闻界之所望，则似相去尚远"②，认为新闻出版界减少政府干涉和减少禁载事项的两大要求非但没有满足，反而变本加厉，增加了多项限制规定。有评论批评"修改后的出版法，在一方面，是比去年公布的要开明一些；在另一方面，政府对于新闻事业，加上了许多新的限制……只有消极的限制，没有积极的扶掖领导"，"出版法的结果，反有背于出版法的本意了"。③ 甚至有人把图书业的萧条和杂志的速生速死归咎于修正后的《出版法》，认为出版法对于新闻杂志由呈报主义变为核准主义这一变化造成的，"新出版法已于七月十二日在立法院三读通过了，这真是这杂志年当头的一声霹雳"。④ 因为遭致多方质疑、反对，这项修订后的《出版法》最终胎死腹中，没有真正实施。

1937 年 7 月经过重新修订的《出版法》正式颁布，共 7 章 55 条。同月

---

① 《出版法与言论自由》，《国闻周报》1932 年第 9 卷第 14 期，第 3 页。
② 立：《出版法之修正》，《申报·时评》1936 年 3 月 6 日。
③ 星：《评修正出版法》，《申报·时评》1936 年 12 月 3 日。
④ 楚士：《新出版法与杂志年》，《读书生活》1935 年第 2 卷第 7 期，第 4 页。

公布的施行细则也有 28 条，内容上是大大扩展了。细究而论，这部《出版法》部分回应了出版界的要求，比 1930 年的旧《出版法》更为细化具体，用词更为明确，但关键是对言论出版的限制也更加强化，改申请登记制为审核批准制；呈请登记备案的事项更多；内容刊登限制范围增大；出版物呈缴机关由 2 个增加到 5 个。这些条款无疑是国民党新闻出版统制政策的初步体现，为更为严苛的众多言论出版审查制度的出台与实施提供了法律基础和操作空间。由于新《出版法》是伴随着全面抗战的枪声而诞生的，为迎合战时需要，统一意志战胜侵略者，加之当时出版界遭受战火重创，元气大伤，所以在全面抗战期间出版界对这部《出版法》虽然诟病不少，但在抗战民族大义和国家利益的旗帜下，认同国民党政府所持"言论与出版处作战期间，它的影响作用是相当的重大的，故此亦要统制，推行严密的言论出版统制，不只是实在的需要，而正是贤明的措施"[①] 的观点，顾全大局，共度国难。

抗战胜利后，被压抑多年的对国民党新闻出版统制政策的不满集中爆发了，矛头直指《出版法》，围绕着《出版法》以及后来的《出版法修正草案》社会各界展开了激烈的争论，焦点就在于《出版法》是否应该存在，《出版法》存废之争在这时候达到了高潮。上海《大公报》《正言报》、南京《中央日报》和《报学杂志》先后举行过座谈会进行专题讨论，足见社会各界对这个问题的重视。《出版法》及《出版法修正草案》出台后，当时社会舆论甚至属于国民党系统的报刊都有批评的声音，根本原因就是它们并不是制定得良好的法律，存疑和可商榷之处太多。对于《出版法》是否有必要存在，舆论界形成了迥然不同的两派——赞成派和反对派。在《报学杂志》发表的《出版法与出版自由》一文中，集中表现了赞成派的观点。卢逮曾、刘启瑞认为有出版事业就应有出版法规，而且西方各国都有针对宣传品和出版物的严格规定，所以中国也应该有这方面的规定，制定单行法律是一个可行的选择；刘百闵指出"我国向属大陆法系国家，任何方面都有法。至于出版法，它不仅是约束人民，而且也是保护人民的"，"实在

---

① 黄慧然：《言论出版自由与统制》，《协力旬刊》1943 年第 1 卷第 3 期，第 5 页。

需要有一个单行出版法"。① 张庆桢则认为《出版法》"被人诅咒，被人痛骂，都是执行法律的人的问题，很少是法律本身的问题"，"出版法之存在，于情于法，均有其事实上的根据，惟主事者不能曲解或滥用出版法"。② 中国在目前是戡乱时期，确是需要出版法。这个观点与之前马星野在《论出版自由》一文中为出版检查制度所做的辩护一样，认为问题的中心不在于法律制度的好坏，而在于执行和行使法令的人和标准是否合格。暗指法律本身没问题，是执行不当才让大家迁怒于法律本身，因此《出版法》不应该被废除。更有甚者，将一切罪责全归于中国共产党，诬蔑称"言论自由受了他们的利用，便成为扰乱公共秩序，颠覆政府，紊乱宪政，内乱外患行为的掩护……所以我国不能不订定《出版法》"。③ 反对派则主张彻底废止《出版法》，认为"出版法是一部掠夺言论自由扼杀出版自由的法律，如果修正公布实施，出版业的命运将立即陷于死亡"，"无论在任何情形下，不让出版法存在"。④ 成舍我表示了明确的意见，"我的基本看法是，最好不必有出版法。现在法令如毛，要找根据的话，都有法律上的依据，我的意见是出版法实在没有制成单行法的必要"，"同时，出版法在人们心目中的印象很坏，有四十多年的历史，人民都认为是政府利用出版法处分压迫人民的言论自由"。⑤ 有评论直接名为《中国出版法是甚么东西》，用讽刺性笔法厘清出版法的前世今生，认为出版法使"新民失色，宪法无光"。⑥ 不少法律学者从法律角度考察，指出非法出版和违法言论的处罚在包括刑法在内的其他法律中已经条贯详备，没有单行出版法的必要。"对于违法事项，刑法中已有详细规定，出版品如果违法，可以用刑法制裁。何必又要搬出一套出版法，为出版界套上一重枷锁，而为贪官恶吏大开方便之门"，⑦ "宪法既规定人民言论著作上的出版自由，不应该再加上什么出版法来限制人民的自由，假如有诽谤妨碍风化等事情发生，有名正言顺的刑法加以合法

---

① 孙如陵：《出版法与出版自由》，《报学杂志》1948 年创刊号：第 7~8 页。
② 同上。
③ 同上。
④ 方秋苇：《反对出版法》，《时事评论》1948 年第 1 卷第 7 期，第 9 页。
⑤ 成舍我：《出版法与出版自由》，《报学杂志》1948 年创刊号，第 4 页。
⑥ 万枚子：《中国出版法是甚么东西》，《再造旬刊》1948 年第 1 卷第 5 期，第 9~11 页。
⑦ 《评出版法》，《大学评论》1948 年第 1 卷第 7 期，第 2 页。

的制裁",①"旧的出版法,既未经新的法定秩序,不成法律。即使旧出版法纵成新的法律,也与宪法抵触,应归无效。"② 在这种情形下,《出版法》成了政府作为约束言论出版自由的一种工具,它的存在无异为本就法纲甚密的出版界再敷设了一道枷锁,其目的就是要进一步钳制言论。南京《中国新闻》刊出的长篇评论《论废止出版法》综合全面地论述了出版法的废除问题,文章在回顾梳理历史上各部出版法规的基础上,认为从法律角度上看《出版法》属于战时临时性法令,应与其他战时法令一样在战争结束后予以废除,否则就是违宪;从政治角度看言论出版自由是民主宪政的重要标志,人民的言论出版自由是否受到保护,是否能够无一丝折扣的履行是区别宪政与训政,辩白专制与民主的标准,所以《出版法》应予废除;从社会观念而言,制度未臻健全,政治未上轨道的国家,特别需要知识分子站在人民与政府之间,作为人民利益的维护者,作为人民意志的代言人。而政府允许人民反对,不但不会失去政府的威信,且可以增加政府的威信,政府接受人民的反对意见,是使政治清明的唯一良方,反之,政府压制人民反对的意见,便是助长革命的乱源。《出版法》等于堵塞了言路,非废除不可。总之,为贯彻法治精神、保障政治自由和涵养社会舆论,政府都理应废止出版法。《新华日报》的社评《打碎法西斯式的出版法》旗帜鲜明地指出"这个所谓'法',经过了中国人民的批准没有呢?没有!中国人民从来没有同意这些嘴上的封条、身上的锁链!中国人民从来就是反对这些非法的'法'"③,认为仅仅对《出版法》进行修正是远远不够的,必须要彻底地打碎这种法西斯式的出版法及其他各种限制。

在"主存"和"主废"两派意见之间还存在着第三条道路:缮治派。他们主张调和,在"自由"和"限制"之间寻求平衡,可以制定出版法,但要重在尺度和执行。著名的中间派刊物《观察》刊发的《评〈出版法修正草案〉》就是典型。这篇评论的立足点是当时的实际情况不能够达到没有《出版法》的理想境界,那么就应该遵从现实,所制定《出版法》

---

① 明:《出版法应废止》,1948 年第 2 卷第 2 期,第 2 页。
② 沈明:《废止出版法的酝酿》,《群言》1948 年第 3 期,第 8 页。
③ 《打碎法西斯式的出版法》,《新华日报》1946 年 6 月 29 日。

就需要力求合理。评论对南京国民政府的三版《出版法》进行了比较，认为《出版法修正草案》"除了在细微末节上作了一些修正工作而外，在若干重要关键上，却仍沿袭着过去的精神，并未作值得使人赞美的重大改动。甚至在有些地方，还可说这个草案所规定的限制比现行《出版法》还来得更严厉、更苛刻、更琐细"，[1]但结论并非是要废除这个草案，而是提出了五条具体的修正意见，认定只要做了修正，这个草案是可以被接受的。《新路周刊》刊发的评论《关于出版法存废之我见》主张《出版法》只是管理出版业的一种形式，废止与否，并没有重大关系。但是要使其存在，必须有实质性的规定，即不背离宪法保障人权的精神，在采取限制措施方面，不但客观上要有维持社会秩序的必要，而且在主观上对人民的基本自由权利不致有所侵害。不谈存废，只谈修正与完善。在这篇专论中，对存废两派各打五十大板，"主张废止论的，未免趋于极端"，"主张存在论的，也不免专重形式，而忽略了实质"[2]。同年的另一篇出版评论《出版之有法与无法》也异曲同工，认为出版法之有无不是核心问题，"时下谈出版法问题的人，太偏重于法之有无。在新闻界似乎废了出版法即可得到出版自由；在政府似乎有了出版法即可以避免新闻界之滥用新闻自由。这两种观念都是错误的，不符合事实的"[3]，在中国政府有法而不执行，新闻出版界有法而不遵守的现象是相当普遍的，有出版法等于没有出版法。所以出版法的存废不是出版自由和限制争论的关键，紧要的是强化政府严格执法之精神和提升人民守法之程度。这种折中的立场在当时也很具声势，一些法学界、出版界的著名人士如刘百闵、雷啸岑、刘启瑞、陈顾远等都持这种态度，在批评的基础上提出诸多修改意见，刷新法制，糅合各方观点，"积极保障、消极惩罚"，企图做到出版自由和管制的和谐共存。这种愿望在国民党日益严酷的新闻出版高压的统制政策面前很快就濒临破产，以《新民报》《新路周刊》《观察》为代表的这类报刊相继被查封就是最有力的佐证。

---

① 韩德培：《评出版法修正草案（一）》，《观察》1947年第3卷第15期，第5~8页。
② 刘煌：《关于出版法存废之我见》，《新路周刊》1948年第1卷第14期，第8页。
③ 《出版之有法与无法》，《报学杂志》1948年创刊号，第3页。

二 出版评论与出版物检查法令

《出版法》作为一部单行的专门法，最被人诟病的就是对出版事业的种种限制规定。这些文本上的条款付之于现实，其突出表现就是各种书稿的预先审查和书刊查禁，同时政府以《出版法》效力之未逮之由还制定了一些条例法规，形成完备的新闻出版审查体系，用于控制出版和管理舆论，检查、禁书、封刊之事，层见叠出。于是，查禁与反查禁，控制与反控制的斗争错杂交织，愈演愈烈。出版评论对出版物检查法令的分析、批评、指责、反对，不仅缓解了检查的尺度，而且还在根基上动摇了出版物检查制度，可谓效果突出、成效显著。

北洋政府期间，由于政局不稳，忙于战事，对新闻、出版等文化事业的控制有所懈弛，出版物检查几乎没有实行。直到五四运动，革命风潮涌动，北洋政府开始管制马列主义思想的宣传，查禁"过激"图书，查封红色报刊。这时的检查、封禁行为还只是军阀们对出版物巨大的宣传威力的惧怕而产生的一种感性的抵制、扼杀的自发反应，并没有形成法令和制度。到了国民党统治时期，南京政府除了《出版法》的涉及条款外，还专门制定了一系列的审查法规。1929年颁布《宣传品审查条例》《取缔销售共产书籍办法》，1932年公布《宣传品审查标准》，1933年通过《重要都市新闻检查办法》，1934年在成立图书杂志审查委员会的同时颁布《图书杂志审查办法》。这些出版物检查条令起先尚能"体恤商艰"，仅仅让"生商定商"的出版者只是"总觉得有点麻烦"而已。但随着社会政治环境的变化，出版物检查法令有一个明显地渐趋严格的走向。国民党的喉舌报刊犹嫌不足，仍加劲鼓吹强化思想控制和出版检查，叫嚣"取缔不稳出版物宜为强化，出版犯罪之刑罚宜用重化，出版法制之缺憾宜行整备，检查制度宜整备扩充是也"。① 主张建立和推广出版警察，统一检查制度，充实检查机关和创设检查制度。这些审查法规的出台与实施，对出版业的正常发展造成了严重干扰，影响恶劣。这期间发生了多起出版审查、封禁事件，如1934年2月的上海书业大查禁，近150种图书、25家出版机构遭遇封杀。还有1935

---

① 赞鼎：《论出版警察》，《宪兵杂志》1934年第2卷第1期，第17~18页。

年的《新生》事件也令新闻出版界一片哗然。进步作家唐弢借用出版评论发出了愤怒的声音"至于封锁刊物，检查书报，那更是常见的事情。去年以来被勒令禁止的多到一百几十种"，他还不无讽刺地写道"这种防范的方法，后来竟被许多国度里的统治者所袭用，而我们也正是袭用得'青出于蓝'的一个"，并发出警告"在这样的时候，如果统治阶级不再解除人民的愤怒，给予人民以言论和出版上的自由，那只有自速其灭亡"。① 白炎在《书业商的悲哀》一文中用细腻的笔法描绘了书店遭遇图书检查的情形，"刚有三十个人来检查书籍，在附近几家书店里，竟带走了六七百种"，"他们要什么就让他们拿走就是了，真正是他们要查的反动书他们不拿，《文学》、《良友》、《死魂灵》倒全检走了"，② 生动地展示了书报检查人员的毫无标准、毫无原则、毫无依据地胡乱查禁行为以及这种任性妄为对基层书店、出版机构、出版从业者的摧残与伤害。甚至发生了警察当局认为郭沫若作品中有涉及古贤孟轲离婚问题与孔夫子吃饭问题，均有侮慢之处，下令所属各机关查禁该书在市间销售的闹剧，《申报》上的一篇文章尖锐地批评道："目前的华北形势正是这么紧张，而当局不去管较为严重的国家大事，偏偏在计较'孟轲离婚'和'孔夫子吃饭'问题，似乎颇有点不大合适。何况郭氏的文章，并不是凭捏造，而是有古籍为之根据的。从这次禁售看来，不特使人觉得目前无谓言论自由，且冀察当局颇有点"好管闲事"之慨！"③ 胡风也曾撰文批评图书查禁的无依据，"禁止了还不晓得内容反动与否，或者说还不晓得内容反动与否就禁止，这是怎样随便的办法！政府禁书用不着根据，出版者和著作者当然就毫无保障了"。④ 更为荒唐的是，南洋兄弟烟草公司出品的香烟，因为在烟盒包装上出现了印刷机构的简称 C.P（Commercial Press）与中国共产党的简称 C.P 相同而遭到国民党当局的查禁。鲁迅对此事评论道："C.P 的本身就是一个炸弹，危险危险，商务印书馆也危险呢。南洋兄弟烟草公司也危险呢。烟盒纸壳内层里，印有 C.P 两字是多么危险啊！登报声明以免误会，实不容再缓矣。再不快一点，刀

① 唐弢：《关于言论和出版的自由》，《现实文学》1936 年第 1 卷第 1 期，第 78~79 页。
② 白炎：《书业商的悲哀》，《诗歌小品》1936 年第 2 期，第 72 页。
③ 黎学濂：《偷版与查禁》，《申报》1936 年 11 月 6 日。
④ 胡风：《反"沙漠化"的愿望》，《读书》1937 年第 1 卷第 1 期，第 11 页。

架到头上来了"①，透露出无孔不入的出版检查制度笼罩下各行各业遭受的压迫和钳制是多么的严重。因为受到了以出版从业者为主的社会各界的巨大压力，这个图书审查委员会仅存在了一年多的时间就被撤销了。

全面抗战时期，为适应战时需要，南京国民政府成立了由潘公展任主任委员的中央图书杂志审查委员会，在这个机构的策动下，1937~1944年相继公布了针对出版业的多个检查法令，包括《修正抗战期间图书杂志审查标准》《战时图书杂志原稿审查办法》《图书杂志原稿审查工作纲要》《图书杂志查禁解禁暂行办法》《统一书刊审检法》《图书送审须知》《图书印刷店管理规则》《战时出版品审查办法及禁载标准》《修正图书杂志剧本送审须知》等。如此之多的法规、标准、须知和办法，即使是在战争的特殊情况下，也是极其严厉和苛刻的。像《民众周报》第三卷第八期的一万多册杂志已经编印完毕，却因政府检查定性为"妨碍邦交"而无法上市销售，最后不得不停刊。这些条令对出版界产生的直接切身的影响就是原本只有在报纸实行的事先预防制，扩大到图书杂志的领域，更利于政府干预出版、钳制舆论。公布后立刻引起了出版界的激烈反应。打响反对审查制度头炮的是商务、中华等十六家出版机构联合递交的《全国出版界请求撤销〈战时图书杂志原稿审查办法〉》的呈文，列举了撤销该审查办法的八大理由，请求国民党宣传部门撤销《战时图书杂志原稿审查办法》。这一呈文并未得到核准，被"一国法令之制定，自有其时间上与空间上之实际需要"的托词驳回。这一解释也获得了部分赞同的声音。"我们不反对言论自由，我们主张发扬舆论，不过我们对于任何主张，任何制度都要用'现时'、'此地'两个条件，即空间与时间来加以横断。"② 沈镕在论及战时言论出版自由时就指出"不切现实的理想和一切别人的东西都至多只能拿来当个参考，而决不能囫囵吞枣，硬把它模仿或实施"，③ 世界上所有的政策和措施都受到时间与空间的限制。在全面抗战这一特殊时期，国民的思想是非统一不可

---

① 鲁迅：《〈剪报一斑〉拾遗》，见鲁迅《集外集拾遗补编》，人民文学出版社，2006，第281页。

② 光虞：《图书原稿审查问题》，见张九如《战时言论出版自由》，独立出版社，1939，第44页。

③ 沈镕：《论战时言论出版自由》，《新闻学季刊》1939年第1卷第1期，第16页。

的，为了适应这个需要就必须设立特殊的审查机构和检查条令来专门管理出版物审查事项。"当此抗战高于一切之时，思想界之纷乱如此，若不急速加以统制，则贻害国家民族，决非小可，所以中宣会的审查是绝对正确的"，① "政府采取了一种很宽大公正的审查制度，这一种制度非但是在时间上说来是适合了战时保障了胜利的应有产物，同时我们还是可以由空间上来考察欧美国家，不论是民主国家，独裁法西斯或社会主义国家，在战时一律都有审查制度，绝无例外"，"审查制度的建立，并不是有一些日寇汉奸因为失去了破坏抗战的有利环境，因此胡说审查制度将妨碍了言论出版的自由，而是相反的更促使出版物进步扩展，而且这种进步不仅是在量上的增加，在质的一方面也有长足的进步"。②

这些明显地借战时特殊需要强化言论管控的说法，加之审查制度在标准和实施过程中的歪曲走样，激起了全国上下更多的抗议否定之声。"对于图书杂志审查办法之非难，及对于新闻检查制度之批评，众口哓哓，不一而足。而会后各杂志又互相评辩，各是其是。"③ 这种"各是其是"主要有两个截然不同的倾向，一是承认战时出版物检查法令的必要性，但需要在具体实行上做出改进。另一种意见是彻底废除战时出版物检查法令。

马星野在论及战时检查制度时从法令制定者的角度详尽地解释了出版物检查条令出台的必要性和可行性，并再三强调在全面抗战期间，出版物应受检查是不可缺失的要务，同时表示出版界对于审查制度批评的焦点并非集中于制度本身，而是对审查人员、审查标准有所质疑，"中央诚能于检查标准作具体之规定，检查人员受严格之训练，必可以迎合战时之需要，避免现行之缺点"。④ 范长江主张新闻记者需要拥护战时的言论出版检查制度，但"问题只在检查标准和方法上面"，⑤ 认为出版物检查法令应起到积极的领导和引领作用，而不是应付式的消极查禁。《战时出版物的预防和追

① 马乘风：《贡献一个"审查出版物"的标准》，《内外杂志》1938年第4卷第1期，第11页。

② 钱克显：《抗战中出版界的成就和趋势》，《民意周刊》1941年第15期，第11~12页。

③ 马星野：《国民精神总动员与新闻界》，《新闻学季刊》1939年第1卷第1期，第7页。

④ 马星野：《论出版自由》，《新政治》1938年第1卷第2期，第25页。

⑤ 范长江：《建立积极的新闻领导政策》，中国青年记者学会编《战时新闻工作入门》，生活书店，1939，第263页。

惩》则开门见山地声明为了保障国家安全，维持社会秩序，政府有时尤其是战时必须实行特殊的政策，不能不限制人民的自由和权利。在分析了事先预防和事后追惩的两种出版物管制方法后，指出审查原则的审查方法的公平妥善是最为关键的因素。张九如也认为"事先审查与事后审查差别只在手续，实际原是一样"，"中央所求者只在能得审查的实效，初非斤斤于审查手续的先后"。① 王德亮在其出版评论中也承认出版物审查制度是现实需要，是为争取抗战胜利不得已而实行的临时性措施。针对检查制度的实施，他提出了选择执行检查者的标准，"必须有丰富之学识，锐利之眼光，冷静之头脑，慎重之态度，正确之判断，敏捷之处理，高尚之品性，忠于职责之精神，始可克尽厥责，不致误事"②。林语堂在谈及书报检查时也认为检查工作不时闹笑话，沦为笑柄的原因是缺乏检查标准，检查人员的素质不高也是重要原因，"检查人员更应该是有学识有头脑的，而不该是由中学生程度还没有的来充当"③。

另一些出版评论则质疑出版检查制度的正当性和合理性，表达出否定的态度。《时代批评》曾刊发一篇文章对出版检查制度进行了评述，直抒己见，"我们以为审查组织的建立对于抗战是害多利少：组织的办法不公允，审查的标准不易弄清，易于独断，而实在容易引起各方之纷扰。我们主张言论自由不须审查"。④ 张友渔也直截了当地说："愈是文化发达的国家，出版物也就愈多愈深，从而检查机构也就愈要庞大而完备，检查人员愈要量多而质优，这在人力物力上是非常浪费的。不仅这样，在检查制度之下，检查机构和著作者之间，当不仅不能密切合作，而且站在对立的位置"，"一切言论著作应以事先不受检查为原则"，"完全废止检查制度，这本来是一种彻底的、合理的办法。"⑤ 对书报检查制度批评的最为直接，最为猛烈，抗争和否定态度最为鲜明，高调要求废除所有不合理的检查制度当属中国共产党领导下的《解放日报》上的一系列评论。1938 年 5 月 14 日在头版发

① 张九如：《再谈图书杂志原稿审查办法存废问题》，见张九如等《战时言论出版自由》，独立出版社，1939，第 33~35 页。
② 王德亮：《言论自由与出版检查》，《国是月刊》1944 年第 5 期，第 21 页。
③ 《林语堂在香港记者席上的谈话》，《星岛日报》1940 年 5 月 15 日。
④ 《论审查原稿及图书杂志》，《时代批评》1938 年第 5 期，第 3 页。
⑤ 张友渔：《改善言论出版管理》，《国讯》1943 年第 356 期，第 6 页。

表《查禁书报问题》社论，表明了中国共产党对查禁书报的态度，并不反对正常的清理、整饬和查禁行为，但强烈反对借机查扣救亡书报和进步图书，破坏抗日统一战线的非法行为。接下来的《抗战期中言论与出版的自由》对《查禁书报问题》进行了补充阐释，为屡次发生未经法律手续查禁抗日书报的现象痛心不已，疾呼停止这种混乱状态，保障进步书报刊的合法权利。在7月份《解放日报》设置了一个反对书报检查制度评论的集纳式专栏，包括了吴敏的《反对查禁救亡书报》、璐君的《书报的厄运》、琪玉的《车站收书的一幕》、江涛的《查禁书报之一幕》、史杰的《抗议没收新华日报》、杨鸣秋的《码头上没收书籍》等7篇文章，指出书报检查制度严重破坏团结，已经成为动员全国力量联合抗日的最大障碍，号召立刻停止搜查书店和没收抗日书籍，国民政府应对出版检查制度进行改革，废除某些不合理的法规。在11月的《保障言论自由与争取抗战胜利》的评论中，作者一一批驳了反对撤销书报检查制度的四个理由，指出"撤销图书杂志原稿审查办法不仅有便于出版家与编著人，而且有益于抗战之动员，因而也就有益于国家民族。"[①] 新闻出版界的有识之士也纷纷发文要求取消出版检查制度。邹韬奋在《全面抗战》发表《审查书报原稿的严重性》《再论审查书报原稿的严重性》，声讨出版检查制度对出版工作的干扰和破坏，抗议出版的预审制度。茅盾、夏衍、金仲华等人也都通过报刊发声，抨击书报检查制度，呼吁政府顺应时代潮流和民众呼声尽早撤销相关的检查法令。对出版物检查条令的抗议和否定从战时一直延续到抗战胜利，蔓延全国，声势浩大的"拒检运动"就是出版界压抑已久的对出版检查制度不满和愤怒的集中爆发。重庆、成都、桂林、上海、北京、西安等城市的出版界人士都团结起来，利用社评、提案、抗议、宣言、公开信等多种形式，强烈要求废止战时新闻出版检查制度。叶圣陶的《我们永不要图书杂志审查制度》《为了笔的解放而斗争》《昆明文化界争取出版自由宣言》等一篇篇充满战斗性的出版评论，对拒检运动的兴起、深入乃至最后取得阶段性胜利起到了巨大的推动作用。1945年9月30日，国民党政府在各方舆论压力下宣布废除出版检查制度方法，次年3月，又取消了收复区的新闻检查制

---

① 华西园：《保障言论自由与争取抗战胜利》，《解放日报》1938年11月24日，第1页。

度。出版评论引领的反对浪潮冲开了严密的出版管制制度的堤坝，催生了战后出版业的短暂复兴和繁荣。

第三节　出版评论促进出版文化观的形塑

出版是继承、整理、累积和传播文化的一个重要手段，它在承载文化内容的同时，其自身的编辑、复制、加工、印刷、发行、销售、流通等环节也属于文化活动的范畴，所以，出版文化也是社会文化系统中的重要组成部分。作为伴随着出版活动而产生的文化形态，出版文化所包含的内容极其广泛，既包括以出版作为中介的内容文化，也包括出版作为工具的载体文化。它构成了出版业内部管理和外部管制的背景环境，具有稳定性、整体性、规范化等特征，并利用准则、规范、惯例、标准、习俗等形式在相当程度上支配着出版实践活动。出版业的变化会引起出版文化的变化，而出版文化的演变也会造成出版业的连锁反应。出版评论活动的特征与出版文化的特征具有相当程度上的契合，出版文化的时代特点就是评判这一时期出版评论的标准和基点。从中可以看出，出版评论对于出版文化有重要的影响，它是出版机构与社会、读者、政府、市场连接的纽带，展示着出版活动与外界因素的冲突、碰撞、调适、整合，并以自身的活动革新、改造、重塑着出版文化。出版学者董中锋关于出版文化形态的论述为我们理解出版评论对出版文化中的观念、制度、技法等形态的作用提供了有效的论述框架。[①] 那么，出版评论在哪些方面，又是如何促进出版文化的形塑的呢？这正是本节所要回答的问题。

一　建立正确的出版物价值取向

出版是文化人和知识分子云集的行业，他们自觉地将出版业与学校教育、文化传承、国家命运紧密联系在一起，"觇人国者，每喜以教育的兴替，为估断的依据；而教育之兴替，则不只侧重学校的多少，而亦应注目

---

① 董中锋：《论出版文化的形态》，《出版发行研究》2017 年第 2 期。

到出版物的如何"①。出版物的质、量如何就直接影响到民族文化、社会前进的步伐。这种出版理念的盛行，使得出版业成了优良传统文化典籍、杰出学术创新著作、得力研究工具辞典、优质民众精神粮食的最重要的一个策源地。从量的层面来说，根据《民国时期总书目》的统计，民国时期共出版了人文社科和自然科学在内十八大类的图书共 124040 种，② 这还不包括线装书以及儿童读物、连环画等，数量是相当可观的。当然不少出版评论对出版数量也是很不满意的，认为与美英法德日等国家相比，我们的出版业实在太弱小了，不值一哂。王云五、舒新城等人都在出版业的总结中列举了世界主要国家出版物数量，得出的结果相差甚远，瞠乎其后，我国每年出版物数量尚不及荷兰、比利时等小国。再与出版物数量、国家人口相比，其结果也不容乐观，依然靠后。王云五在论及国势与出版物关系时，认为衡量国势强弱的标准，最可靠的计量尺度是出版物，"因为出版之数量多，可以表示曾受教育者之多，出版之程度高，可以表示学术之程度高"③。在出版数量上，虽然薄弱，但除掉战争期间，在相对和平的时代，还能实现年年有所增长，让读者欣慰。但出版物的"质"的方面，令人长叹不息，灰心丧气，书店里装满了各式书籍，内容贫乏、恶劣者占据大部分，"各家出版的书籍，大多数是男女恋爱史，性史，武侠小说，神怪小说等，这些书店老板们却还到处自以为高尚人生，羞耻也不识！但话儿又得说回来，好的书也有些，不过不出百分之一二"④，"书报摊红红绿绿大大小小的书报杂志，鲜艳夺目，一片茂盛气象，看了真令人喜悦，可是这喜悦当你走到那书报摊的面前站立以后，认识一下它的内容的时候，便不得不感觉到还得暂时保留"⑤。戈公振也批评出版界所出的书刊"以流利与滑稽之笔，写可奇可喜之事，当然使读者易获兴趣。唯往往道听途说，描写逾分，即不免海淫海盗之讥。若夫攻讦阴私，以尖刻为能，风斯下矣"。⑥ 当有人为出

① 牛亦未：《一九三五年出版界的总检讨》，《新北辰》1936 年第 2 卷第 1 期，第 43 页。

② 吴永贵：《民国出版史》，福建人民出版社，2011，第 77 页。

③ 王云五：《出版物的国际关系》，见王云五《旅渝心声》，商务印书馆，1946，第 263～264 页。

④ 刘颐道：《怎样才是真真的书业商人?》，《新知十日刊》1939 年第 3 卷第 1 期，第 53 页。

⑤ 甄士：《读物和毒物》，《中坚》1946 年第 1 期，第 7 页。

⑥ 戈公振：《中国报学史》，中国和平出版社，2014，第 248 页。

版界的"杂志年"而欣喜，有评论却指出量的增加不足为喜，质的欠缺让人担忧：

> 有些人说去年（二十二年）是杂志年，无非是表示在去年这一年中出版的刊物异常繁多，显示着出版界的活跃。其实呢，要是仔细的一推敲，那就不免又要教你把万分的高兴低落到零点了，甚至会教你感觉到不少的忧虑，抱着凄凉的失望，因为所谓如"雨后春笋"出现的刊物，在形式上尽管有不少的在考究封面怎样美丽好看，广告登得怎样高明炫目，但是它的销路终不能因这些形式上的考究而有所开展，内容的腐陋、幼稚、污浊、浅薄，终不能因这些形式上争妍而能克服的，以如此之事实，与其说这"杂志年"表示着出版界的好现象，毋宁说这是出版界最大的失败的表现，因为花费了许多的资金，财力，结果，只是说了些虚伪含糊不切实际的话，倒反搅乱了群众的心神，把他弄的更加糊涂更加莫名其妙不知西东了。①

这明确的告诉出版界量的增加并不代表质的提升，相反，没有内涵的出版物数量的增长，不但不能起到普及知识、传播文化的作用，那些海淫海盗、财运黑幕、求仙迷信的书籍反而会败坏风气，误导青少年，这种出版物虽多何益，目前没有好的作家涌现，现在没有好的作品出版成了大家一致的叹息。所以，出版物"质"的改善和提升比量的增加显得更加重要，也更为急迫。针对出版物价值偏离的问题，外界普遍认为是出版过度商业化，出版机构放弃文化责任造成的。"据这几年我们的观察，出版家真能当出版为一种事业而干的，实在很少。大部分，都是犯了一种商人的气息，没有远大的眼光，没有充实的信用，没有负责的精神，只图目前小利，不顾长久得失。"② 一般的出版机构或营业者，只有少数能明了首要之责任在于普及文化，大部分只看到出版业的商业性质，唯利是图，以发财为目的。所以为谋利，维持营业，可以不问出版物的内容如何，将来能有什么后果，

---

① 牛亦未：《一九三五年出版界的总检讨》，《新北辰》1936年第2卷第1期，第47页。
② 储安平：《一年来的中国出版界》，《读书顾问》1935年第4期，第12页。

甚至某些书商为求畅销，刻意迎合读者的低级趣味，充斥不堪入目的内容。从出版物的内容价值来评价，当时的出版界可谓是"漆黑一团"了，生产的不是读物，而是含有麻醉性毒素的"毒物"了。身为图书杂志审查官员的印维廉在评论中正告出版界"不但有毒性的出版品我们要拒之千里之外，就是营养太少的精神食粮，不论它的味道如何鲜美，还是不要收印。出版界同仁，都是靠此为生，如果说不以赚钱为目的，那是欺人之谈；但是赚钱固然要紧，而一个国家民族的心理健康，更是要紧啊"[1]。如果出版商不进行自我约束，外界不进行必要的监督管理，任由商业化的恶性膨胀，接下来必然会出现更多的功利化、享乐化、庸俗化、低级化的产品，最终伤害的是整个出版行业的职业声誉和精神尊严。

　　现代出版评论在针对出版物偏离出版文化和伦理价值进行批判指责的同时，也在建设性的反思产品改良的方法和路径，最典型的莫过于对"理想的读物""理想的副刊""理想的广告"分析和讨论，这些关于"理想"的评论为出版界矫正并建立出版物正确价值取向不仅指明了前行方向，而且提供了强大的助力。

　　在卑劣浅薄、质量低下的书籍盛行的出版界，理想的读物是什么样的呢？张放在评论中论道"我理想中的《南开周刊》就是我们师生一千五六百人关于学生方面及学校方面，有实际的批评、确切的调查，良好的建议，一个发表的机关"[2]。其他的一些出版评论也给出了自己的标准，"最基本的原则：我们的读物应当是真的精神上的食粮"，所以理想的读物"一方面应当供给我们知识，另一方面应培养我们的人格"。[3] 而对于普通市民大众所需的读物，例如消闲小书或杂志等，最好是不要过度幽默和过分正经，避免一字不改地翻译欧美杂志文章，合适的内容"必须具有新闻性质为主要条件"，"另外探访些有趣味的内容，以满足大众的欲望"[4]。至于如何推广"理想的读物"，出版评论也给出了相应的建议，就是充分利用"书报专刊"或"读物专栏"的书评文章向读者推介有价值的出版物。

---

①　印维廉：《出版物的营业和滋味》，《中央周刊》1942年第5卷第7期，第248页。

②　张放：《我理想中的〈南开周刊〉》，《南开周刊》1922年第34期，第20页。

③　踏实：《精神食粮的选择》，《时代学生》1949年第1卷第2期，第10页。

④　伯乐：《大众理想的读物》，《上海人》1938年第1卷第1期，第12页。

针对副刊内容良莠不齐，沉闷无趣的局面，又该如何重新设计、改造成为"理想的副刊"呢，现代"副刊大王"孙伏园给出了全面细致的答案。他在《理想中的日报附张》中首先检讨当时的报纸副刊，戏称副刊内容是"无线电的两极端"，要么是一味模仿古人无聊滑稽的作品，要么是搜罗雄鸡产卵、处女产子等离奇新闻，还有一种是借着科学文化的幌子，连篇累牍地登载些卖弄学问、故作高深的教科书讲义式的文字。接着他深入主题，描摹了理想副刊的模样：第一，因为"在中国，杂志又如此之少，专门杂志更少了，日报的附张于是又须代替一部分杂志"，所以必须增加讨论学术的内容；第二，"报纸附张的作用就是供给人以娱乐……文学艺术这一类的作品是日报附张最主要的部分"，所以副刊的内容必须包含相当数量的贴近市民、贴近生活、贴近实际的文学作品；第三，短篇的批评文字是副刊中不可或缺的组成部分。"无论对于社会、对于学术、对于文学艺术、对于出版书籍，日报附张本就负有批评的责任。"[①] 在这一理想副刊的指引下，稍有影响力的副刊几乎都在进行改版，一扫过去的旧式文人趣味和颓丧绮靡的风格，成为启蒙民众，宣传新文化的重要阵地。

广告是书刊重要的营销渠道，更是刊物生存的基石和保障。面对副刊、杂志中的欺诈成风、淫秽盛行的弊病，如何选择"理想的广告"登载呢，出版评论也提供了有效的指导。有评论批评副刊的堕落就是从副刊上的广告开始的，原本以为是值得一看的堂堂正正的副刊，"孰知里面尽是些卖春药，性病特效药等等的广告来充数，再加上许多无耻医生自吹自擂的包医淋病宣言，和瞎七搭八，真假莫辨的疾病问答"[②]，作者将这种现象斥之为"挂羊头卖狗肉"。《医学周刊》主编猷先在评论中发布了理想广告的标准，"要名符其实，不妄自夸张，不愚弄民众……提高广告的声价，恢复广告的信，这件工作的第一步办法也可以说是惟一的办法，是淘汰一切妄言欺人的下等广告"，"不但违反科学原则的必在淘汰之例，凡不宜向民众宣传的我们都拒绝登载"[③]。理想广告的追求，至少表示了两个意思：一是出版业需要广告，表明出版人具有商业观念和市场意识，这是无可辩驳的事实；

---

① 孙伏园：《理想中的日报附张》，《京报》1924 年 12 月 5 日。
② 徐日洪：《荷包与文化》，《宇宙风》1936 年第 20 期，第 393 页。
③ 猷先：《我们理想中的广告》，《大公报》（天津版）1930 年 1 月 11 日。

二是出版对广告应有所选择，体现了出版人文化职责的信念。

二　树立高尚的出版职业道德观

职业道德是指所有从业人员在职业活动中应该遵循的行为准则，[①]照此推论，出版职业道德就是出版从业者在整个出版工作环节中应遵守的道德规范、价值标准和行为准则，它通常外在的表现为出版物格调高下与质量优劣，对待作者、读者和同行的态度、处理文化责任与经济利益的关系等方面。按照伦理学家罗国杰先生对职业道德组成要素的分析，出版职业道德主要由出版职业理想、出版职业态度、出版职业技能、出版职业良心等方面组成，这些都制约着出版活动的全过程，影响着出版机构的发展方向。有学者指出，职业道德是在职业活动中应该遵循的行为规范及必备的品德，它依靠社会舆论、传统习惯和内心信念来维系。[②]所以，出版评论作为外在的规范力量，通过社会舆论的方式发挥作用，影响着出版从业人员的出版职业道德的形成、巩固和内化，帮助他们树立起高尚的出版职业道德观。

众所周知，出版本质是文化的传承、整理、传播、推进、提升，是文化产品的商业化，兼具文化和商业的内在属性。这两个属性的排列顺序的不同，是文化在先抑或商业在前，体现了出版职业道德和职业理想的不同，不仅关系到出版内容的选择，也会影响出版经营的运作。我国现代出版从业者多出自士林，以"文化人"自居，拥有较强的出版工作的文化责任意识和理想信念。张元济投身商务印书馆即是希望出版能够启蒙民众，提升国民，达到强国救民的目的，陆费逵献身书业也是基于书业能推动教育进步，从而推动国家社会进步的目的。王云五不止一次论及出版是衡量国力、文化强弱的尺度，也说过"国之盛衰，以教育为枢机。无良教育何以得良国民，无良教科书，何以得良教育。教科书是教育的根本"[③]，言中之意就是从事教育出版的行业是教育的基本倚仗，教科书的出版、书业的发达是国家、社会、文化繁荣的标志。正是这种为文化的出版职业理想，出版人

---

① 黄先蓉编著《出版法规及其应用》，苏州大学出版社，2013，第 15 页。
② 蔡志良：《职业伦理新论》，电子科技大学出版社，2014，第 43 页。
③ 王云五：《新编共和国教科书说明》，见《王云五文集五·商务印书馆与新教育年谱（上）》，江西教育出版社，2008，第 71 页。

努力奋斗，精益求精，出版了大量堪称精品的系列教科书、文化典籍丛书、新文学经典，中国现代出版与新文化一时瑜亮，交相辉映。当时的出版评论都自觉地将出版与文化紧密联系在一起，不断提醒出版界勿忘初心，牢记文化责任。"书籍出版业，本和其他营业不同，他除掉营业之外，还有个辅导进行文化的责任"①，"书籍杂志等出版物对于国家文化的向上影响力，几乎可以说有着决定性的作用"②，"出版是著述的表现，而著述是国民知识能力总合的系统的反映。由过去的著述出版，遗留了历史演进的迹象，将珍贵的经验传递给后人而推动社会的进展……出版的数量的内容及读者需求的情况上，都正是一国文化动向之忠实的记录"③。谢六逸认为一个时代的文化包括其时代的精神物质各方面，文化的发达又和精神物质各方面的学术研究息息相关，而这些学术研究的表现和传播的方法，以出版物为最佳手段，"所以凡学术的研究或批评之表现，无论为个人研究或团体研究，不欲藏诸名山则已，否则为出版物是赖"④。陆费逵在著名的《书业商之修养》中阐明了出版职业道德的重要性，"恶书之害，甚于洪水猛兽，不知害多少人。所以我们当刊行一种书的时候，心地必须纯洁，思想必须高尚，然后才可以将最有价值的结晶品，贡献于世；否则，不但于道德方面要抱缺憾，即自己良心方面亦受责罚"⑤，陆费逵的言论振聋发聩，促人警醒。有出版人员在读了陆费逵的《书业商之修养》的评论后，认为"真可算得上我们青年们的'金科玉律'"，"作我们互相砥砺的指导者"，发出"伯鸿先生既引导和制定我们成功的途径，我们大踏步的上路，不断的进前，丝毫不怕拦阻"⑥ 的感慨，这充分说明了出版评论对于出版从业者树立高尚出版职业道德观的积极影响。

另外对于那些没有崇高职业理想，崇尚商业主义、金钱至上的出版职业观的出版机构进行义正辞严的批评，揭露批判那些因为缺乏出版职业道

---

① 萃珍：《出版业的道德》，《蔷薇》1928 年第 1 期，第 12 页。

② 陈北鸥：《出版文化的指标》，《东方杂志》1943 年第 39 卷第 5 期，第 47 页。

③ 屏群：《一年来之出版界及其展望》，《众志月刊》1935 年第 3 卷第 1 期，第 82 页。

④ 谢六逸：《文化与出版物》，《时事新报·学灯》1922 年 3 月 17 日。

⑤ 陆费逵：《书业商之修养》，《中华书局月报》1923 年第 7 期，第 1 页。

⑥ 许瘦鹤：《记伯鸿先生的〈书业商之修养〉》，《中华书局月报》1923 年第 7 期，第 1~2 页。

德而导致的粗制滥造、抄袭盗版、跟风投机、格调卑劣等行为，意图用曝光的方式引起人们疗救的注意，继而开出药方，以期纠正错误，推动出版业普遍树立正确的职业道德观，达到从根本上规范出版行为，保障出版事业健康发展。杨寿清的长篇出版评论《对于中国出版界之批判与希望》就是这样一篇借批判以刺激出版从业者重拾尘封心底的职业理想与道德观念，找到中国出版界希望的力作。评论一开头就点明出版界负有振兴文化、革新文化的最大任务和指导人生、创造人生的最大使命。虽然在这两个方面出版界都取得了相当的功绩，但出版界依然是商业主义的天下，出版者急于牟利，不管文化前途，文化责任被出版人排在商业利润的后面。典型的表现就是因陋就简而不求精深，"所编的出版物往往内容贫乏"，"所取的材料往往有失新鲜"，"所出的书报的分析往往不能精确"，得过且过，缺乏创造流传千载的文化精品意识和眼光。因陋就简的极端化就是粗制滥造，出版新式标点古籍"不管标点之是否确当，更无闲加以科学的整理系统的编制，以至不但毫无新的意义而且甚至错误百出"；编译外文书籍"或则对于意义和修辞无闲加以斟酌推敲，或则派给数人分译而对于风格和笔调却不加以统一"，更恶劣的还有"东剪西贴，拼凑成书者"，"不顾文化价值而出版《××百日通》、《会考指导》等胡乱编成以应时者"，"为迎合低级的趣味而不惜拿已有的神怪故事、武侠演义、色情小说，改头换面，换汤不换药以事诲淫诲盗者"。在历数中国出版界缺乏职业理想导致的弊端后，杨寿清再一次申明了出版业的性质和文化责任，"出版事业不但是一种牟利的商业，并且也是一种提高国民精神生活的文化事业。在今日成为文化事业之基础的出版事业，对于国民精神的兴衰，也就是对于民族国家的存亡，显然具有密切的影响"。这篇出版评论摆事实、讲道理，结构严谨，逻辑清晰，得出出版界亟须重树职业道德，这样才能成就出版职业理想的结论。评论中对出版职业理想的呼吁汇集到抗战后关于出版自由、救济书荒等出版主题的社会舆论中，推动了出版界从观念到行动的大革新、大变化。

高尚的出版职业道德的外在表现就是高质量、有价值的出版物，而出版精品的实现就要求出版人员具备高超的出版职业技能。没有出版职业技能支撑的出版职业道德是空中楼阁，空泛不实。提高出版职业技能是树立出版人高尚职业道德的重要组成部分，是出版职业道德落到实处的具体表现。特别是出版行业的门槛较低，出版人素质、能力良莠不齐的时候，强化、提高出版职业技能就十分重要了。出版评论部分承担了介绍、交流、推广出版职业技能的任务，内容涵盖出版业务的方方面面，既能增长书业知识，又有实践上的指导价值。有的介绍西方出版业的经营、出版实例，为国内的出版工作提供借鉴；有的是记录工作点滴，交流出版业务；有的是资深的编辑出版人畅谈工作经历，推广成功经验，甚至有时候会引发全行业关于某一具体业务的深入探讨，在形成共识后，往往能形成某项出版工作的飞跃。像 1926 年孙福熙在《申报》上刊登《出版事业的艺术》的短评，就引起了一场关于印刷装订与出版艺术的大讨论，包括德恩的《谈书的封面》、慎夫的《书籍的装订与印刷》、骥云的《出版事业的艺术》等文章，内容涉及封面画与文字的排列、书名与出版者名字的分布、直行和横行书的标点设置、装订的用料、中缝排字的方式、书式大小与图书性质的关系、版式留空的合适比例等，细致而入微，并列举了商务印书馆出版的图书作为案例，分析其成功或不足之处，有理有据，颇有见地。孙福熙本人也在《北新》上发表长篇专题评论《秃笔淡墨写在破烂的茅纸上》对这场讨论作了总结，批评那些主张形式无关紧要，满足于用秃笔淡墨写在破烂的茅纸上的书的论断，宣扬"书籍印刷装订，牵引未读者的注意，固定读者所得的印象"，"我们爱看且应该看的书，不是这种，而是用艺术印刷用艺术装订的书"①。文中分析了《呐喊》《骆驼》《扬鞭集》《瓦釜集》《雨天的书》《桃色的云》《苦闷的象征》等在图案、用墨、题名、标点、字体、字号、切边、穿钉等形式方面的特色，对比了不同形式的优缺点，有的放矢，针对性强，颇具说服力。由于这些评论的作者大都有过出版从业经验，从工作中来，到工作中去，专业色彩浓厚，能够很好地指导某些具体的出版工作。这些评论如果整合起来，就是一本很好的出版工作培训教材。关于童书出版领域中的一些具体工作也反映了出版评论对出版职业技能的促进。因为儿童的破坏性大，对于儿童书籍总是不能好好地保存与爱惜，所以出版评论建议童书在装订方面，纸的质地应该坚固、耐久，富有韧性，"装订单线容易洒脱，铁线容易发锈，最好一列用双线订本，为欲

---

① 孙福熙：《秃笔淡墨写在破烂的茅纸上》，《北新》1926 年第 1 卷第 4 期，第 8 页。

求形式整齐，除图画范本，歌谱外。书本大小不妨一概改为 32 开本。以收便利美观之效"①。这个提议一出现，便引起了不少附和的声音。这也吸引了童书出版商的注意，许多童书、刊物采用了 32 开本模式。商务印书馆童书编辑张若英曾在一篇评论中总结了如何编辑一本优良童书的要点。在内容方面要根据儿童固有的经验；要适应儿童心理；要适合儿童的程度；要具体的而非抽象的。从形式上文字组织要简单，要明显，要简短；要注意词句反复，少生字，多变化；要有适当的篇幅；要有适当的字体；要有优美的插画；要有良好的纸张。这种类似于儿童分级出版及阅读的主张，也被当时的出版商在一定程度上采纳了。1935 年的《全国少年儿童书目》就按读者年龄、知识的深浅程度对图书进行了分级，采用书名前加注数字的方式，"1"代表最低年龄层次，适合学龄前的儿童，"2"表示小学低年级，以此类推。这种做法充分反映了出版工作者的职业技能，也折射了出版评论对出版业树立良好职业道德的积极的督促与推动作用。

三　确立出版评论的批评规范

出版评论是近代新式出版业发展的伴生物，并随着出版业的壮大而发展成熟。中国现代社会变化多端、跌宕多姿的出版现实为出版评论提供了厚实的生存土壤和丰沃的内容材料，同时，与繁荣并存的无序、混乱的出版活动又在滋长蔓延，虽非主流，但亟须调控和约束。出版评论作为政府强制管理手段之外的一种柔性补充手段，能够对出版活动进行客观分析、理性鉴定，从而实现拨乱纠偏功能，推动出版业进入健康有序发展的轨道。基于此，不少有识之士在体察到出版界的乱象时，都大声疾呼强化出版工作和书报刊的批评活动，出版评论对于出版业和公众都是必不可缺的，非常重要，非常有益的。茅盾在目睹了教科书市场的廉价大倾销后，心生感触，"凡事有了竞争然后有进步，但粗制滥造的出品也往往因竞争而愈多；因此，不存私心的严正的批评愈加成为必要"②，认为公正客观的关于教科书的评价有助于学校、教师在琳琅满目的图书中做出合适的取舍选择，这

---

① 陈独醒：《为儿童读物警告全国出版界》，《中国出版月刊》1933 年第 2 期，第 6 页。
② 茅盾：《教科书大倾销》，《申报·自由谈》1937 年 7 月 15 日。

对于儿童教育和教科书出版市场都是十分必要的。杜衡不赞成社会上对图书的鱼龙混杂，坏书居多是由于读者盲目，喜好坏的、臭的内容所致的说法，"这种责难读者的说法，严格的说，是不甚公正的"，要改变出版界的这种状况，最需要的是"一个出版界的公正的检察官"，"如果能有一个公正的、有势的、配得上指导青年而又为青年所信仰的评论机关，那总会使投机的出版家们稍稍知道一点慎重"①，而且低劣的图书即使再利用广告打着文化学术的牌子，效果也就会大打折扣，容易被读者识破了。有力度、有价值的出版评论对于出版业的健康持续发展，对于阅读市场的培育和蓬勃都有着不可估量的积极影响。周全平列举清理出版界的方法时第一个就是强化出版评论的功能，"应由智识阶级起来把目下的出版物严格的审定一下，痛苦地指出它们的荒谬，同时也把有价值的东西提出来，让出版界晓得一些畏惧，让读书人有个选择的标准"②。然而，中国现代出版评论却呈现出不堪负重的状态，丧失了其内在的准则和规范，磨削了其应有的功用和意义。在此境况下，出版评论本身就成了批评的对象。也就是说，作为一种追求价值和道德叙事的评论文体，它既要考察评论对象——出版业及其相关的活动和产品——的价值与道德叙事，又要注重自身评论叙事的理性与道德性。

中国现代出版评论显然没有跟上当时出版业发展变化的节奏，面对风云变幻的社会环境和繁杂多元的读者需求，日新月异的出版技术和汗牛充栋的图书报刊，眼花缭乱的出版实践和错综复杂的出版现象，在民众需要出版评论的时候，它却隐匿消失了，处在缺席和失语的状态，放弃了纠正与指导出版业的责任。罗家伦就曾呼吁在杂志上多设批评专栏，"对于书籍的批评，更是要紧，一面应当把世界上有价值的书籍，多多介绍过来，一方面将中国现在市侩流氓害人的书籍，一律打倒，免得青年上当"③。但现实却恰恰相反，"为读书人选择之资的书报评论一类出版物，则极为欠乏，简直可以说没有"④，"在各国都有若干种出版界的专门刊物，居着指导和批

---

① 杜衡：《对于最近出版界的感想》，《生生》1935 年第 1 期，第 29~30 页。

② 霆声（周全平）：《怎样去清理出版界》，《洪水》1925 年第 1 卷第 5 期，第 134~135 页。

③ 罗家伦：《今日中国之杂志界》，《新潮》1919 年第 1 卷第 4 期，第 81 页。

④ 《致读者》，《出版介绍》1914 年第 18 期，第 1 页。

评地位，公正无私地去督促他们。并且在那些刊物中，谁都可以发表合理的言论。在我们中国，可说是绝无仅有"①。《一般》杂志也指出《书报评林》栏目的设置是因为"想到国内出版批评的缺乏和重要，觉得多些反而好"②。有限的几种出版业的专门刊物，质量也不能让人满意，不是沉迷于晦涩冗长的理论阐释，就是商业味浓厚的广告式宣传，既不能指出和纠正出版界的缺点，也不能让读者得到购书与读书的指导。"看见申报上大广告有徐翔穆主编神州国光社出版的《读书与出版》出版了，据说是'读者的良师益友'，也是'出版界的清道夫'，于是特地走到河南路去买了一本来，展读之下，果然名不虚传，不过所谓'读者的良师益友'，友则友矣良和益则未必也；'出版界的清道夫'者，夫则夫矣，匹夫而已，清道云乎哉。"③《申报》的《出版界》专栏外界也有篇幅太小，迁延过时的非议，"比'美丽牌'广告篇幅还小的副刊"，"每星期才供给你建设中国文化的养料一千数百字"，如此评论力度谈何推进出版业进步，"《出版界》的使命是推动中国出版界的，但是每星期用一千多字抄些古已有之的诗文来完成这样的大业，恐怕是不易事吧"④。细化到出版评论的内容上，"捧杀"和"棒杀"的趋向也让人们对出版评论的公正客观性产生怀疑，加深了对当时出版界的不良印象。在首倡出版界漆黑风暴的评论《漆黑一团》中，作者描绘了漆黑一团的出版评论。当先就是对恭维捧场式的评论：

> 如今批评的信条：第一是捧场，第二是捧场，第三还是捧场。捧场！这是多么合时批评的信条啊！《玉君》出版了，试看捧场的有多少？其实《玉君》之值得捧场的在那里呢？便是那些旧小说的套头，生硬的叙述，不通的辞句吗？我始终不解。若是说我能解，我只有回答他，我倒略解捧者的心理：第一种，或是直接间接借此想连络连络几个文坛上的偶像；第二种，或是借此想连络连络几个直接率属于资本家胝下的编辑者。第一种捧《玉君》的文章是个好例子，第二种惟

---

① 万里：《由中国出版界说到书报专刊》，《循环》1932 年第 1 卷第 45 期，第 693 页。
② 《编辑后记》，《一般》1926 年第 1 卷第 1 期，第 158 页。
③ 清道夫：《读书乎？出版乎？》，《出版消息》1933 年第 9 期，第 23 页。
④ 孔远之：《所谓"出版界"》，《谈风》1937 年第 19 期，第 31 页。

有请读者去查查从前的小说月报上的许多"读后感"罢。①

　　鲁迅将这类出版界盛行的评论嘲讽为"商贾式批评"和"广告式批评"，一旦轻信中了其符咒就会发现"许多许多是并不是滋养品，是新袋子里的酸酒，红纸包里的烂肉，那结果，是吃得胸口痒痒的，好像要呕吐"。②还有一种就是如同当时文化界流行的批判铿锵、文辞激烈的论战文字式的恶意式批评，如同鲁迅形容的那样"恶意的在嫩苗的地上肆意的跑马"，"社会科学的译著又蜂起云涌了，较为可看的和很要不得的都杂陈在书摊上，开始寻求正确的知识的读者们已经在惶惑。然而新的批评家不开口，类似批评家之流便趁势一笔抹杀：'阿狗阿猫'"③。这类出版评论采取的是"抡起两柄板斧不分皂白乱劈一阵"④唬吓他人的论调，没有严正的批评，只有无理谩骂的口腔宣泄，将出版机构、出版人、作者、读者高竖为"道德标杆"，把自己当成"精神无暇"且先天免疫的医生，高高在上地挑剔、批判各种出版物、出版活动，"国人批评常因挟嫌或立于反对派的原故，牵涉个人私德而肆口谩骂。试一检阅报纸杂志此类之往例甚多。商榷学理是何等郑重的事，偏效村儿口角，泼妇骂街的行为，岂不难堪"⑤。这样一来出版评论就"变成只是恶意的嘲讽……变成只是挖苦人家几句，或者旁敲侧击，写几句俏皮话，使人家不知批评的真义之所在"⑥，"这些文章皆针对着一个目的，即是向异己者用一种琐碎方法，加以无怜悯不节制的嘲讽与辱骂"⑦。所以这类不分青红皂白，一棍子打死的毫无自省精神的出版评论，缺乏一种真正直入人心、振聋发聩的力量，"把读者养成了欢喜看戏不欢喜看书的习气，文坛消息的多少，成为刊物销路多少的主要原因"⑧。导致的

---

① 为法：《漆黑一团》，《洪水》1925 年第 1 卷第 1 期，第 8 页。

② 鲁迅：《我们要批评家》，鲁迅：《二心集》，万卷出版公司，2014，第 42 页。

③ 同上。

④ 茅盾：《批评家的种种》，《文学》1933 年第 1 卷第 3 期，第 45 页。

⑤ 臧启芳：《出版与文化》，《学艺杂志》1923 年第 5 卷第 6 期，第 11~12 页。

⑥ 为法：《漆黑一团》，《洪水》1925 年第 1 卷第 1 期，第 9 页。

⑦ 沈从文：《谈谈上海的刊物》，《沈从文文集》（第 12 卷），湖南人民出版社，2013，第 179 页。

⑧ 同上。

后果就是出版评论刺向出版业的利剑失去了锋芒，不能促进出版界实质性的从内在认知到外在表现向积极方面的转化，反而侵蚀、淘漉了出版评论的理性底色和文体气质。

如何能够让出版评论发挥其应有的作用呢、改善出版评论"捧评""骂评"盘踞的状况，确立出版评论的批评规范就极其重要了。李大钊早在1917年就指出执笔成文，发表言论之说应当拳拳服膺，严矢勿失，"一在察事之精，一在推论之正。二者交备，则逻辑之用以昭，而二者之中，尤以据乎事实为要"①。意为评论的根本在于事实的真实和推论的准确，不做无事实之论和无稽之演绎。宋介在分析批评应有的正确态度时，将"真实"置于"忠厚""责任"之前，放在首要位置，指出"不杂什么虚伪的意义，或私情的激动在内，只本其理智所及，切切实实指示出来"②。这句话里除了强调真实之外，还突出了"理智"在评论中的重要性。理性的批评是出版评论价值体现和责任实现的基本条件。"社会上各种的出版物，我们应当先用拣选的识力，而后再下'批评'的文学，才能得着进益"，而这种能让出版业和读者都获得进益的评论，一定有正当的、耀眼的理性光芒，"批评须要作有理性的'批评'。若是随便说话，反失了批评的价值"，"所以现在的出版物，我们若以严厉的眼光，去批评他，我想必定有不少文字，要受淘汰。那受批评的，要有反省，觉悟的努力。被淘汰的，要有彻底的改革"③。此外，批评的方法和态度要严谨端正，"不问社会上的阻碍，他人的怨恨，批评家总是按着真理，秉公出来话公道话"④，"批评原具有两种功用，一鼓励出版，二监督出版，然批评文字必须以学理与事理为依据，方能引起多数人的讨论研究。批评态度必须严正，才能具监督的效用"⑤。总而言之，理性的出版评论才能产生足够的效力，对质量低劣的出版物有淘汰的效果，对低劣出版物的生产者有提醒、劝勉、警告，督其改变的促动作用。正因为缺乏真实、理性，造成了出版评论"捧场"和"棒打"的风

① 李大钊：《真理之权威》，杨琥编《中国近代思想家文库·李大钊卷》，中国人民大学出版社，2014，第167页。
② 宋介：《批评之批评》，《晨报副刊》1925年6月3日。
③ 剑青：《"出版物"与"批评"》，《南开周刊》1922年第35期，第1~2页。
④ 罗家伦：《今日中国之杂志界》，《新潮》1919年第1卷第4期，第80页。
⑤ 臧启芳：《出版与文化》，《学艺杂志》1923年第5卷第6期，第4页。

气，以致造成出版文化的质的贫弱。在方济看来，改善的办法就是评论者们要负起自己的责任来：

> 犀利的批评家能够影响作者的写作倾向，能够转移一时代的风尚，能够推进出版文化。目前我们的文化界，除了一些专以捧场为唯一任务的批评家之外，没有真正的批评家，于是充满在出版物上面的是：（一）鸳鸯蝴蝶派作品；（二）色情文学；（三）帮闲文章。那因为没有执行清算任务的人，好的，丑的，有益的，有毒的作品，完全让它们并存着……批评文学应该建立起来，对于有毒的作品予以当头棒喝宣布它们的末日；对于有希望的作家应予以奖励，帮助他们走向成功之途。①

分析那时候的出版评论，我们可以发现它在评论主体的评论实践及对自身反省和改变的过程中，加上来自外界的对出版评论的批评即批评的批评的建构力量，逐步确立起一套从评论理念到评论实践较为完整的规范体系。这不但标志着出版评论作为一种文体的独立与成熟，而且大大提升了出版评论的品质与功效。不夸张地说，日趋规范的出版评论在推动中国现代出版业发展的合力中，开始成为一股威力巨大、不可缺少的新兴力量。

---

① 方济：《出版文化质的改善》，《文友》1943 年第 1 卷第 11 期，第 15 页。

结语 脱嵌·协商·重塑

毫无疑问，随着经济、文化的发展，出版业在中国现代社会中扮演着越来越重要的角色。借用政治经济学家卡尔·波兰尼著名的"嵌入"概念和理论，出版作为社会组成的一个子场域与政治、经济、文化等子场域共同嵌套在整个的社会大场域当中，各个子场域之间互相牵制、互相作用，而且在不同的历史发展阶段，子场域的主导力量或主流体系在随时位移和更替。梳理中国现代出版业的发展历程，不难发现以全面抗战的爆发为大致的时间节点，出版业所嵌入的社会系统依次经历了经济—政治子场域主导和政治—经济子场域主导的两个时期，我国现代出版业相应地按照市场逻辑优先和政治逻辑优先的规则进行运作，表现出不一样的风貌。当时的出版业就是嵌入在这种强弱不一、多元博弈的流变的社会网络状结构当中，这种嵌入的现实也让出版业获得了在政府、市场等组成的错综复杂的生态系统中生存和发展的空间。

波兰尼在阐述嵌入理论的同时，也指出若干嵌入社会系统内的子场域会产生"反向运动"的冲动和效果，即脱离社会整体系统或主导子场域的趋势，他将这种变化称为"脱嵌"。出版业概莫能外，天然地带有摆脱政治、经济等社会主导子场域支配和控制的独立需求。那是什么在促动着出版业的脱嵌行动呢？根据前文对中国现代出版评论较为系统的论述，笔者认为出版评论是出版业脱嵌的一种力量所在。它是随着出版业的发展而逐步发展成熟的，并一直推动着出版业寻求自我调节、自成系统，摆脱其他社会系统的羁绊和控制，在适合自身特点的轨道上前行。

现代出版评论是随着机械化为主要特征的现代新式出版业的产生而产生，随其发展而发展。这一过程肇始自晚清，并一直延续承传，不断变化、革新、沉淀、成型，直至形成一个拥有自身理论概念和话语方式的自足场域。晚清到民国初建的近百年时间形成了中国现代新式出版事业的格局，也是真正意义上的出版评论的孕育阶段。社会各界特别是新式知识分子对于出版业有了崭新的认知，将新式出版的传播价值和文化功能提高到民族存亡、国家兴衰的高度，极尽赞美之声，"出版众多，文明之程度愈增，国势亦因之以强"① 成为共识。辛亥革命到五四之前是出版批评的形成阶段，出版评论伴随着出版业的现代化和众多评论主体的评论实践逐渐发育成长，自觉迎合了社会环境和出版现实的需要，真实地记录了当时出版现实与进程，而且利用出版评论这种"批判的武器"自觉地以自己的方式介入对出版活动的建构。出版评论不再是隔岸观火式的外界观察和批判者，而是深入到出版实践，参与到出版活动中，对出版界唯利是图、违背道德的投机行为愤怒声讨，为图书报刊的错误百出而痛心疾首，为古籍珍本和教科书出版疾呼鼓劲。在现代出版业的黄金十年，由于职业意识的自觉和文化理想的追求，出版评论主体对出版评论的主题内容进行了拓展和延伸，聚焦讨论的一些问题如出版自由、出版法规、出版的商业化与文化性的结合等，基本纵贯整个 20 世纪。在批判、反思的同时，对出版业的改革与发展提出了大量建设性意见，出版评论对于出版业的作用和影响日益增大。抗战之后，出版评论见证了出版业从战争到复苏再到战争的诸多磨难，在强大的政治压制和经济钳制之下，不甘异化为政治传声筒和党争工具，顽强地发出"执拗的低音"，执着于科学性、批判性、客观性、专业性的批评实践，督促出版业保持自己的规范、自治和独立，力阻出版业被社会其他力量所把持和吞噬。

由此可见，丰富多彩而又形式多样的中国现代出版评论寄托了社会各界对出版业的期待和厚望，并具化为一系列的实践要求和约束规则，进而演变为一种出版业界、作者、读者支持和拥护的行动指南。这就表明了出版评论具有作为出版业"脱嵌"力量的特征，嵌入表示出版活动要受到社会其他系统的牵绊的影响，脱嵌则与之相反，意味着在出版评论的引领下出版业摆脱赋予其上的其他社会力量的法则与规定，追求自治、自律、独立、均衡的发展方向。出版业的脱嵌行为必然引发政治、经济、文化、民

---

① 宋原放、李白坚：《中国出版史》，中国书籍出版社，1991，第 184 页。

族等社会子系统之间的失衡和冲突。出版评论作为脱嵌的主导推动力量，实行的是一种协商式的斗争策略。综言之，中国现代出版评论实践是一种居间活动，在政治权力的外部管制、商业势力的深度渗透、读者受众的批评监督之间不断地交涉、妥协、抗争与迂回。

首先是出版评论作为脱嵌力量与政治权力的协商。这突出表现在出版业对出版自由的争取上。国民党政府试图利用《出版法》和各项出版检查法令形成对出版业的统制，纳入其一党专政的独裁统治制度之内。出版业变为受政治支配、附属于政党宣传的工具，成为国家运行机制的组成部分。当时出版评论对《出版法》出台或具体条款的争论，力图修改或废止出版法，重建出版法制的尝试和对出版物检查条令的批评、指责和声讨，乃至由此激发的拒检运动，都是包括出版界在内的社会各界体察到出版业全盘嵌入政治权力场域，依其规则行事的弊端所在，意图扭转这种趋向，争取出版业独立发展的努力。而贯穿现代30年的对出版自由的学理讨论，旨在厘清出版与国家、社会之间错综纠结的关系，这些关于出版自由的评论的初衷就是评论主体们看到政治权力对出版业唤醒大众科学民主意识，施行舆论监督的干预、制约和压制，期望摆脱现代出版业被政治深度嵌入的状况。这些出版评论借以成为一股逆向作用力，让出版业脱嵌于政治权力操控的社会系统。

其次是出版评论作为脱嵌力量与商业势力的协商。出版商业化、企业化、市场化的步伐稳步推进，出版从业者"不言钱耻言钱"的道德信条逐渐被"在商言商"的新观念所取代。以商务印书馆、中华书局为首的民营出版业凭借灵活的经验机制、现代化的管理体制建立起当时先进的现代出版企业制度，取得了不菲的出版业绩，成为文化与商业结合的典范。但出版业在经济领域的不断嵌入，也引发了普遍性的出版失范行为。出版投机化严重、重复出版、盗版剽窃、粗制滥造、低俗书籍泛滥产生了许多负面影响，给出版业招致来自四面八方的批评和指责。这时候，出版评论作为一种反抗商业势力过度渗透的脱嵌力量，鞭挞出版界乱象，对出版商发出警示之言，提醒他们不要只顾眼前的金钱利润而忘记了传承文化、启蒙民智的伟大使命。"任何书局都要以发展文化为中心，书局和普通商业不同，不能完全以牟利为出发点，应该兼顾到国家的文化的意义。"① 出版评论起到了警戒和防止出版业被利润意识和商业势力完全控制的作用。

最后是出版评论作为脱嵌力量与读者受众的协商。出版业的发展启蒙了民智，提升了读者素质。读者又反过来不甘于只充当"出版受众市场"的消费者角色，而是进化为社会组织主体和自身权利主体，"读书会"的普遍建立就是读者受众组织起来试图参与出版活动的集中表现，介入书籍的出版方向、出版类型、出版装帧乃至图书定价等出版流程。同时他们还利用书报刊等传播平台对出版活动发表其意见、看法、观点，强烈批判出版界乱象以及出版商的卑劣行为，其中一些谩骂、人身攻击、谣言式的非理性言论的发表给出版界造成了极大的压力。对此，出版评论的客观理性发声，对某些出版行为做出解释、澄清和辩驳，能够疏导化解读者受众由于误解而产生的愤懑对抗情绪，有利于建构起出版从业者与读者受众之间的良好沟通关系。而且也有助于出版业保持独立的出版品味，减少外界掣肘，不被读者受众的趣味所裹挟。

由此可见，出版评论起到了一种调节的作用，其评论主体主要是内部从业者和外部读者受众，他们都强调出版业的主体性和自主性，力阻政治、经济、受众组织等社会力量的侵入与操纵。于是，我们可以发现，在强大的政治、经济等外界力量的笼罩下，出版业总能够保持相对的独立和自律。但也必须清醒地意识到，出版评论的"脱嵌"是一种"协商"性的存在，和其他系统并非绝对对立的"你死我活"式的尖锐斗争。波兰尼就曾指出"让市场脱嵌就好比拉伸一条巨大的橡皮筋。让市场得到更大程度自治的努力同时也增加了张力的程度。随着进一步的拉伸，或者橡皮筋绷断——意味着社会解体——或者经济回复到更嵌入的状态"②，这意味着为了防止出版业自发调节完全失控或者倒退到被政府完全掌控，出版评论必须把握好"度"，也就是有相应的规范和标准。而恰恰就在这方面，中国现代出版评论实践存在许多不足。最集中的弊病就是用封建传统的道德标准来衡量现代出版业的种种活动，预设了书刊出版是教育手段和文化传承工具的认知

---

① 王陆一：《中国出版界的批评》，《读书》1937 年第 1 卷第 2 期，第 81 页。
② 〔英〕卡尔·波兰尼：《大转型：我们时代的政治与经济起源》，冯钢、刘阳译，浙江人民出版社，2007，第 16 页。

基模，这就造成了时代和观念的错位。于是在出版评论的道德话语中，出版业是低俗文化和青年堕落的源头，出版商成了铜臭熏天、投机倒把的蛀虫和毒蛇。在这种批评话语的模式笼罩下，直接造成中国现代出版评论学理性不足，缺乏公正性、平衡性和客观性，长期处于盲目状态，情绪化的感性批评表达居多。"捧评""骂评"以及"黑马式"评论充斥其中。有的对出版物的娱乐功能选择性忽视，片面强调书报刊的政治、社会功用，将之抬高到经国大业的"不朽盛事"；有的机械地套用西方出版自由观念，追求绝对自由，一定程度上造成了出版界的混乱，忽略甚至完全否定现代社会中的版权、版税等现代观念和制度；有的以偏概全，只看到出版界的一点黑暗就无限夸大，将整个现代出版业所取得的成绩全部抹杀。这一切都说明出版评论只是停留在批评自由的阶段，满足于情绪宣泄权利的获得，沉溺于瓦解秩序或挑战权威的狂欢而无视评论的质量及批评的本质，那么出版评论被赋予其身的脱嵌的力量终将成为虚妄。所以，中国现代出版评论亟须重塑，客观、理性、规范的评论亟待建立。鲁迅、茅盾、叶圣陶等都针对出版评论的批评规范有过精辟、透彻的论述，试图以专业、权威的评论实践来对出版评论的规范发展施加影响。这些都对纠正出版评论的偏向、混乱有着积极的影响。然而，由于时局动荡、经济凋敝、出版业萧条等多种因素，出版评论的重塑之路充满困难和艰辛，显得无比漫长。

正统的实证主义认为一种研究的价值必须以它是否能促进行动来衡量。[①] 虽然这种观点在今天看来给人文社科研究沾染上了浓重的功利化色彩，但出版评论作为一项紧贴实践的评价、研究行为，必然要求发挥监督和指导出版活动的功能。在出版事业和出版评论都日趋繁荣的今天，重新回顾总结中国现代出版评论的历史演变，梳理检视当时出版评论的批评实践，再度审视出版评论作为脱嵌力量与政治、经济、文化、读者之间的协商关系，客观评价其效果和影响，对于指导当前的出版评论实践，重塑出版评论的标准和规范，开拓出版评论的理论领域和学术视野，有着非常重要的价值和意义。

---

① 〔法〕布洛赫：《历史学家的技艺》，张和声、程郁译，上海社会科学院出版社，1992，第11页。

参考文献

一　一手史料

【报纸】

主要包括：《大公报》（至 1949 年）、《申报》、《中央日报》（至 1949 年）、《新闻报》、《新华日报》（至 1947 年 2 月）、《解放日报》（至 1947 年 3 月）、《民国日报》、《晨报》、《大众生活》、《新新新闻》、《国闻周报》、《晶报》等。

【期刊文献】

普通期刊：主要包括《东方杂志》、《新潮》、《现代评论》、《洪水》、《新闻记者》、《生活周刊》、《新青年》、《民主》、《少年中国》、《天地间》、《潮声》、《中国建设月刊》、《木铎周刊》、《申报月刊》、《文艺战线》、《抗战文艺》、《教育杂志》、《中华教育界》、《教育通讯》、《教育周报》、《人间世》、《民智月报》、《太平洋周报》、《文化先锋》、《国讯》、《民主周刊》、《读书杂志》、《改造》（半月刊）、《建设》、《北新》、《开明》、《世界周刊》、《上海青年》等。

出版类期刊：《中华图书界》、《出版消息》（上海）、《同行月刊》、《中国出版月刊》、《出版周刊》（1937 年改为《出版月刊》）、《读书与出版》（神州国光社）、《读书与出版》（生活书店）、《读书月刊》、《中国新书月报》、《现代出版界》、《中华书局图书月刊》、《图书评论》、《图书展望》、《读书生活》、《出版界》（重庆）、《出版通讯》（重庆）、《书店通讯》等。

二　史料汇编

[1] 张静庐编《中国近代出版史料（初编、二编）》，中华书局，1957。

［2］张静庐编《中国现代出版史料（甲编）》，中华书局，1954。

［3］张静庐编《中国现代出版史料（乙编）》，中华书局，1955。

［4］张静庐编《中国现代出版史料（丙编）》，中华书局，1955。

［5］张静庐编《中国现代出版史料（补编）》，中华书局，1957。

［6］张静庐编《中国现代出版史料（丁编）》，中华书局，1959。

［7］宋原放、汪家熔编《中国出版史料（近代部分）》，山东教育出版社，湖北教育出版社，2004。

［8］宋原放、方厚枢编《中国出版史料（现代部分）》，山东教育出版社，湖北教育出版社，2001。

［9］宋原放、陈江、吴道弘、方厚枢编《中国出版史料（现代部分）补卷》，山东教育出版社，2006。

［10］宋应离、袁喜生、刘小敏编《20世纪中国著名编辑出版家研究资料汇辑》，河南大学出版社，2005。

［11］吴永贵编《民国时期出版史料汇编》，国家图书馆出版社，2013。

［12］袁亮、沈正乐编《中华人民共和国出版史料（1）》，中国书籍出版社，1995。

［13］彭明编《中国现代史资料选辑》，中国人民大学出版社，1987。

［14］汪耀华编《民国书业经营规章》，上海书店出版社，2006。

三 出版评论及其相关研究专著

［1］孙利军：《出版评论研究》，中国人民大学出版社，2008。

［2］赵晓梅：《中国书评史初探》，中国工人出版社，2001。

［3］伍杰：《百年书评史散论》，河南大学出版社，2010。

［4］伍杰：《书评理念与实践（上、下）》，河南大学出版社，2006。

［5］王建辉：《书评散论》，黑龙江教育出版社，1989。

［6］孟昭晋：《书评概论》，南京大学出版社，1994。

［7］徐召勋：《图书评论学概论》，河南大学出版社，2006。

［8］吴平：《书评理论研究》，远方出版社，1999。

［9］徐柏容：《现代书评学》，苏州大学出版社，2005。

［10］中共中央宣传部出版局：《书评工作指导与探索》，云南人民出版

社，1986。

[11] 萧乾等：《书评面面观》，人民日报出版社，1989。

[12] 萧乾：《书评研究》，山西人民出版社，2014。

[13] 高长虹：《走到出版界》，三晋出版社，2015。

[14] 吴平、钱荣贵：《中国编辑思想史》，学习出版社，2014。

[15] 吴平、钱荣贵：《中国编辑思想发展史（下）》，武汉大学出版社，2014。

[16] 丁景唐：《中国现代著名编辑家编辑生涯》，中国展望出版社，1990。

[17] 蒋成德：《中国现代作家型编辑家研究》，中国文联出版社，2014。

[18] 李明山：《中国近代编辑家评传》，河南大学出版社，1993。

[19] 李频：《编辑家茅盾评传》，河南大学出版社，1995。

[20] 胡正强：《中国现代报刊活动家思想评传》，新华出版社，2003。

[21] 王君超：《媒介批评起源·标准·方法》，北京广播学院出版社，2001。

[22] 雷跃捷：《媒介批评》，北京大学出版社，2007。

[23] 刘建明：《媒介批评通论（第二版）》，中国人民大学出版社，2012。

[24] 刘建明：《中国媒介批评史》，福建人民出版社，2011。

[25] 胡正强：《中国现代媒介批评研究》，中国传媒大学出版社，2010。

[26] 曾娅妮：《媒介批评：理论与例证》，四川大学出版社，2010。

[27] 郝雨：《中国媒介批评学》，上海大学出版社，2015。

[28] 姚君喜：《媒介批评：理论与方法》，北京师范大学出版社，2014。

[29] 胡丹：《清末民初知识分子与媒介批评研究》，江西人民出版社，2014。

[30] 宋双峰：《鲁迅：中国现代媒介批评的开拓者》，中国社会科学出版社，2013。

四 出版史、编辑史研究专著

[1] 叶德辉：《书林清话（附书林馀话）》，华文出版社，2012。

[2] 王余光、吴永贵、阮阳：《中国新图书出版业的文化贡献》，武汉大学出版社，1998。

[3] 宋原放、李白坚：《中国出版史》，中国书籍出版社，1991。

[4] 王余光、吴永贵：《中国出版通史·民国卷》，中国书籍出版社，2008。

[5] 吴永贵、李明杰：《中国出版史（下）》，湖南大学出版社，2008。

[6] 吴永贵：《民国出版史》，福建人民出版社，2011。

[7] 范军：《中国出版文化史论稿》，华中师范大学出版社，2011。

[8] 元青：《中国近代出版史稿》，南开大学出版社，2011。

[9] 叶再生：《中国近代现代出版史》，华文出版社，2002。

[10] 肖东发：《中国编辑出版史》，辽海出版社，2005。

[11] 汪家熔：《近代出版人的文化追求》，广西教育出版社，2003。

[12] 朱联保、曹予庭：《近现代上海出版业印象记》，学林出版社，1993。

[13] 郑逸梅：《书报话旧》，中华书局，2005。

[14] 刘俐娜：《出版史话》，社会科学文献出版社，2011。

[15] 王志毅：《文化生意：印刷与出版史札记》，浙江大学出版社，2015。

[16] 周勇、陈兴芜：《中国抗战大后方出版史》，重庆出版社，2015。

[17] 刘苏华：《延安时期中国共产党出版史研究（1937—1949）》，湖南师范大学出版社，2012。

[18] 严帆：《中央革命根据地新闻出版史》，江西高校出版社，1991。

[19] 王晓岚：《中国共产党报刊发行史》，中国社会科学出版社，2009。

[20] 范军：《中国共产党出版史研究综论（1921—1949）》，华中师范大学出版社，2015。

[21] 姚福申：《中国编辑史（第二版）》，复旦大学出版社，2004。

［22］郑士德：《中国图书发行史（增订本）》，中国时代经济出版社，2009。

［23］高信成：《中国图书发行史》，复旦大学出版社，2005。

［24］李雨峰：《枪口下的法律：中国版权史研究》，知识产权出版社，2006。

［25］〔英〕昂温：《外国出版史》，陈生铮译，中国书籍出版社，1988。

［26］〔美〕伊丽莎白·爱森斯坦：《作为变革动因的印刷机：早期近代欧洲的传播与文化变革》，何道宽译，北京大学出版社，2010。

［27］〔美〕芮哲非：《谷腾堡在上海：中国印刷资本主义的发展（1876—1937）》，张志强等译，商务印书馆，2014。

［28］〔英〕戴维·芬克尔斯坦、阿利斯泰尔·麦克利里：《书史导论》，何朝晖译，商务印书馆，2012。

［29］〔法〕罗杰·夏蒂埃：《书籍的秩序：14 至 18 世纪的书写文化与社会》，吴泓渺、张璐译，商务印书馆，2012。

［30］〔法〕埃斯卡尔皮：《文学社会学》，符锦勇译，上海译文出版社，1988。

五　出版史研究论文集

［1］《出版史研究》编辑部编《出版史研究 第 1 辑》，中国书籍出版社，1993。

［2］叶再生主编《出版史研究 第 2 辑》，中国书籍出版社，1994。

［3］叶再生主编《出版史研究 第 3 辑》，中国书籍出版社，1995。

［4］叶再生主编《出版史研究 第 4 辑》，中国书籍出版社，1996。

［5］叶再生主编《出版史研究 第 5 辑》，中国书籍出版社，1997。

［6］叶再生主编《出版史研究 第 6 辑》，中国书籍出版社，1998。

［7］中国近代现代出版史编纂组编《新民主主义革命时期出版史学术讨论会文集》，中国书籍出版社，1990。

［8］中国近代现代出版史编纂组编《新民主主义革命时期出版史学术讨论会文集》，中国书籍出版社，1993。

［9］中国编辑学会编辑出版史专业委员会编《中国编辑出版史研究 第

1 卷》，九州出版社，2009。

［10］中国编辑学会编辑出版史专业委员会编《中国编辑出版史研究第 2 卷》，九州出版社，2011。

［11］刘剑涛编《编辑出版史研究 第 2 卷》，河南大学出版社，2014。

六　出版理论与出版文化类专著

［1］罗紫初：《编辑出版学导论》，湖南大学出版社，2008。

［2］张志强：《现代出版学》，苏州大学出版社，2003。

［3］师曾志：《现代出版学》，北京大学出版社，2006。

［4］张涵、苗遂奇：《现代出版学导论》，中国书籍出版社，2009。

［5］李新祥：《出版传播学》，浙江大学出版社，2007。

［6］李白坚：《中国出版文化概观》，广西教育出版社，1999。

［7］邹振环：《20 世纪上海翻译出版与文化变迁》，广西教育出版社，2000。

［8］汪家熔：《近代出版人的文化追求》，广西教育出版社，2003。

［9］王建辉：《文化的商务：王云五专题研究》，商务印书馆，2000。

［10］王建辉：《出版与近代文明》，河南大学出版社，2006。

［11］范军：《出版文化散论》，湖北教育出版社，2003。

［12］俞晓群：《前辈：从张元济到陈原》，上海书店出版社，2011。

［13］李家驹：《商务印书馆与近代知识文化的传播》，商务印书馆，2005。

［14］史春风：《商务印书馆与近代中国文化》，北京大学出版社，2006。

［15］李春雨：《出版文化与中国文学的现代转型》，北京语言大学出版社，2011。

［16］陈昌文：《都市化进程中的上海出版业（1843—1949）》，上海人民出版社，2012。

［17］崔波：《清末民初媒介空间演化论》，北京大学出版社，2012。

［18］杨茜：《民国时期上海民俗报刊出版研究》，民族出版社，2015。

［19］卞东磊：《晚清报刊阅读史》，社会科学文献出版社，2015。

[20] 陈丽菲：《上海近现代出版文化变迁个案研究》，上海辞书出版社，2016。

[21] 〔日〕清水英夫：《现代出版学》，沈洵澧、乐惟清译，中国书籍出版社，1991。

[22] 〔美〕小赫伯特·贝利：《图书出版的艺术和科学》，王益译，中国书籍出版社，1995。

七 新闻传播学类专著

[1] 戈公振：《中国报学史》，上海书店出版社，2013。

[2] 方汉奇：《中国近代报刊史》，山西教育出版社，2012。

[3] 宋应离：《中国期刊发展史》，河南大学出版社，2000。

[4] 倪延年：《中国报刊法制发展史》，南京师范大学出版社，2006。

[5] 郭庆光：《传播学教程（第二版）》，中国人民大学出版社，2011。

[6] 曾建雄：《中国新闻评论发展史（近代部分）》，广西师范大学出版社，1996。

[7] 杨新敏：《新闻评论学》，苏州大学出版社，2007。

[8] 李军：《传媒文化史：一部大众话语表达的变奏曲》，北京大学出版社，2012。

[9] 向芬：《国民党新闻传播制度研究》，中国社会科学出版社，2012。

[10] 孙顺华：《中国广告史》，山东大学出版社，2007。

八 思想文化类专著

[1] 李泽厚：《中国现代思想史论》，生活·读书·新知三联书店，2008。

[2] 郑大华：《民国思想史论》，社会科学文献出版社，2006。

[3] 史全生：《中华民国文化史（上、下）》，吉林文史出版社，1990。

[4] 熊月之：《西学东渐与晚清社会》，中国人民大学出版社，2011。

[5] 周策纵：《五四运动：现代中国的思想革命》，江苏人民出版社，2005。

[6] 袁伟时：《告别中世纪：五四运动文献选粹与解读》，广东人民出

版社，2004。

[7] 陈万雄：《五四新文化的源流》，生活·读书·新知三联书店，1997。

[8] 王晓明：《批评空间的开拓》，东方出版社，1998。

[9] 曹聚仁：《文坛五十年》，生活·读书·新知三联书店，2011。

[10] 傅国涌：《文人的底气：百年中国言论史剪影》，云南人民出版社，2007。

[11] 傅国涌：《笔底波澜：百年中国言论简史》，中华书局，2013。

[12] 王先霈、胡亚敏：《文学批评原理（第二版）》，华中师范大学出版社，2010。

[13] 温儒敏：《中国现代文学批评史》，北京大学出版社，1993。

[14] 朱猷武、王俊芳：《国统区的文化与文化人》，天津人民出版社，2009。

[15] 谢明香：《出版传媒视角下的〈新青年〉》，巴蜀书社，2010。

[16] 陈钢：《晚清媒介技术发展与传媒制度变迁》，上海交通大学出版社，2011。

[17] 沈毅：《〈现代评论〉的文化视野》，中国传媒大学出版社，2015。

[18]〔美〕王德威：《被压抑的现代性：晚清小说新论》，宋伟杰译，北京大学出版社，2007。

九 硕博学位论文

[1] 黄林：《晚清新政时期出版业研究》，湖南师范大学博士学位论文，2004。

[2] 胡丹：《清末民初知识分子与媒介批评研究》，暨南大学博士学位论文，2012。

[3] 张莉：《南京国民政府新闻出版立法研究》，华东政法大学博士学位论文，2011。

[4] 马瑞洁：《喉舌之困：国民党党媒制度与新闻宣传（1945—1949）》，南开大学博士学位论文，2013。

［5］雷启立：《印刷现代性与中国现代文学的发生》，华东师范大学博士学位论文，2008。

［6］张霞：《出版与近代文学现代化的发生》，复旦大学博士学位论文，2011。

［7］丘雪松：《开明书店、开明人与开明风：中国现代知识分子与出版的一种关系》，华东师范大学博士学位论文，2010。

［8］匡导球：《二十世纪中国出版技术变迁研究》，南京农业大学博士学位论文，2009。

［9］苏晓珍：《〈出版周刊〉（1924—1937）研究》，河南大学硕士学位论文，2015。

［10］冯大伟：《近代编辑出版人群体概述》，吉林大学硕士学位论文，2008。

［11］金圣灏：《1912—1927上海出版人的职业生活与人际网络》，华东师范大学硕士学位论文，2010。

［12］刘志斌：《民国时期上海民营出版机构生存发展研究》，北京印刷学院硕士学位论文，2010。

［13］刘娜：《南京国民政府出版政策研究》，山东师范大学硕士学位论文，2006。

［14］熊欣：《南京国民政府时期新闻出版法规研究》，陕西师范大学硕士学位论文，2009。

［15］石浩江：《南京国民政府时期出版法制探析》，西南政法大学硕士学位论文，2012。

［16］吴思思：《民国时期稿酬制度对著作权人的影响研究》，华中师范大学硕士学位论文，2014。

［17］罗青：《民国时期出版管理制度研究》，华中师范大学硕士学位论文，2015。

［18］焦健：《我国古代与近代的报刊批评》，中央民族大学硕士学位论文，2006。

［19］齐浩：《文化生活出版社时期巴金的编辑出版思想研究》，河南大学硕士学位论文，2005。

［20］焦晗：《郑振铎编辑出版思想研究》，北京师范大学硕士学位论文，2005。

［21］龙凤荷：《鲁迅的编辑出版思想》，湘潭大学硕士学位论文，2008。

［22］梁雪云：《萧乾书评思想研究》，河北大学硕士学位论文，2008。

［23］熊慧敏：《丁福保编辑出版思想研究》，华中师范大学硕士学位论文，2010。

［24］唐兴年：《舒新城编辑出版思想研究》，湖南师范大学硕士学位论文，2011。

［25］边祎明：《赵家璧出版思想研究》，河北大学硕士学位论文，2013。

［26］崔珊：《王云五出版思想探析》，河北大学硕士学位论文，2013。

［27］李林霞：《李公朴编辑出版思想研究》，安徽师范大学硕士学位论文，2015。

十　主要期刊论文

［1］范军：《试论出版评论》，《出版科学》2008年第2期。

［2］孙利军：《出版评论与图书评论之比较》，《中国图书评论》2005年第11期。

［3］孙利军：《现代出版业应重视出版评论工作》，《国际新闻界》2006年第11期。

［4］孙利军、杨帆：《大出版背景下出版评论的功能分析》，《国际新闻界》2013年第10期。

［5］范军：《三十年代的〈现代出版界〉》，《现代出版》2010年第9期。

［6］吴迪：《中国现代出版理论的前奏曲——民国时期出版类书刊述评》，《中国出版》1998年第9期。

［7］张志强、肖超：《民国时期中华书局的出版类期刊研究》，《河南大学学报》（社会科学版）2013年第5期。

［8］张琳：《民国时期读书杂志概述》，《津图学刊》1996年第4期。

［9］薛建立：《一家最早宣介、推销本社图书的杂志——〈出版周刊〉》，《出版发行研究》2001年第6期。

［10］李频：《〈中国出版月刊〉：开拓期刊理论研究的先锋》，《编辑之友》2002年第5期。

［11］李频：《茅盾出版评论的类型批评法》，《益阳师专学报》1995年第1期。

［12］叶建：《〈图书评论〉的刊物特色及语言风格争议》，《出版科学》2012年第5期。

［13］叶建：《通俗与学术之间：〈图书展望〉特色评述》，《出版科学》2013年第6期。

［14］程彩萍、姚强：《略论〈读书生活〉的现代意义》，《徐州师范大学学报》2002年第6期。

［15］姬建敏：《30年代的出版研究专业杂志：〈中国出版月刊〉简论》，《出版发行研究》2000年第12期。

［16］吴有定：《一九三六年的〈中国出版月刊〉》，《出版史料》2005年第2期。

［17］史枚：《记〈读书与出版〉和〈读书月报〉》，《读书》2003年第5期。

［18］王青云：《〈出版界〉：名不见经传的珍贵史料》，《图书馆工作与研究》2012年第7期。

［19］魏艳君：《〈出版界〉：管窥抗战后期中国出版概貌的珍贵史料》，《出版广角》2015（11月下）。

［20］史学彬：《试论图书评论的性质与形式》，《图书情报知识》1991年第1期。

［21］谢宏：《图书评论与文化生态》，《中国图书评论》2007年第9期。

［22］曾艳：《论图书评论的作用》，《西南师范大学学报》（人文社科版）2005年第3期。

［23］张琳：《民国时期读书杂志概述》，《津图学刊》1996年第3期。

［24］汪琴：《民国时期书评对书业发展的贡献》，《中国图书评论》

2004 年第 10 期。

　　［25］马元龙：《大众文化语境中的书评研究》，《华中师范大学学报》（人文社会科学版）2003 年第 6 期。

　　［26］徐柏容：《书评的地位与书评的视界》，《出版发行研究》2007 年第 1 期。

　　［27］齐峰：《书评：科学出版的助推器》，《编辑之友》2008 年第 2 期。

　　［28］张成恩：《书评写作：让庸俗和浅薄走开》，《新闻爱好者》2008 年第 5 期。

　　［29］卫淑霞：《书评是图书走向读者的重要中介》，《编辑之友》2010 年第 2 期。

　　［30］梁启东：《图书的广告书评化与书评的广告化》，《图书馆杂志》2010 年第 2 期。

　　［31］朱怀强：《意见传播：传播学范畴下的书评》，《中国图书评论》2006 年第 8 期。

　　［32］李苓、袁桐：《论书评的意义及其独立性》，《社会科学研究》2015 年第 1 期。

　　［33］傅荣贤：《书评与图书控制》，《大学图书情报学刊》2009 年第 3 期。

　　［34］刘蒙之：《美国书评媒体的类型与定位》，《编辑之友》2012 年第 10 期。

　　［35］段维：《书评本体论》，《华中师范大学学报》（人文社会科学版）1994 年第 5 期。

　　［36］段维：《书评标准论析》，《华中师范大学学报》（人文社会科学版）1991 年第 5 期。

　　［37］刘宏源、汤美玲：《论书评的性质和职能》，《图书馆》2001 年第 4 期。

　　［38］黄建铭：《影响书评传播效果的因素谫议》，《情报探索》2005 年第 2 期。

　　［39］刘自雄、王凤翔、曾永胜：《论中国媒介批评的现代传统——二

十世纪三四十年代新闻学论著中的媒介批评思想研究》，《新闻与传播研究》2008 年第 5 期。

　　[40] 胡正强：《中国现代媒介批评视阈中的新闻检查制度批评》，《淮北师范大学学报》（哲学社会科学版）2011 年第 4 期。

　　[41] 胡正强、王妍妍：《论中国现代媒介批评中的科学性视角》，《长安大学学报》（哲学社会科学版）2010 年第 1 期。

　　[42] 胡正强：《论中国近现代漫画中的媒介批评及其表达》，《中国出版》2016 年第 6 期。

　　[43] 胡正强：《论中国现代媒介批评的文体形态及其表现》，《湖南大众传媒职业技术学院学报》2009 年第 6 期。

　　[44] 刘建明：《媒介批评的无标准论与标准的多元性》，《新闻爱好者》2012 年第 20 期。

　　[45] 张慧玲、任东晖：《五四时期——中国现代媒介批评的诞生期》，《湖南大众传媒职业技术学院学报》2006 年第 6 期。

　　[46] 胡丹：《从自发走向自觉：现代媒介批评的初兴》，《中国出版》2014 年第 14 期。

后　记

　　写下这些文字的时候，是桂林城最美的季节。满城桂香，沁人心脾。从我的窗户望出，能清晰地眺望到错落有致的青山，缓步在黄红绿相杂的树荫大道下，穿梭于师大校园的楼厦会堂间，我想，我是身处于一个合适的地方来完成我的写作，期待为自己刚起步不久的学术生涯做一个阶段性的总结。

　　停笔细看自己努力的劳动成果，欣喜欢悦却又惶惑不安。高兴的是自己的探索与研究总算有了初步的成果。读书、思考、写作，徜徉于理论之间，畅游于史料丛中，不觉时间飞逝，却过得充实，收获良多。心怀惴惴的是自己锻造出的稚嫩文章能否得到学界的认可和肯定。对于作品是否具有历史研究的格局与视野；所运用的理论能否为我所用、自成体系，实现自洽；对研究对象的分析是否合理，能否做到同情之理解；结论是否正确且有说服力，是否有所创新等，这些问题都使我心头甚有焦虑和不安。而且一路行文下来，喋喋絮叨，要言"很"烦，接近三十万字。回头细加忖度，自以为的所谓"大作"又岂能将中国现代出版评论说得清楚呢，只不过是浅尝辄止，雷鸣瓦釜而已，还远远未臻完善，更遑论深度、厚度了。文章千古事，得失寸心知。学问之大、学问之精、学问之深，我只能高山仰止，心向往之，不断求索。

　　饮其流者怀其源，学其成时念吾师。如果勉强说自己是学有成的话，那么这点滴的成长与进步，都与曾经帮助过、关心过我的人密不可分。此时心怀深深的谢意。

　　感谢我的博士导师范军教授。范老师温和儒雅，平易近人，对学生关爱有加。特别是在学业上，范老师深知我研究方向不明，研究领域博杂的缺陷，常告诫我要及时明确学术思路，规划学术方向。在他的促动和指导下，我早早定下了出版评论研究的研究方向，进而顺利地走上出版学研究的学术之路。经师易遇，仁师难遭。范老师承继了他与我们闲谈时常说起的黄老师的轶史、熊老师的故事的主人公一样的学者风范，授道解惑，泰然自若。范老师沉稳淡定的性格、刚正严谨的治学态度、锐敏前沿的学术眼光以及深厚的功底、广博的学识一直在滋养着我。

感谢武汉大学信息管理学院的吴永贵教授，他一直是我心目中的"第二导师"。吴教授几十年致力于民国出版史料的收集和研究，深稽博考，成果丰富。在得知我做出版评论史的研究后，毫无保留地与我分享了他所收集到的材料。几次长时间的座谈更是在写作的篇章结构、观点提炼等各个方面都给予了悉心的指点，让我受益匪浅。可以说，本书的完成与吴老师的帮助是分不开的。

感谢张三夕教授、周晓明教授、江作苏教授、喻发胜教授、彭涛教授、孟君教授等各位专家的教导和鼓励，感谢他们为我的研究和写作提供了许多宝贵的意见和建议。武汉大学新闻与传播学院欧阳敏老师在学习上给予了我很多的指导，与他在一起交流的时间总是那么愉悦和放松。在此一并表示衷心的感谢。

此外，还要特别感谢我的家人。父母虽然文化程度不高，但他们从心底认为读书、教书、学习、研究是天下第一等好事，毫无怨言放弃轻松惬意的退休生活，远离家乡来照顾我的家庭。妻子在繁忙工作，悉心辅导女儿之余，还以"第一读者"的身份审看了全书。家人深切的理解、宽容、关爱、体贴、扶助是我完成书稿的最有力的支撑和保障。

最后还要感谢本书的责任编辑刘丹，与之虽未谋面，却是我电话、邮件、微信不断叨扰的对象，他细心耐心、专注专业，仔细地审校书中的语言、格式，使得本书避免了一些幼稚低级的错误。

"从来富贵欺学问，真文章在孤灯下"，本书的写作是一段孤独又艰难的时光。经过这种磨炼，让我变得更加笃定、扎实和沉稳，所以在结束的时候唏嘘感叹又备感珍惜。出版评论研究的路程还相当漫长，以此为起点，心存感激、奋力前行，方不负人生与远方。

曾建辉

2019 年 10 月 30 日

图书在版编目(CIP)数据

中国现代出版评论研究 / 曾建辉著. -- 北京：社
会科学文献出版社，2019.12
ISBN 978-7-5201-5650-9

Ⅰ.①中… Ⅱ.①曾… Ⅲ.①出版发行-书评-研究
-中国-现代 Ⅳ.①G236

中国版本图书馆 CIP 数据核字（2019）第 218695 号

中国现代出版评论研究

著　　者／曾建辉

出 版 人／谢寿光
组稿编辑／宋月华　刘　丹
责任编辑／刘　丹

出　　版／社会科学文献出版社·人文分社（010）59367215
　　　　　地址：北京市北三环中路甲 29 号院华龙大厦　邮编：100029
　　　　　网址：www.ssap.com.cn
发　　行／市场营销中心（010）59367081　59367083
印　　装／三河市龙林印务有限公司

规　　格／开　本：787mm×1092mm　1/16
　　　　　印　张：17.75　字　数：280 千字
版　　次／2019 年 12 月第 1 版　2019 年 12 月第 1 次印刷
书　　号／ISBN 978-7-5201-5650-9
定　　价／148.00 元

本书如有印装质量问题，请与读者服务中心（010-59367028）联系